THE
SPECTACULAR
NOW

www.librosalfaguarajuvenil.com

THE SPECTACULAR NOW
Título original: *The Spectacular Now*

D.R. © del texto: TIM THARP, 2008
D.R. © de la cubierta: A24 FILMS
D.R. © de la traducción: CAROLINA ALVARADO GRAEF

D.R. © de esta edición:
Santillana Ediciones Generales, S.A. de C.V., 2014
Av. Río Mixcoac 274, Col. Acacias,
03240, México, D.F.

Alfaguara es un sello editorial del **Grupo Prisa**.
Éstas son sus sedes:

ARGENTINA, BOLIVIA, CHILE, COLOMBIA, COSTA RICA, ECUADOR, EL SALVADOR, ESPAÑA, ESTADOS UNIDOS, GUATEMALA, MÉXICO, PANAMÁ, PARAGUAY, PERÚ, PUERTO RICO, REPÚBLICA DOMINICANA, URUGUAY Y VENEZUELA.

Primera edición: febrero de 2014

ISBN: 978-607-11-3183-6

Impreso en México

THE
SPECTACULAR
NOW

TIM THARP

ALFAGUARA
JUVENIL

Muchas gracias a Lilli Bassett, Shari Spain, Emily, Michele, Katie, Clint y Paden.

También agradezco encarecidamente la investigación de mis asistentes y colaboradores Rob, Dave, Brandon, Greg, Mark, Bill, Ricky, John, Perry, Jon, Danny Don, Billy, Robert B., Goober y Kal-Kak.

Capítulo 1

Bueno, apenas van a dar las diez de la mañana y ya empiezo a sentir el efecto del alcohol. Teóricamente debería estar en Álgebra II, pero en realidad me dirijo a casa de mi preciosa novia gorda, Cassidy. Ella también faltó a la escuela para ir a cortarse el cabello y necesita que alguien la lleve porque sus papás le confiscaron las llaves del auto. Todo esto resulta un poco irónico si consideramos que está castigada por faltar a la escuela la semana pasada por irse conmigo.

En fin, ante mí se extiende toda esta dulce mañana de febrero y me pregunto ¿quién necesita el álgebra? ¿Se tendría que suponer que debería estar mejorando mis calificaciones antes de la graduación en mayo? No soy uno de estos chicos que ya tenían definidos sus planes universitarios desde los cinco años. Ni siquiera sé cuándo son las fechas límite para entregar las solicitudes de ingreso. Además, la verdad es que mi educación tampoco ha sido una prioridad para mis papás. Dejaron de prestarle atención a mi futuro cuando se divorciaron, allá por el Precámbrico. Pero creo que siempre se tiene la opción de hacer una carrera técnica. ¿Quién dice que tengo que ir a la universidad? ¿Qué caso tiene? La belleza me rodea por todas partes. No la encuentro en los libros de texto. No es una ecuación. Por ejemplo, tomemos esta luz solar que calienta pero no quema. Ni siquiera parece invierno. Es más, tampoco lo parecía en enero ni en diciembre. Es asombroso, creo que sólo tuvimos una semana fría en todo el invierno. Escuchen, el calentamiento global no es mentira. Para muestra, el verano pasado. Ese calor sí que nos dio una verdadera paliza. El último verano fue un luchador de los rudos. O sea, caliente caliente, de que se te queman las raíces del pelo. Como dice Cassidy: el calentamiento global no es para pesos ligeros.

Pero, miren, con este sol de febrero la luz es absolutamente pura y hace que los colores del cielo y las ramas de los árboles y los ladrillos de estas casas de los suburbios se vean tan limpios que sólo con mirarlos es como inhalar aire purificado. Los colores se filtran a los pulmones, al torrente sanguíneo. Te conviertes en los colores.

Prefiero tomar mi whisky mezclado, así que me estaciono en una tienda para comprar un 7UP grande y, parado en la entrada, me encuentro con un niñito junto al teléfono de monedas. Es un niño de apariencia muy real, probablemente de unos seis años de edad, con sudadera de capucha, jeans y la greña toda alborotada. No es de esos niños pequeños a la moda que andan por ahí con su ropa de marca y sus cortes de cabello de programa de televisión, como galanazos en miniatura. Por supuesto que no tendrían ni idea de qué hacer con una chica aunque la recibieran con instrucciones escritas en la tapa de la caja, como Operando o Monopolio, pero, eso sí, el estilo ya lo dominan.

De inmediato, siento simpatía por este niño, así que le digo:

—Oye, amigo, ¿no se supone que tienes que estar en la escuela o algo así?

Y el niño me contesta:

—¿Me prestas un dólar?

—¿Para qué necesitas un dólar, amiguito?

—Me voy a comprar un chocolate para desayunar.

Ahora captura mi atención. ¿Un chocolate para desayunar? Siento compasión por el niño. Le ofrezco comprarle un burrito y accede, siempre y cuando también le compre su chocolate. Cuando salimos, miro a mi alrededor para evaluar qué tipo de tráfico va a tener que sortear al continuar con su recorrido. Vivimos al sur de Oklahoma City, técnicamente en otra ciudad, pero la mancha urbana ya no permite distinguir dónde termina una y empieza la otra, y por aquí pasan muchos vehículos a toda velocidad.

—Mira —le digo mientras noto cómo se ensucia la ropa con un poco de huevo del burrito—, esta intersección tiene mucho tránsito. ¿Por qué no te doy un aventón para que no te aplaste un tráiler y te deje embarrado en el concreto como ardilla?

Me estudia con una actitud similar a la de las ardillas cuando están decidiendo si les conviene más arrancarse a correr hacia sus madrigueras. Pero yo me veo confiable. No visto a la moda: sólo un par de jeans razonablemente viejos, unos tenis gastados y una camiseta verde de manga larga que dice "Olé!" en la parte de enfrente. Mi cabello castaño es demasiado corto para requerir mucho peinado y tengo los dos dientes de adelante un poco separados, lo cual, según dicen, hace que parezca amigable y de buen corazón. El punto es que no doy miedo para nada.

Así que el niño se arriesga y se sube en el lado del copiloto de mi Mitsubishi Lancer. Llevo más o menos un año con este coche: es plateado con interiores negros, no es nuevo ni nada, pero tiene su encanto para ser una versión básica.

—Me llamo Sutter Keely —le digo—. ¿Y tú?

—Walter —me responde con la boca llena de burrito.

Walter. Muy bien. Nunca había conocido a un niñito que se llamara Walter. Suena como nombre de anciano, pero supongo que por alguna parte se tiene que empezar.

—Bien, Walter —agrego—, lo primero que quiero que sepas es que nunca debes aceptar la invitación de subir al auto de un desconocido.

—Lo sé —me responde—. La señorita Peckinpaugh nos enseñó todo sobre cuidarnos de los desconocidos.

—Muy bien —le digo—. Recuérdalo en el futuro.

Y me contesta:

—Sí, pero, ¿cómo sabes quién es un desconocido?

Eso me hace soltar una carcajada. "¿Cómo sabes quién es un desconocido?" Eso es ser niño. No alcanza a comprender que la gente pueda ser peligrosa por el mero hecho de no conocerla. Probablemente tenga todo tipo de ideas siniestras sobre qué es un desconocido: de gabardina y sombrero negro arrugado, con una cicatriz en la mejilla, las uñas largas, dientes de tiburón. Pero piénsenlo, a los seis años todavía no conoces a mucha gente. Sería agotador andar por la vida sospechando de noventa y nueve por ciento de la población.

Empiezo a explicarle acerca de los desconocidos, pero pierdo su atención rápidamente cuando mira cómo le echo whisky a mi 7UP.

—¿Qué es eso?

Le explico que es whisky Seagram's V.O., y entonces quiere saber por qué se lo vacío a mi bebida.

Me vuelvo a verlo y noto auténtico interés en sus grandes ojos redondos. De verdad quiere saber. ¿Qué le voy a decir, mentiras?

Así que le respondo:

—Bueno, a mí me gusta. Es suave. Tiene un saborcito ahumado. Antes tomaba más bourbon, Jim Beam, Jack Daniel's, pero si lo que quieres es que la sensación sea agradable, lenta, que te dure todo el día, esos son muy rasposos para mi gusto. Y me da la impresión de que la gente los alcanza a detectar más en tu aliento. Intenté tomar Southern Comfort, pero es demasiado dulce. No, para mí lo mejor ahora son los whiskies canadienses. Aunque también son célebres mis deliciosos martinis.

—¿Qué es un marquini? —quiere saber, y veo que ya es hora de desviar sus preguntas si no quiero invertir toda la mañana en sacarle un título de la universidad de cantineros a este niño. Digo, es buen niño, pero mi novia me *está* esperando y no es la persona más paciente del mundo.

—Mira —le digo—, ya tengo que irme, ¿adónde vas?

Termina de masticar y pasarse el último bocado de su burrito y responde:

—Florida.

La verdad es que no les puedo decir de memoria la distancia exacta en metros, pero estamos en Oklahoma, así que Florida está por lo menos a unos cinco estados de distancia. Se lo explico y me dice que lo deje donde termina la ciudad y que hará el resto del recorrido a pie. Lo dice en serio.

—Me escapé de mi casa —añade.

Este niño se pone mejor a cada minuto. ¡Escapándose a Florida! Le doy otro trago a mi whisky y seven y me imagino el lugar igual que él: un gran sol naranja que se sumerge en el océano más azul que jamás hayas visto, con las palmeras haciendo reverencias para postrarse ante su gloria.

—Mira, Walter —le digo—, ¿sería muy incorrecto de mi parte preguntar por qué estás huyendo de casa?

Se queda mirando el tablero.

—Porque mi mamá obligó a mi papá a mudarse y ahora vive en Florida.

—Uy, qué mal. Te entiendo, amiguito. A mí me pasó algo así también cuando era niño.

—¿Y qué hiciste?

—Estaba muy enojado, me imagino. Mi mamá no quería decirme a dónde se había mudado mi papá. No me escapé, pero creo que más o menos por esa época le prendí fuego al árbol del jardín. No sé por qué. Pero se veía impresionante, eso sí.

Esto aviva su entusiasmo.

—¿En serio, incendiaste un árbol por completo?

—Que ni se te ocurra —le advertí—. Te puedes meter en broncas muy serias si haces algo así. No te gustaría hacer enojar a los bomberos, ¿o sí?

—No, no me gustaría.

—Entonces, sobre este asunto de huir, entiendo tu punto de vista, visitarías a tu papá y tendrías aventuras y así. Podrías nadar en el mar. Aunque, para serte sincero, no te recomiendo que vayas. Florida está muy lejos. Si intentas irte caminando no vas a encontrar una tienda en cada esquina. ¿De dónde vas a sacar la comida?

—Podría cazar.

—Sí, eso podría ser. ¿Tienes una pistola?

—No.

—¿Un cuchillo, o una caña de pescar?

—Tengo un bate de beisbol, pero lo dejé en la casa.

—¿Ya ves? No estás preparado. Probablemente tengamos que regresar por tu bate.

—Pero mi mamá está en casa. Cree que estoy en la escuela.

—No te preocupes. Yo hablo con ella. Le voy a explicar la situación.

—¿En serio?

—Claro.

Capítulo 2

Pues bueno, debería haber llegado a la casa de mi novia hace cinco minutos, pero en esta ocasión tengo una legítima excusa para que se me haga tarde. ¿Cómo podría Cassidy, la Señorita Activista en persona, reclamarme por intervenir en la situación de este niño? Prácticamente estoy haciendo trabajo social. Tal vez hasta la mamá de Walter me respalde.

Por desgracia, Walter no recuerda exactamente dónde vive. Nunca ha tenido que caminar a su casa desde la tienda. Lo único que sabe es que hay una camioneta negra sin neumáticos que le da miedo frente a una casa en la esquina de su calle, así que vamos para arriba y para abajo por toda la zona residencial en busca de esa camioneta.

Para tener seis años, Walter es buen conversador. Tiene una teoría sobre Wolverine de los X-Men. Cree que es el mismo tipo que recoge la basura de su calle. Además, me platicó sobre un niñote pelirrojo de su escuela que se llamaba Clayton, a quien le gustaba ir por ahí pisándole los pies a los demás niños. Entonces, un día, se cansó de oír gritar a los pequeños y fue a pisotear, para variar, a la maestra. La última vez que Walter vio a Clayton, la señorita Peckinpaugh lo llevaba arrastrando por el pasillo, jalándolo de la muñeca mientras él iba deslizándose sobre el trasero como los perros cuando se limpian.

—Sí —le digo—. La escuela es rara, cierto. Pero recuerda esto: lo raro es bueno. Acepta lo raro, amiguito. Disfrútalo, porque siempre estará ahí.

Para ilustrar mi punto, le cuento la historia sobre Jeremy Holtz y el extinguidor. Conocía a Jeremy bastante bien en la primaria y era buena onda, siempre preparado con una respuesta rápida y graciosa. Pero en la secundaria, cuando murió su hermano en Irak, empezó a juntarse con las "malas influencias". (No es que yo no me junte con ellos de vez en cuando, pero yo soy así, me junto con todos.) Jeremy cambió. Se llenó de acné y empezó a fastidiar a los maestros. Un día, fingió un exagerado y enorme bostezo en la clase de historia y el señor Cross le dijo que lo único que hacía era mostrar lo malcriado que era. Eso fue demasiado para Jeremy. Sin decir una sola palabra, se salió del salón. Un minuto después, entró caminando de lo más tranquilo con un extintor en la mano y empezó a disparar en una dirección y luego en otra, tan fresco como una lechuga. Era una tormenta de nieve andante. Bañó a todos los de la fila de atrás y también al ala sur del salón. El señor Cross intentó detenerlo, pero Jeremy también le disparó, como diciendo: "Ahí tiene, señor Cross. Ahí tiene su mala crianza de mierda".

—El buen Jeremy no me bañó a mí —le digo a Walter—. ¿Sabes por qué?

Sacude la cabeza.

—Porque yo acepto lo raro.

No sé cuántas calles recorrimos en el auto, para arriba y para abajo, pero finalmente ahí está, la camioneta negra sin neumáticos que da miedo. No es que estemos en un barrio descuidado ni nada por el estilo. Simplemente no es posible adentrarse en este lado de la ciudad sin encontrar el automóvil que alguien pretende arreglar algún día colocado en la entrada sobre tabiques. De hecho, la casa de Walter es una casita suburbana de un piso perfectamente decente con una Ford Explorer perfectamente decente estacionada al frente.

Tengo que convencerlo de que me acompañe a la entrada y se ve un poco asustado cuando toco el timbre. Tenemos que esperar un rato, pero, finalmente, su mamá sale a la puerta con una expresión que parece indicar que cree que le voy a vender una aspiradora o el mormonismo. He de admitir, sin embargo, que es guapa. Se ve muy joven y me cuesta trabajo pensar en ella como una MILF.

Cuando ve a Walter, abre la contrapuerta y empieza con la típica letanía de "¿Qué estás haciendo fuera de la escuela, jovencito?". Parece como si Walter fuera a soltarse berreando en cualquier momento, así que intervengo y le digo:

—Disculpe, señora, pero Walter está molesto. Lo encontré en la tienda y hablaba sobre irse a Florida.

Justo en ese momento la veo percatarse de mi 7UP.

—Espera —me dice entrecerrando los ojos—. ¿Has estado bebiendo?

Miro mi 7UP como si fuera el cómplice que me delató.

—Eh, no. No he estado bebiendo.

—Claro que sí —suelta la contrapuerta que se cierra de golpe detrás de ella y se queda parada justo frente a mí—. Lo puedo oler en tu aliento. Has estado bebiendo alcohol y conduciendo con mi hijo.

—Ése no es el punto —empiezo a caminar hacia atrás—. Mantengámonos concentrados en Walter.

—No vengas aquí, borracho, a decirme qué hacer con mi hijo. Walter, entra a la casa.

El niño me mira con expresión desolada.

—Walter, ¡ahora!

Y yo digo:

—Hey, no hay por qué gritarle.

Y ella:

—Se me ocurre que sería buena idea llamar a la policía.

Me dan ganas de contestarle que si en realidad tuviera buen juicio, su hijo no intentaría huir a Florida. Pero sé lo que me conviene. Nunca me he metido en problemas con la policía desde el incidente del árbol quemado y no permitiré que una guapa madre malvada de veinticinco años me meta ahora en problemas.

Entonces, comento:

—Vaya, se hace tarde —Miro mi muñeca aunque no traigo reloj—. ¿Qué tal? Se me hace tarde para el catecismo.

Se queda ahí observándome mientras llego al coche, dejando claro que está preparada para memorizar el número de mi placa en caso de que le cause algún problema. Pero no puedo decepcionar a Walter. No está en mi naturaleza.

—Su hijo está dolido —le digo mientras abro la puerta—. Extraña a su papá.

Baja los escalones de la entrada y su gesto se hace dos rayitas más malvado.

Me meto y enciendo el motor, pero no puedo irme sin bajar la ventana y decir una última cosa:

—Hey, si yo fuera usted, estaría al pendiente de que Walter no se acerque al árbol del jardín.

Capítulo 3

Pues bien, ahora ya es oficialmente tardísimo para recoger a Cassidy. Tardísimo como sólo llegan los malos novios. Va a tener esa cara toda fruncida como si en vez de ser su novio me considerara un niño consentido. Está bien. No soy de los que se acobardan ante la furia de sus novias. Claro que es capaz de lanzarme algunos comentarios serios y cortantes cuando se enoja, pero los sé manejar. Le doy la bienvenida a esos retos. Es como intentar esquivar un puñado de estrellas afiladas de kung fu. Además, ella lo vale.

Cassidy es la mejor novia del mundo. He durado dos meses más con ella que con cualquier otra novia. Es inteligente, ingeniosa y original, además de que puede beberse una cerveza más rápido que la mayoría de los chicos que conozco. Además, es absolutamente hermosa. O sea, espectacular que te vienes. Ella sí que es color puro. Es de alta definición. Tiene cabello rubio escandinavo, ojos azules como fiordos, piel de helado de vainilla, o pétalos de flor, o merengue, o más bien como ninguna de esas cosas porque no hay nada como su piel. Hace que me duela el cabello. Claro, también cree en la astrología, pero ni siquiera me importa. Es cosa de chicas. Cuando pienso en eso, me imagino constelaciones y destinos volando en remolinos dentro de ella.

Aunque lo que realmente distingue a Cassidy es que sea tan sublimemente regordeta. Y créanme, no uso la palabra *gorda* de manera negativa. Las jovencitas de las revistas son esqueletos deshidratados junto a ella. Tiene proporciones inmaculadas. Es como si tomaras a Marilyn Monroe y le inflaras las curvas unas tres tallas con una manguera de aire. Cuando deslizo mis dedos por el cuerpo de Cassidy, me siento como el almirante Byrd o Vázquez de Coronado explorando territorios desconocidos.

Pero no abre la puerta. Está ahí. Alcanzo a escuchar su música, fuerte y enojada. Sólo porque llegué unos treinta minutos tarde me va a hacer esperar tocando el timbre en el tapete de bienvenida. Después de esperar unos tres minutos, regreso a mi auto por la botella de whisky y la llevo al jardín de atrás. Me siento en la mesa del patio para refrescar mi bebida y reflexiono sobre mi siguiente movimiento. El 7UP grande ahora está cargadito, pero tras un trago sustancioso, me llega una idea. La ventana de su recámara seguro estará entreabierta porque se sienta ahí a fumar y a echar el humo por la ventana. Es astuta, pero no tanto como yo.

Permítanme decirles que la subida a su ventana no es nada sencilla. Lo he hecho antes, aunque casi en picada hacia mi muerte en traje de baño. Por fortuna, traigo bastante whisky para estabilizar mi equilibrio.

Ahora bien, treparme al árbol que está al lado, una magnolia con ramas bajas, no representa mucho trabajo, pero subir hasta la punta con el vaso de plástico lleno de 7UP entre los dientes es otra cosa. Es difícil. Y luego tengo que acercarme por una ramita anoréxica y permitir que mi peso la doble sobre el techo. Por un segundo, pienso que caeré de panzazo directo sobre el asador del patio.

Incluso después de llegar sin problemas a la seguridad del techo, aún no he librado todos los peligros. La superficie se inclina en un ángulo ridículo. Les daría los grados, pero no me fue muy bien en Geometría. Las suelas de mis zapatos son de hule, así que camino como araña hasta la ventana sin que suceda nada catastrófico. Pero a veces parece que no sé cuándo detenerme. Siempre tengo que intentar una cosa más.

Me retiro el vaso de los dientes para tomar un trago de la victoria y ¿qué sucede?, lo dejo caer y se va rodando por las tejas grises salpicando whisky y 7UP en todas direcciones.

Claro, mi reacción natural es detener el vaso, lo que me hace soltar el pretil del cual me sostengo. Acto seguido, ya voy deslizándome por el techo, de cara, intentando sujetarme de algo, pero no hay nada. Lo único que impide que caiga igual que el 7UP es la canaleta. Me sentiría aliviado, pero la canaleta no parece estar en muy buenas condiciones. Apenas logro recuperar el aliento, la canaleta empieza a rechinar. Y rechinar. Hasta que el rechinido se convierte en alarido y toda la canaleta se desprende de su anclaje y no queda nada que me salve de caer de narices desde la orilla.

Mi muerte está cerca. Veo pasar mi ataúd frente a mis ojos. No me importaría que fuera rojo. O a cuadros. Tal vez con el interior de terciopelo. Pero entonces, de último momento, sucede un milagro. Logro sostenerme con las manos de la canaleta y de alguna manera me balanceo y caigo en el patio. De todas formas, aterrizo de nalgas y mi cóccix sufre un buen golpe y, encima de todo, me muerdo la lengua. Cuando miro hacia arriba, ahí está Cassidy, mirando horrorizada desde la puerta del patio, con los ojos y la boca como platos.

Sin embargo, no está horrorizada por mí. Abre la puerta corrediza de golpe y se para frente a mí con las manos en la cadera y ese familiar gesto de "eres-tan-idiota" en la cara. Y yo le digo:

—Hey, fue un accidente.

—¡Estás loco? —grita—. No es lindo, Sutter. No puedo creerlo. Mira esa canaleta.

—¿No te preocupa ni siquiera un poquito si me fracturé la espalda o algo?

—*Quisiera* —inspecciona el techo—. ¿Qué les voy a decir a mis padres?

—Diles lo de siempre, que no sabes qué pasó. Así no pueden atraparte durante el interrogatorio.

—Siempre tienes una respuesta, ¿no? ¿Ahora qué haces?

—Estoy recogiendo la canaleta, ¿o qué parece que hago?

—Déjala. Tal vez mis papás piensen que la tiró el viento.

Suelto la canaleta y recojo mi vaso vacío.

—No me digas. Eso estaba lleno de whisky.

—Y un poquito de 7UP.

—Debí suponerlo —dijo mirando la botella de whisky en la mesa—. Pero ¿a las diez y media no es un poco temprano para estar borracho otra vez, incluso para ti?

—Oye, no estoy borracho. Solamente un poco fortalecido. Además, no tomé anoche, así que es en realidad como si hubiera empezado tarde. ¿Alguna vez lo pensaste así?

—Sabes que me hiciste perder la cita para mi corte —vuelve a entrar a la casa.

Tomo la botella y la sigo.

—No sé para qué quieres cortarte el pelo. Tu cabello es demasiado hermoso como para cortarlo. Me gusta cómo se mece por tu espalda cuando caminas. Me gusta cómo cuelga sobre mí cuando estás arriba.

—No todo tiene que ver contigo, Sutter. Quiero cambiar. No necesito tu permiso —se sienta en un banco en la barra que separa la cocina de la sala. Cruza los brazos y no me mira—. No les gusta cuando no acudes a tus citas, ¿sabes? Pierden dinero. Pero estoy segura de que a ti eso no te importa. No piensas en nadie más que en ti mismo.

Ahí está, mi entrada para contarle lo de Walter. Para cuando termino, ya tengo bebidas para los dos y ella ya descruzó los brazos. Empieza a suavizarse, aunque todavía no está lista para perdonarme, así que le dejo la bebida en la barra en lugar de dársela. No quiero darle la oportunidad de rechazarme.

—Está bien —me dice—. Supongo que sí hiciste algo bueno por una vez. Pero de todas maneras podrías haberme llamado para avisar que venías tarde.

—Sí, lo hubiera hecho, pero perdí mi celular.

—¿De nuevo? Es el tercero en este año.

—Es difícil conservarlos. Además, ¿no crees que es un poco *1984* andar por ahí con un dispositivo en el bolsillo que le permite a la gente localizarte en cualquier momento? Deberíamos rebelarnos contra el celular. Tú puedes ser Trotsky y yo seré el Che.

—Eso es tan típico de ti —responde—. Siempre intentando hacer chistes para salir de una situación. ¿Has pensado lo que en realidad significa estar en una relación? ¿Entiendes algo sobre establecer confianza y comprometerse?

Ahí vamos. Es hora del sermón. Y estoy seguro de que lo que dice es cierto. Está bien pensado y es introspectivo y todas esas cosas que te dan una buena calificación en un ensayo de cinco cuartillas para la clase de Inglés, pero sencillamente no puedo mantenerme concentrado cuando está sentada junto a mí viéndose tan guapa.

Esos colores que tiene ya empiezan a atacarme, me surcan la piel, electrizan mi torrente sanguíneo, mandan chispas que explotan por todo mi estómago. Le doy un buen trago a mi whisky, pero no puedo evitar empezar a tener una erección. Lo menciono solamente porque tengo una teoría sobre la erección. Creo que es el motivo principal del sexismo a lo largo de la historia. Digo, es realmente imposible absorber las ideas de una chica, no importa lo profundas o ciertas que sean, si se te está empezando a parar.

Esto es lo que hace que los hombres piensen en las mujeres como lindas cabezas huecas adorables. Pero no son ellas las cabezas huecas. Los cerebros de los hombres se convierten en harina de avena y están ahí sentados mirando a la chava, sin tener idea de lo que dice, pero asumiendo que debe ser algo lindo. Podría estar explicando física cuántica, y el tipo sólo escucharía un parloteo de puras linduras muy tiernas.

Lo sé porque me ha sucedido muchas veces y me está sucediendo ahora. Mientras ella imparte su ensayo perfecto sobre las relaciones, lo único que yo quiero hacer es acercarme a besarle el cuello y luego quitarle el suéter y besar sus pechos y luego su vientre, dejándole pequeñas marcas rojas en la piel como rosas que florecen en la nieve.

—Y, si pudieras hacer sólo *eso* —dice—, creo que podríamos lograrlo. Podríamos tener una relación muy, muy buena. Pero es la última vez, Sutter. No te lo volveré a decir. ¿Crees poderlo hacer?

¡Oh-oh! Gran problema. ¿Cómo voy a saber si puedo hacerlo? Podría estarme pidiendo que use vestido de noche y tacones. No hay tiempo para plantearle mi teoría sobre el sexismo y la erección en este momento, así que le digo:

—Sabes que haría cualquier cosa por ti, Cassidy.

Sus ojos se entrecierran un poco.

—Ya sé que *dices* que harías cualquier cosa por mí.

—Oye, ¿acaso no acabo de trepar al techo por ti? Me rompí el trasero por ti. Mira, me pararé de cabeza y me tomaré el resto de este whisky por ti.

—No tienes que hacer eso —se ríe y toma un trago de su bebida y sé que ya la libré. Me voy a la sala, pongo mi vaso en la alfombra y me paro de cabeza recargado en el sillón. Esto me marea un poco, pero de todas formas no me cuesta trabajo inclinar el vaso y terminarme el whisky de un solo trago invertido. Desafortunadamente no puedo mantenerme en esa posición y me desplomo como esos rascacielos que derrumban con dinamita para construir algo más elegante.

Ahora Cassidy está riéndose y es algo hermoso. Le lanzo mi famosa ceja levantada con mis grandes ojos color marrón y ella da un trago y dice:

—Realmente eres un idiota, pero eres mi idiota.

—Y tú eres una tremenda mujer —le quito el vaso de la mano, le doy un trago, y lo pongo sobre la barra. Ella abre las piernas para que pueda colocarme entre ellas y le quito el cabello de la cara y paso mis dedos entre sus hombros—. Tus ojos son un universo azul y voy cayendo en ellos. Sin paracaídas. No lo necesito porque nunca llegaré al suelo.

Me toma por la parte delantera de la camisa y me acerca a ella. Verán, éste es el otro lado de la moneda. Aquí es donde las chicas pierden. Al tipo se le suaviza la cabeza y le empieza a hablar como tarado, entonces ella lo quiere cuidar. Él es su tonto adorable que no puede hacer nada sin ella. Ella se derrite y él se derrite, y así todo se acaba.

La mejor palabra para describir a Cassidy en la cama es *triunfante*. Si el sexo fuera un deporte olímpico, ella ganaría la medalla de oro, sin duda. Estaría ahí en la plataforma más alta, con la mano sobre el corazón, llorando al escuchar el himno nacional. Después, se sentaría en el estudio de televisión con el conductor Bob Costas para responder a las preguntas sobre su técnica.

Sé que tengo suerte. Sé que estar con ella de esta manera es parte de las maquinaciones internas más profundas del cosmos. Pero, por algún motivo, siento que una oscura grieta empieza a abrirse en la parte trasera de mi pecho. Es apenas una fisura, aunque definitivamente es algo que no quisiera que se ensanchara. Tal vez sea el ultimátum que me dio hace rato. "Pero es la última vez", dijo. "No te lo voy a volver a decir." ¿Qué es lo que quiere que haga?

Es estúpido preocuparme de esto ahora. Estoy acostado aquí en las frescas sábanas de mariposas de mi hermosa novia regordeta. Tengo un whisky extrafuerte en el buró. La vida es espectacular. Hay que olvidar las cosas oscuras. Dar un trago y dejar que el tiempo se las lleve a donde sea que el tiempo se lleve todo.

Capítulo 4

Está bien, sí, tal vez bebo un poquito más que demasiado, pero no vayan a pensar que soy alcohólico. No es una gran adicción. Es sólo un pasatiempo, un buen estilo tradicional de divertirse. En una ocasión, le dije esto exactamente a una religiosa estirada de la escuela, Jennifer Jorgenson, y me contestó: "Yo no tengo que tomar alcohol para divertirme". A lo que reviré: "Pues yo no tengo que subirme a la montaña rusa para divertirme tampoco, pero sí lo hago".

Ése es el problema principal de los programas contra las drogas y el alcohol que te obligan a ver desde que entras en la primaria. Nadie admite que es divertido, así que ahí pierden toda credibilidad. Todos en la escuela, con excepción de las Jennifer Jorgensons del mundo, reconocen que este asunto es más falso que la esposa de un evangelista de la televisión con las tetas operadas.

Ya he hecho esos cuestionarios en internet que se supone que definen si eres alcohólico: ¿a veces tomas al amanecer para iniciar el día? ¿Te molesta que la gente a tu alrededor critique lo mucho que bebes? ¿A veces bebes solo? Ese tipo de cosas.

En primer lugar, claro que a veces bebo por las mañanas, pero no porque lo *necesite*. Es solamente un cambio de rutina. Estoy celebrando un nuevo día y, si no puedes hacer eso, entonces más valdría que cruzaras de una vez los brazos sobre el pecho y te pusieras a estudiar el diseño de la tapa de tu ataúd. En segundo, ¿quién no se va a molestar cuando alguien empieza a criticarlo? Digo, podrías beber sólo una cerveza y si tu madre la detecta en tu aliento, ella y tu estúpido padrastro comenzarán con la rutina de interrogación del policía malo y el policía bueno, excepto que no hay policía bueno. ¿Qué? ¿Se supone que eso lo tienes que disfrutar?

Y, en tercero, ¿por qué es malo beber solo? No es que sea un borracho vagabundo que bebe a solas loción para afeitarse detrás de la estación de autobuses. Digamos que te castigan y estás viendo televisión o jugando en la computadora en tu recámara, un par de tragos pueden evitar que te vuelvas loco. O tal vez todos tus amigos tienen horarios de regreso a casa entre semana y te vas a casa y te tomas tres o cuatro cervezas en la ventana con tu iPod antes de irte a dormir. ¿Qué tiene de malo?

Todo está en la actitud detrás de la bebida, ¿saben? Si te pones en plan "Qué desgracia, mi novia me dejó y Dios me ha abandonado" y luego te bebes un litro de Old Grand-Dad hasta que el cuello se te hace de hule y no puedes levantar la cabeza del pecho, entonces, sí, diría que eres alcohólico. Pero yo no soy así. No bebo para olvidar nada ni para tapar nada ni para huir. ¿De qué tendría que huir?

No, todo lo que hago cuando tomo tiene que ver con la creatividad, con ampliar mis horizontes. De hecho, es educativo. Cuando bebo es como si viera otra dimensión del mundo. Entiendo a mis amigos en un nivel más profundo. La música se introduce en mí y me abre desde adentro. Empiezan a salir de mí palabras e ideas que no sabía que tenía, como guacamayas exóticas. Cuando veo televisión, invento diálogos que son mejores que lo que jamás soñarían los guionistas. Soy compasivo y gracioso. Me impresiona la belleza y el sentido del humor de Dios.

La verdad es que soy el borracho consentido de Dios.

En caso de que no la hayan escuchado, es una canción de Jimmy Buffett, "God's Own Drunk". Es sobre un tipo que se emborracha a tal grado que se enamora del mundo en su totalidad. Está en armonía con la naturaleza. Nada lo asusta, ni siquiera las cosas más peligrosas, como un gigantesco oso Kodiak ladrón de whisky.

Mi papá, el verdadero, no mi estúpido padrastro Geech, amaba a Jimmy Buffett. Lo AMABA: "Margaritaville", "Livingston Saturday Night", "Defying Gravity", "The Wino and I Know", "Why Don't We Get Drunk and Screw". Mi papá escuchó esas canciones hasta el cansancio. Todavía me siento bien cada que oigo alguna.

De hecho, la primera vez que probé el alcohol fue con mi padre. Fue antes del divorcio, así que no tendría más de seis años. Me llevó a un juego de beisbol de ligas menores en el viejo estadio cerca de la feria. Esto fue antes de que construyeran el nuevo de Bricktown. Fuimos yo y mi papá y dos de sus amigos, Larry y Don. Todavía recuerdo a esos cuates perfectamente. Eran divertidos, grandes y escandalosos.

Mi papá también era grande, construía casas. ¿Y bien parecido? Era guapo al estilo de George Clooney, sólo que con la misma separación entre los dientes que yo. Incluso de pequeño, estar con esos tipos me hacía sentir como un hombre. Le hacían trompetillas a los árbitros y se burlaban del otro equipo y llamaban a los jugadores del equipo de Oklahoma City sus "chicos". Y tenían grandes cervezas frías en la mano.

Y vaya que se me antojaba un trago de esa cerveza.
Quería tomar cerveza y pararme en el asiento y gritar a
todo pulmón. No importaba lo que gritara, nada más
quería que mi voz se mezclara con la de los hombres. Finalmente, molesté lo suficiente a mi papá y me dejó darle
un trago. "Sólo un traguito", me dijo, y Larry y Don se
carcajearon echando la cabeza hacia atrás.

Pero les callé la boca. Me tomé casi la mitad del vaso
antes de que mi papá lograra arrancármelo de las manos. Se
rieron un poco más y Don dijo: "Eres un verdadero ca-
brón, Sutter. En serio". Y papá repuso: "Así es. Claro que sí.
Eres mi cabroncito". Me apretó el hombro y me recargué
en él. No puedo decir que me haya emborrachado, pero sí
me invadió una tibieza. Amé ese estadio y a todos los que
estaban ahí, amé a la vieja Oklahoma City a la distancia,
los edificios altos que se elevaban suaves y acogedores en la
penumbra. No vomité hasta la séptima entrada.

Tampoco llegué a ser una especie de Drew Barrymo-
re, bebiendo en la primaria y metiéndome cocaína en los
antros antes de que me crecieran pelos. En realidad no
bebí mucho hasta que llegué al séptimo grado, y ni siquiera bebía todos los días.

Lo que hacía era guardarme una bolsa de papel en la
parte delantera de los pantalones y luego iba a la tienda,

caminaba muy quitado de la pena a la parte de atrás, donde están las cervezas (venden una cerveza debilucha de 3.2 grados de alcohol en las tiendas de Oklahoma), y luego, cuando nadie me veía, sacaba la bolsa y escondía ahí un *six-pack*. Después, con mi expresión más angelical de Huckleberry Finn salía de la tienda como si no tuviera nada más que una bolsa llena de cereal de chocolate y galletas bajo el brazo.

Mi mejor amigo, Ricky Mehlinger, y yo hicimos esta rutina como por un mes. Nos robábamos el *six* para bebérnoslo sentados en la cuneta de concreto y dejábamos que el dóberman nos persiguiera. El dóberman era un perrote horrible y se veía malvado. Era el rey de tres patios. Un día, cuando estábamos terminándonos la cerveza, de repente levantamos la mirada y ahí estaba sentado en la esquina de la pared de ladrillo mirándonos desde arriba como una gárgola malévola. Una fracción de segundo antes de que saltara, salimos corriendo. Y empezó a perseguirnos soltando mordidas al aire detrás de nosotros. Literalmente sentí sus dientes en la parte de atrás de mi zapato justo antes de trepar una empalizada. Fue divertidísimo.

Después de eso, siempre nos asegurábamos de pasar por sus dominios después de terminarnos el *six-pack* y, sin falta, salía de la nada, babeando y con la mirada enloquecida. Entonces, un día le aposté a Ricky cinco dólares a que no atravesaba todo el patio del dóberman y tocaba la reja de hierro forjado alrededor de la piscina. Se terminó la cerveza y dijo: "Ya vas".

Fue comiquísimo. Ricky logró llegar más o menos a la mitad del patio cuando el dóberman salió corriendo detrás de la esquina de la casa. Ricky puso cara de Macaulay Culkin y salió disparado hacia la reja de la piscina con el perro mordiendo el aire justo detrás de él. Intentó brincar la reja, pero se quedó atorado en los picos de hierro negro. Entonces lo vi. El dóberman seguía ladrando y lanzando mordidas cerca de los tobillos de Ricky, aunque nunca lo tocó. Podría haberle masticado la pierna y se la hubiera arrancado, pero a la hora de la hora era como nosotros, sólo quería divertirse y nada más.

Eso rompió el hechizo. Sabíamos que el viejo dóberman no era realmente malvado y él sabía que nosotros lo sabíamos. De todas maneras tomábamos nuestras cervezas en la cuneta, pero ahora el perro se sentaba con nosotros y nos dejaba que le acariciáramos la cabeza. Fue septiembre, la temporada del perro. Nuestros padres no sabían dónde andábamos y no les importaba. Fue espectacular.

Capítulo 5

Conocí a Ricky en el cuarto grado y hemos sido uña y mugre desde entonces. Él es germanoasiático. Los papás de su papá fueron inmigrantes alemanes y su mamá es de Malasia, de Kuala Lumpur, creo. Se conocieron cuando Carl estaba en la Marina. Pero no es como se lo imaginan: un gran alemanote estricto dándole órdenes a la diminuta y sumisa esposa asiática. En realidad, el padre de Ricky es tan bajo de estatura como él y se ve medio gay. No les estoy diciendo nada que Ricky mismo no haya dicho.

Su mamá es menuda también, digo, no creo que alcance el metro y medio, pero no está ni remotamente cerca de ser sumisa. Tiene una voz aguda y gangosa, como de banjo desafinado, y es imposible ir a su casa sin tener que escucharla criticar al pobrecito de Carl sobre algún detalle insignificante como dejar el agua correr mientras se cepilla los dientes. Cuando en verdad está molesta no se le entiende una palabra.

Ricky luce más asiático que alemán y a las chicas les parece lo más lindo del mundo. Pero él se ha convencido a sí mismo de que nunca lo ven como prospecto de novio. Es cierto que a veces las chavas son condescendientes, como cuando Kayla Putnam dijo que le gustaría llevárselo dentro del bolso, pero lo cierto es que Ricky tiene muchas cualidades.

Por mencionar una, es uno de los tipos más graciosos que conozco. Además, también es listo. Tal vez sus calificaciones no lo reflejen todo el tiempo, pero eso es porque no se aplica. Si de verdad estudiara, tendría un promedio de 10. Para seguirle el paso a su vocabulario, yo tengo que asegurarme de aprender al menos una palabra nueva al día en internet.

Siempre le recuerdo que tiene muchas cualidades, pero ¿se toma la molestia de reunir valor para invitar a una chica a salir? No. Siempre tiene alguna excusa: o es muy alta, o muy fijada en su apariencia, o racista. Está bien, lo de racista lo entiendo, aunque en algún momento uno tiene que aceptar: "Oye, es el bachillerato. Lo único que necesito es salir con alguien, como una novia de práctica".

Así que, considerando su historial con las chicas, me parece bastante irónico que me esté aconsejando sobre Cassidy.

—Hermano —me dice—, no puedes echar esto a perder. Quiero decir, en serio, que no puede ser tan complicado que te presentes a tiempo para llevar a tu novia a cortarse el cabello.

—Oye, no podía hacer nada; lo hecho, hecho está. Me preocupa más que no escuché exactamente qué quiere que haga de ahora en adelante para salvar nuestra relación.

—¿No estabas escuchando nada?

—Tenía otras cosas en mente.

Ricky sacude la cabeza.

—Oye, si yo fuera tú, estaría atento a cada palabra —lo dice en serio. A veces me pregunto si no estará también un poco enamorado de Cassidy.

—No puedes estar atento a cada palabra —le digo—. Están sucediendo demasiadas cosas en todo momento. Lo único que puedes hacer es absorber la sensación general.

Ricky abre otra cerveza. Es viernes en la noche y estamos sentados en el toldo de mi auto en un estacionamiento de la Calle 12.

—Si yo tuviera novia, sería como estar en la iglesia cuando ella hablara. Ella sería la pontífice y yo el pontificado.

—Estás drogado.

—No, es en serio. Soy el mejor oyente del mundo.

En eso tiene razón. Vaya que ha escuchado mis tonterías.

—¿Entonces por qué no invitas a Alisa Norman a salir? ¿Te gusta, no?

Se distrae viendo pasar un Mustang, de esos antiguos realmente geniales, un *fastback* de hace como treinta años.

—Creo que me gusta, pero prácticamente está comprometida con Denver Quigley.

—¿Y? Invítala de todas maneras. Mira, las chicas son gente en transición. No terminan con un novio y luego se sientan a esperar a que alguien más las invite a salir, sino que mantienen al novio cerca hasta que conocen a alguien más que esté interesado en ellas. Luego le dan el hachazo al antiguo y abrazos y besos al nuevo. Te lo digo yo.

—Por supuesto. ¿Has visto a Quigley últimamente? Es un cavernícola. Con que le dirigiera dos palabras a Alisa me haría pomada. Tendrían que llevarme al hospital en espátula.

—Excusas, excusas —le doy un trago a mi cerveza y lo correteo con otro trago de VO—. Pero ¿sabes qué? Ya me cansé de tus excusas. Ya es hora. Será esta noche. Vas a conseguir una novia.

—Vete al diablo.

—No, en serio. ¿Crees que puedes andar de tercero en discordia conmigo y Cassidy para siempre? Es ridículo. Vamos, métete al coche.

—¿Por qué? ¿Qué planeas?

—Chicas, eso planeo. Están por todas partes —extiendo el brazo hacia la Calle 12—. Es viernes por la noche, hermano. La calle es una cornucopia de chavas. Cada carro que pasa está lleno de ellas. Altas, flacas, gordas, tetas grandes, tetas chicas, rubias, morenas, pelirrojas, traseros amplios y traseros que te caben en la palma de la mano. ¿Y sabes qué quieren? Quieren un novio. Eso quieren. Así que súbete al auto.

—Tetas y traseros, ¿eh? Eres un romántico, Sutter. De verdad lo eres.

Tal vez se esté poniendo sarcástico conmigo, pero se sube al coche de todas maneras. Sabe que el viejo Sutter quiere lo mejor para él.

Y el hecho es que sí soy un romántico. Estoy enamorado de la especie femenina. Es una pena que sólo se pueda escoger una pero, como ésa es la regla, estoy muy agradecido por la que tengo, y quiero que mi mejor amigo tenga lo mismo.

Capítulo 6

La Calle 12 está muy activa hoy. No exageraba, hay chicas en grandes cantidades por todas partes. Pero soy selectivo. Estamos buscando novia para Ricky, después de todo, el amigo con quien jugué Liga de la Justicia en el quinto grado. Él cuidó de mí entonces y yo lo haré ahora.

—¿No me vas a avergonzar, verdad? —pregunta.

—¿Cuándo te he avergonzado?

—¿De verdad quieres que te haga una lista? —saca un cigarro de marihuana y su encendedor.

—¿Qué haces, tú? —no tengo nada contra la mota, simplemente no me parece que sea un buen lubricante social.

—No fumes tú si no quieres —me responde dando una chupada larga al porro.

—Bueno, pero no fumes demasiado, ¿está bien? No quiero ir a pescar un puñado de chicas para que luego enmudezcas y te me pierdas en un cosmos extraño, y esas pendejadas.

Exhala una nube de humo.

—No te preocupes. Seré entretenido.

—Sí, claro. Pero no conozco muchas chavas que quieran ir por ahí platicando sobre la comercialización de Dios o lo que sea que estuvieras discutiendo el sábado pasado.

—Era: ¿qué pasaría si descubrieran la existencia física de Dios? Digo, probablemente habría una batalla campal por obtener los derechos de la patente. Sería una competencia para decidir si deberías recibir a Dios por cable o vía satélite. Y luego tendrían que lanzar un plan de mercadotecnia. Habría comerciales: "Llame hoy y obtenga a Dios por 19.95 dólares al mes. ¡Obtenga a Dios Padre, Dios Hijo y Dios Espíritu Santo en paquete por tan sólo 24.95 dólares!".

—Cierto —le respondo riendo—. Y cuando no puedas pagar la renta vienen y te cortan la conexión con Dios.

—¿Ves? —me dice Ricky—. Eso es entretenido.

Tengo que aceptar que tiene razón.

—Pero, de todas maneras, lo que a ti y a mí nos parece entretenido no necesariamente va a aplicar igual con las damas.

—Lo sé. ¿Qué piensas, que soy una especie de idiota?

No hay tiempo para discutir el tema. De repente, una camioneta enorme llena de chicas se empareja con nosotros. No las reconozco, pero la rubia que viaja atrás baja la ventanilla, nos enseña las tetas y se muere de risa.

Ricky me dice:

—Eh, ¿viste eso?

—Sí, lo vi. Le di dos pulgares arriba.

—Bueno, no dejes que se vayan. Síguelas.

—Relájate. Esas chavas ni siquiera son de por aquí.

—¿Y?

—Así que aunque las siguiéramos toda la noche, no se van a orillar. ¿Sabes por qué te enseña una chica las tetas, no? Porque le gusta pensar que los chicos se hacen justicia por su propia mano pensando en ella. Además, necesitas a alguien más natural.

—Ésa me pareció bastante natural.

—Tenía cabello de "mírame".

—No me estaba fijando en su cabello.

Ricky se molesta un poco conmigo porque no las seguí, pero no es en serio. Lo conozco. La única razón por la cual quiere perseguirlas es que en realidad sabe que no pasaría nada. Es una fantasía, no hay posibilidad real de salir con ellas o de que nos rechacen, ninguna de las dos. Pero no le voy a permitir salirse con la suya, no esta vez.

Recorremos la Calle 12 un par de veces sin suerte hasta que veo los faros de un coche que me hacen una señal desde atrás: es el Camry dorado de Tara Thompson. En el semáforo, saca la cabeza por la ventana y me dice que me detenga en el estacionamiento del Conoco. Esto se ve prometedor. Conozco bien a Tara, tomamos Inglés juntos, y aunque ella no es una buena opción para Ricky, su amiga Bethany Marks sí lo es.

Tara y Bethany casi siempre están juntas. Son chicas de nivel medio: no de las súper guapas o populares, pero claramente por encima de las marginadas sociales. Son jugadoras de sóftbol. Tara tiene el cabello teñido de rubio y es un poco regordeta pero no es fea, para nada. Bethany es morena y un poco más delgada, con largas y espectaculares piernas, y un torso algo desproporcionado, pues se ve demasiado pequeño. Tiene tetas lindas. Su único defecto es que la nariz a veces se le ve grasosa. Pero su relación con Tara me recuerda algo a Ricky. Es la chica callada al lado de la personalidad extrovertida de Tara. Los hombres no la notan mucho, pero tiene una risa atractiva, y ambas son buenas para la fiesta con los atletas.

Me orillo del lado de Tara y bajo la ventana.

—Sutter —me dice—, eres justo a quien quería encontrarme. ¿Sabes dónde podemos conseguir cerveza?

—¿Cerveza? ¿No están en entrenamiento?

—Estamos celebrando. Mi mamá por fin sacó a mi padrastro de la casa —las dos ríen.

Les digo que se estacionen y que ya veré si puedo ayudarlas.

—Pasen a mi oficina, chicas —las llevo a la parte de atrás de mi auto y abro la cajuela para revelar mi tesoro de cervezas. Forramos la cajuela con plástico, lo cubrimos de hielo y luego colocamos hilera tras hilera de cervezas y las cubrimos con más hielo.

—Ustedes son la onda —dice Tara.

—Estamos alistándonos para ir a pasear a Bricktown —les digo, aunque en realidad no planeábamos hacerlo, pero quizá ahora sea un buen momento—. ¿Por qué no nos acompañan?

Bethany dice:

—Vamos de camino a casa de Michelle.

Entonces les digo:

—Oigan, yo también estoy puestísimo para que celebremos que corran a un padrastro ya que mi mamá no va a correr al mío.

Eso es todo lo que Tara necesita escuchar para quedarse con nosotros.

—Pues no te quedes ahí. Ábreme una cerveza.

Le doy una y ni siquiera tengo que buscar una excusa para que Bethany se suba en la parte de atrás con Ricky. Tara se sube de inmediato al lado del copiloto y a Ricky y Bethany no les queda más remedio que subirse atrás. Sé que es posible que Cassidy se moleste con esta distribución de los asientos si nos viera, pero hoy fue al cine con sus amigas y, además, de lo que se trata es de juntar a Ricky con Bethany.

—¡A toda velocidad! —digo mientras enciendo el motor—. Y al diablo con las papas.

Capítulo 7

Bricktown es el distrito de entretenimiento de Oklahoma City. Recibe su nombre de todos los edificios de ladrillo e incluso de sus calles de ladrillo. Antes era un distrito de bodegas o algo así. Ahora hay bares, restaurantes, salas de conciertos y arenas, cafeterías, unos cines y un estadio de beisbol. También se puede navegar por el canal que corre entre dos largas hileras de edificios como un río al fondo de un cañón. No es muy emocionante, pero las chicas piensan que es romántico. Lo único que debo hacer es encontrar una manera de lograr que Ricky y Bethany se suban a un bote juntos mientras me llevo a Tara a otra parte.

Me aseguro de que las chicas tengan un suministro constante de cerveza mientras conducimos hacia allá y luego recorremos las calles de los bares y restaurantes. Al principio, Ricky está un poco callado. Es una de esas personas que de entrada pueden parecer tímidas pero cuando lo conoces es comiquísimo. Es absolutamente excelente en las imitaciones: estrellas de cine, maestros, otros chicos de la escuela. Cuando logro que empiece a hacer unas, las chicas están embobadas. Hace una de Denver Quigley que le sale idéntica y Bethany se ríe tanto que parece que se le va a caer la cara.

—Oye, vamos a los barquitos —les digo como si se me acabara de ocurrir. No lo tengo que decir dos veces. Las chicas se emocionan con la idea.

Después de encontrar un lugar para estacionarnos, como a un millón de kilómetros del canal, caminamos hacia allá, haciéndole bromas a la gente y en general riéndonos todo el tiempo. Cuando llegamos al sitio donde salen los barquitos, le digo a Ricky que compre un par de boletos, uno para él y uno para Bethany, pero cuando me acerco a la ventanilla, empiezo:

—Espérenme un minuto. Dejé mi billetera en el coche.

El idiota de Ricky ofrece prestarme dinero, pero le digo:

—Mejor no. Adelántense ustedes dos. No me gusta la idea de que mi cartera esté solita en el carro en un estacionamiento oscuro. Nos vemos aquí en treinta minutos.

Me lanza una miradita suspicaz, pero ya es demasiado tarde. La lancha está a punto de salir. Bethany quiere que Tara los acompañe, pero yo la tomo por el brazo y le digo:

—Ah, no. No voy a caminar hasta allá yo solo.

Les deseamos un buen viaje cuando zarpa el bote; se ven bien juntos, aunque ella es unos ocho centímetros más alta que él. Ya que se alejaron, me ofrezco a llevar a Tara a tomar un helado y me dice:

—¿No que se te había olvidado la cartera?

—Acabo de recordar que la traigo en el otro bolsillo.

Me observa y sonríe.

—Eres malvado.

—No soy malvado. Soy Cupido. Hacen bonita pareja, ¿no crees?

—Sí —dice ella—. Sí creo.

Camino a la heladería cambiamos de opinión y decidimos ir a un bar. Después de intentar entrar en cuatro lugares sin éxito, se me ocurrió que no hay otra solución salvo ir al carro por unas cervezas e ir a tomárnoslas a los Jardines Botánicos.

—¿Es seguro ir allá cuando oscurece? —pregunta Tara.

—Psss —le respondo—. Estás conmigo.

Meto cuatro cervezas en una bolsa de plástico y nos vamos hacia los jardines. La noche es hermosa. Temperatura para suéter ligero. Las luces de la ciudad brillan sobre nosotros y el peso de las cervezas se siente muy satisfactorio, como una promesa de abundancia.

Lo que sucede si entras a ese lugar en la noche es que siempre existe la posibilidad de encontrarse algún mendigo y, por supuesto, lo encontramos. Tara me toma del brazo y se coloca un poco detrás de mí, pero este tipo no tiene nada de amenazante. Trae una típica gorra vieja, ropa de segunda a la cual no le vendría mal una buena lavada y su rostro parece estar hecho de la piel desgastada de un guante de cácher.

Le doy cinco dólares y está más que agradecido, quitándose la gorra y mirándome como si fuera algún tipo de noble o algo parecido. Cuando se aleja cojeando, Tara me dice que no debería haberle dado dinero.

—Sólo lo va a usar para comprar licor —agrega.

—Bien por él.

—Entonces, hubiera sido mejor que le dieras una cerveza.

—¿Bromeas? Solamente tenemos dos por cabeza. Que vaya a comprar la suya.

Los Jardines Botánicos están compuestos por varios senderos que atraviesan grupos de diferentes tipos de árboles y plantas y cruzan sobre arroyos y estanques. En un extremo está el Puente Cristal, que no es sólo un puente sino un gran invernadero cilíndrico para las plantas más exóticas. Incluso tienen una de esas enormes plantas apestosas que nada más florecen cada tres años o algo así y que huelen a carne podrida. En realidad nunca había estado en los jardines en la noche, pero cuando vas con una chica, es mejor actuar como si fueras un viejo lobo de mar en todo, no para impresionarla sino para que ella se sienta segura.

Así que vamos caminando, bebiendo cerveza y platicando, y empieza a contarme sobre el asunto de su madre y su padrastro, Kerwin.

—¿Kerwin? —le pregunto—. ¿Me estás diciendo que su nombre de verdad es Kerwin?

Y ella me responde:

—¿Lo puedes creer?

Al principio la historia es bastante graciosa. Kerwin es todo un personaje. Para empezar, es muy desaliñado, sólo se afeita unas dos veces a la semana y se la pasa sentado viendo Food Network en ropa interior, se quita los calcetines y los lanza con poco tino hacia la recámara y se tira pedos cuando los amigos de Tara pasan por la habitación donde él está. Incluso se dice que una vez llegó a comerse su cena de microondas mientras estaba cagando en el baño.

—No sé —le digo—. Creo que me cae algo bien.

—No te caería bien si tuvieras que vivir con él —responde y toma un trago.

—Mi padrastro es un pinche robot.

—Kerwin no estaba mal al principio. Creo que me agradaba. Se casaron cuando yo tenía como nueve años, y en aquel entonces yo pensaba que era divertido que fuera tan desaseado. Mi mamá, él y mi hermanita se acostaban en la cama y nos contaba historias y luego decía: "Metan la cabeza bajo las mantas, voy a escupir al aire". Y cuando metíamos la cabeza bajo las mantas se tiraba un pedo. A mi mamá le daba mucho asco, pero mi hermana y yo nos reíamos como si fuera lo más gracioso del mundo. Creo que cuando era pequeña pensaba que era un gran tipo. Aparte de los pedos, hacía reír a mi mamá. Éramos bastante felices.

Hay un pequeño anfiteatro justo al lado del Puente Cristal con vista a un escenario a mitad del estanque. Bajamos unas cuantas filas y nos sentamos ahí con nuestras cervezas.

—¿Y qué pasó entonces? —pregunto—. ¿Fue el pedo que derramó el vaso?

Se ríe.

—Fue más de uno —hace una pausa mirando el escenario vacío—. Pero en realidad fueron los analgésicos.

—¿Analgésicos? ¿Cuáles, como Vicodin o parecidos?

—Peor que eso. OxyContin.

—¡Guau! Eso es duro.

—Ni me digas. Al principio, empezó solamente con Loritab, pues le dolía mucho el cuello después de un accidente automovilístico. Ahora, tiene un calcetín lleno de OxyContin en su cómoda, como si mamá y yo no supiéramos que ya no tiene nada que ver con el dolor.

—No sé —le respondo—. Hay otros tipos de dolor además del físico, ¿no crees?

—Supongo. No tiene nada de autocontrol. Come demasiado, bebe demasiado, se pedorrea demasiado. Toma demasiado OxyContin y se va cayendo por la casa balbuceando cosas que no se entienden y tratando de abrazarnos y besarnos.

—¿Quieres decir que intenta besarte, con lengua y todo?

Hace una cara de repulsión.

—Qué asco, no. Creo que siente que todavía tengo nueve años y trata de darme un beso en la mejilla y luchar conmigo como hacíamos antes.

—Tal vez es porque te quiere.

—Vamos. Está perdido. No puede conservar un empleo. Se desmaya en la puerta del baño. El día del cumpleaños de mi mamá se levantó e intentó prepararle el desayuno y casi quema toda la casa. Ésa fue la última.

—Es una pena.

—Nada perdura —me dice y escucho que la voz se le quiebra un poco—. Piensas que sí. Piensas, "De aquí me puedo sostener", pero siempre se te escapa.

Obviamente no está tan contenta por esta separación como estaba fingiendo. Tal vez no lo quiera admitir, pero puedo percatarme de que hay un sitio en su corazón para el viejo pedorro.

—Por eso yo nunca me voy a casar —me dice—. ¿Qué caso tiene?

Una lágrima redonda le brota de la esquina del ojo. No pensé que ya hubiera bebido suficiente para llegar a la etapa del llanto, pero tal vez no sea necesario tomar tanto cuando tienes las emociones muy a flor de piel.

La quiero consolar. Quiero decirle: "Seguro que las cosas perduran. Encontrarás a un gran tipo, alguien que no se eche tantos pedos, y te casarás y durará para siempre", pero ni siquiera yo me creo semejante cuento de hadas. Así que le digo:

—Tienes razón. Nada perdura. Y no hay nada de qué sostenerse. Ni una sola cosa. Pero eso está bien. De hecho es bueno. Es como cuando mueren los viejos. Tienen que morir para que haya espacio para los bebés. No querrías un mundo sobrepoblado de puros viejos, ¿o sí? Piensa lo lento que estaría el tráfico con todos esos conductores arrugados con sus enormes lentes de sol, conduciendo en sus Buick LeSabres de hace veinte años y cuatro puertas a cinco kilómetros por hora, pisando accidentalmente el acelerador en vez del freno y chocando contra la ventana de la farmacia.

Se ríe de eso, pero es una risa con un dejo triste.

—En realidad —añado—, no quieres que las cosas duren para siempre. Como mis padres. Si siguieran casados, mi papá, mi verdadero papá, estaría atrapado todavía en esa pequeña casita de dos recámaras donde vivíamos antes. Seguiría sudando todos los días reparando casas como trabajo. En cambio, ahora, es muy exitoso. ¿Ves el edificio Chase allá? ¿El más alto?

Ella asiente y da un trago.

—La oficina de mi papá está cerca del piso superior. ¿Ves esa ventana encendida justo a la mitad? Es él, trabajando hasta tarde.

—¡Guau! —me responde—. ¿Has subido?

—Claro que sí. Subo todo el tiempo. Se alcanza a ver hasta Norman desde ahí.

—Tal vez podamos ir ahorita.

—No, ahorita no. Está demasiado ocupado. Incluso yo tengo que hacer cita para verlo.

—¿A qué se dedica?

—Altas finanzas. Un contrato tras otro.

Nos sentamos y nos quedamos mirando hacia la luz en el piso superior del edificio más alto de Oklahoma City. La noche está enfriando y se escucha un ruido en la oscuridad. Tara me toma del brazo.

—¿Qué fue eso?

—Nada —le digo—. Pero por alguna razón me siento vulnerable, como si pudiera haber algo malvado realmente arrastrándose hacia nosotros, una horda de mendigos zombis babeantes o quizá algo peor, algo para lo cual no tengo nombre.

—Tal vez debamos regresar —me dice.

—Sí, probablemente ya sea hora.

Capítulo 8

Llegamos un poco tarde de regreso al canal, pero Ricky no está molesto para nada. Él y Bethany están sentados hombro con hombro en una banca que ve hacia el agua, sonriendo como un par de niños de primaria en un espectáculo de títeres y a ninguno de ellos le importa que ya hayamos regresado.

En el camino de vuelta a casa, Bethany va más parlanchina que nunca. Está realmente animada. Habla y habla sobre cómo Ricky hizo una narración hilarante del recorrido, como si fuera un juego de Disneylandia, y cómo inventaba historias sobre la gente que pasaba. La hizo reír tanto que pensó que iba a vomitar. Por supuesto, inventar historias de la gente es una rutina común para Ricky y para mí, y algunas de las cosas que le dijo a Bethany me las robó, pero está bien. Mi plan está funcionando a la perfección. El Sutterman lo ha logrado de nuevo. Estoy tan orgulloso de mí mismo que al principio no me molesto en prestarle mucha atención al par de faros que nos van siguiendo por la Calle 12.

Para cuando llegamos al automóvil de Tara, ya se empieza a sentir que Ricky y Bethany son una pareja. Pero Ricky no la va a jalar hacia él y plantarle un gran beso húmedo ahí en el estacionamiento. Aunque tampoco la riega.

—Fue divertido —le dice—. Hagámoslo de nuevo otro día.

—Eso me encantaría —responde resplandeciente.

—El próximo viernes sería un momento espléndido para que se vean —añado. El chico todavía necesita un poquito de ayuda para cerrar el trato.

—El viernes estaría perfecto —dice ella—. Supongo que nos veremos en la escuela.

—¡Oh!, te va a llamar antes —le digo, y esta vez Ricky entiende rápido.

—Sí, te llamo.

Ella sonríe tímidamente y le dice:

—Muy bien —y se mete al Camry de Tara.

Hay un coche con el motor encendido a unos quince metros de distancia, el mismo que venía detrás de nosotros por la Calle 12, pero todavía no le presto demasiada atención. En vez de eso, le paso el brazo amistosamente a Tara por el hombro y le digo que espero que todo salga bien con el asunto de su mamá. Y acto seguido, ella me envuelve en sus brazos y me aprieta como si fuera un tubo de pasta dental, presionando su mejilla contra mi pecho.

—Me alegra que nos hayamos encontrado esta noche —me dice—. Gracias por las cervezas y por escucharme hablar de mis estúpidos problemas y, ya sabes, por darme consejos y todo.

Le doy unas palmaditas en el cabello y le digo:

—No hay problema.

Entonces se escucha cómo se cierra una puerta detrás de mí. Volteo y con quién me vengo a encontrar: Cassidy. El coche de su amiga Kendra era el que había estado detrás de nosotros todo este tiempo.

—Hola, Sutter —dice Cassidy, en un tono nada amistoso.

—Hola —le digo desenredándome de los brazos de Tara—. Cassidy. ¿Les fue bien en el cine?

Se queda parada con los brazos cruzados.

—Obviamente, no tan bien como a ti.

—Eh, sí. Les prestamos unas cervezas a estas chavas.

No hay manera de explicar mi plan de juntar a Ricky y Bethany en este momento, no con Bethany sentada en el auto justo detrás de mí.

Cassidy tiene LA MIRADA en su rostro.

—Ajá, claro. Los vi restregándose uno con otro.

—No, en serio. La mamá de Tara corrió a su padrastro de la casa y estaban celebrando y...

Cassidy levanta la mano para detenerme.

—No quiero escucharlo. Lo único que te pedí fue algo muy simple: que consideraras mis sentimientos cuando hicieras algo. Por una vez, que pusieras los sentimientos de alguien más por encima de los tuyos. Eso fue todo lo que te pedí, esa única cosa. Pero no pudiste siquiera acercarte a ello.

Ajá. Conque eso era lo que quería que hiciera.

—Claro que puedo —le respondo—. Puedo hacerlo.

En realidad no estoy tan seguro de poder, pero ahora que sé qué es lo que quiere, estoy listo para intentarlo en serio.

Pero ella no me cree.

—Es demasiado tarde, Sutter —abre la portezuela del carro de un golpe—. Eres una causa perdida.

—No lo soy —respondo—. En verdad no lo soy.

Pero ella se mete al coche, azota la puerta y sube la ventana.

—¿Qué le pasa? —pregunta Tara detrás de mí.

—Altas expectativas —le respondo—. Altas expectativas fuera de lugar.

Capítulo 9

Mi trabajo está bien. ¿Sí saben lo que es un trabajo que "está bien", no? Es un trabajo que odias solamente una rato en vez de siempre. Doblo camisas en la tienda Mr. Leon's Fine Men's Clothing en la calle Eastern. En realidad, la doblada de las camisas es para mantenerme ocupado. Se supone que soy vendedor, pero los clientes son bastante escasos. ¿Quién querría ir a Mr. Leon's cuando puede ir al centro comercial? El verano pasado, teníamos cuatro sucursales en el área metropolitana, pero ahora sólo quedan dos. Es apenas cuestión de tiempo antes de que Mr. Leon's se seque por completo y desaparezca. Muerto y esfumado. Como el sitio de tacos indios que estaba al lado.

Pero la falta de clientes no es lo que odio del trabajo. De hecho, me tenso cuando escucho sonar la campana sobre la puerta. Sí, todavía tenemos una de esas campanas sobre la puerta. Mr. Leon's recibe dos tipos de clientes, viejecitos que quieren cosas que pasaron de moda hace diez años y jóvenes vendedores de veintiún o veintidós años. Es curioso, pero los jóvenes son quienes me perturban más.

En una ocasión vi un documental sobre una tribu primitiva en el bosque tropical de América del Sur y eran bastante geniales. No vestían nada salvo pequeños pedazos de tela que les tapaban sus cosas de abajo, incluidas las mujeres, y caminaban por la selva, libres y salvajes, tejiendo canastos, disparándole a los tucanes con cerbatanas y toda clase de cosas increíbles. Entonces, empezó a llegar la civilización y en un abrir y cerrar de ojos, ya usaban camisetas raídas y camisas de cuello ancho de poliéster y lucían como indigentes. Era como para romperte el corazón.

Bueno, eso es lo que me recuerdan estos jóvenes que llegan a la tienda. Ya saben, hace apenas un par de tics del reloj eran adolescentes, libres y salvajes, haciendo trucos en la bicicleta, deslizándose por las aceras en la patineta, lanzándose de acantilados rocosos al lago Tenkiller. Ahora llegan a Mr. Leon's vestidos con sus trajes de vendedor, pero sus cuerpos todavía no alcanzan a llenarlos como para que se les vean bien: las bastillas de los pantalones se les arrugan encima de los zapatotes y los cuellos de las camisas se les despegan varios centímetros de la nuca. Cargan su mousse para el cabello y tienen varios granos congregados alrededor de sus narices y bocas debido al estrés de trabajar en sus primeros empleos *reales* y de tener que pagar sus propias cuentas.

¿Y saben qué? Es mucho más desgarrador que los tipos del bosque tropical porque sé que éste es el mundo que me aguarda a mí también. Pues ya tengo que ponerme los pantalones de vestir, las camisas tiesas y las corbatas solamente para trabajar en Mr. Leon's.

El mundo real se acerca, avanzando hacia mí como una excavadora implacable en el bosque tropical. Pero sé vender. Si quisiera, podría convencer a nueve de cada diez de estos jóvenes de que se compraran un traje de poliéster setentero color pastel. Les diría que están poniéndose de moda nuevamente. Parecerás Burt Reynolds. Lo único que te faltaría sería el bigote.

Pero no es lo que quiero hacer. No quiero pasar mis días molestando a la gente para que compre cosas que no necesita. Tal vez si pudiera encontrar alguien en quien creer, algún nuevo producto radical que salvara la capa de ozono o algo así, entonces sería un magnífico vendedor.

Aunque Mr. Leon's es lo que tengo por el momento. Mi padrastro, Geech, me consiguió el trabajo. Yo quería trabajar en un manicomio, pero esos trabajos no son fáciles de conseguir y Geech estaba tan orgulloso por tener conexiones en el mundo de los negocios que no escuchaba nada de lo que yo decía. "Entré a las ventas cuando tenía catorce —presume—. Y ya era dueño de mi propia tienda de artículos de plomería antes de los treinta y cinco."

Artículos de plomería. Qué importante.

En fin, doblar camisas me da suficiente dinero para hacer los pagos de mi automóvil y de paso quedarme con fondos más que suficientes para las fiestas. Además, el trabajo no está tan mal. Simplemente hay que verle el lado positivo, como siempre digo.

Por ejemplo, mi gerente, Bob Lewis, es un gran tipo. En serio, me encanta este tipo. Tiene sueños. Siempre está hablando sobre cómo se va a hacer rico. Dependiendo del día, está pensando en cómo iniciar sus propios seminarios de motivación para bebés, o escribiendo un guion sobre dinosaurios espaciales o inventando una dieta donde hay que comer helado de nuez y filetes de pescado.

Tiene toda clase de ideas sobre restaurantes temáticos que giran en torno a las comidas típicas de cada estado: Alaskan Al's, Wisconsin Willie's, Idaho Ida's. Supongo que la de Idaho serviría solamente papas. Mi favorito, sin embargo, es el restaurante con minigolf. Habría un platillo distinto para degustar en cada hoyo y el precio dependería de la puntuación obtenida. Puedo imaginarme a los comensales bastante satisfechos después de terminar los dieciocho hoyos.

Nunca me cansan sus historias. Lo incito a que me las cuente. Pero sé que nunca hará ninguna de ellas. ¿Saben por qué? Porque no le importa hacerse rico. Simplemente le gusta soñar. Lo que realmente le importa es su familia, su esposita regordeta y sus dos hijitos regordetes. Es ahí donde está su compromiso. Es ahí donde se va toda su energía.

Su esposa no es lo que llamaríamos oficialmente atractiva, pero es hermosa. Es increíble cuando llega a la tienda, su rostro se ilumina, el de él se ilumina y estoy seguro de que el mío se ilumina también solamente de verlos a los dos. Lo mismo con sus hijos, Kelsey y Jake. Tienen cinco y siete años y me encanta ver cómo los levanta su papá en el aire y los lanza por todas partes. Llama a Kelsey "Bombón" y a Jake "Botón". Cada vez que se van de la tienda, le digo: "Bob, ¿por qué no me adoptas?".

Pero bueno, como Bob es el mejor esposo y hombre de familia del mundo, me imagino que tal vez tenga algún buen consejo que proporcionarme sobre todo este fiasco con Cassidy. La tarde está por terminarse y no ha entrado ni un solo cliente por la puerta en dos horas, así que estamos tomándonos nuestro refresco de maquinita y platicando. Bob trae su usual camisa azul almidonada que a esta hora del día ya tiene unas grandes marcas de sudor. Parece ser de esos tipos que tuvieron una complexión bastante atlética en el pasado, antes de que empezara a empacarse el pollo empanizado de su esposa.

Por supuesto, mi lata de 7UP está mejorada con un chorrito de whisky, pero Bob no lo sabe. Antes no le importaba si alteraba mis bebidas de vez en cuando, siempre que no fuera temprano. Pero supongo que algún cliente mayor lo olió en mi aliento y se quejó. Ahora tengo que hacerlo a escondidas para evitar poner a Bob en una posición incómoda.

—Supongo que ya no puedo hacer mucho a estas alturas —le digo sobre la situación con Cassidy—. Ya está decidida, *c'est la vie*.

—No te des por vencido tan rápido —me dice.

—¿Por qué no? Hay otras chicas allá afuera. Ya medio le eché el ojo a Whitney Stowe. Tiene el cabello castaño claro, ojos azules, largas piernas de porcelana. Es un poco fría, diva de la sección del drama, pero eso significa que nadie más la invita a salir, todos están intimidados. Pero yo no. Me moveré en esa dirección sin mirar atrás.

Bob sacude la cabeza.

—Eso dices, pero te apuesto cien dólares a que no es como te sientes. Acéptalo. Quieres volver con Cassidy.

Ella es especial. Para ser sincero, pensé que ella sería la que te sacaría de tu indiferencia.

—¿De qué hablas? No estoy en neutral. Voy en quinta.

—Sí, claro. ¿Has intentado acaso hablar con ella?

—Claro, le expliqué todo. Digo, no contestó el teléfono ni nada, pero le dejé un mensaje largo esa misma noche, completamente detallado, y además le mandé un correo electrónico. No me ha respondido nada. Cero. Un gran huevo de ornitorrinco. O sea, en la escuela pasa junto a mí como si fuera el hombre invisible.

—¿La has seguido?

—No, no soy un perrito.

—¿Te disculpaste?

—En realidad no. Le expliqué que le estaba haciendo un favor a Ricky, el cual ha funcionado espléndidamente, dicho sea de paso, porque va a salir con Bethany el viernes. Desde mi punto de vista no tengo realmente ningún motivo para disculparme. Sólo fue un malentendido.

Bob agita la mano.

—No importa. Una disculpa nunca sobra. No me importa si ella fue la que hizo algo que a ti no te gustara, de todas maneras discúlpate. Es el sacrificio. Eso muestra que la amas.

—Sí —le respondo—, pero entonces me va a traer con una correa alrededor del cuello.

—Tienes que dejar de pensar así. No te preocupes sobre quién tiene el poder en la relación todo el tiempo. Si tú la haces feliz, ése es el mayor poder que puedes tener.

—Mmm —le digo—. Nunca lo había pensado así.

Bob tiene varias opiniones dignas de consideración. No sé qué tan efectivo sea motivando bebés, pero sería excelente como escritor de una columna de consejos para adolescentes enamorados.

—Mi consejo —dice— es que vayas con ella esta tarde. No le hables ni le mandes un mensaje de texto. No le escribas un correo. Solamente ve a verla. ¿Cuál es su flor favorita?

—No sé.

Niega con la cabeza chasqueando, "Tsss".

—Pues entonces llévale unas rosas. Dile que te equivocaste. Pero no te lances a prometerle que no lo vas a volver a hacer. En vez de eso, dile que has estado pensando en cómo se debió haber *sentido* cuando te vio abrazando a esa otra chica. De esa manera, harás que empiece a hablar de sus sentimientos. Y entonces, tienes que escuchar en serio. Déjale claro que sus sentimientos son importantes para ti. Eso es lo único que quería de ti, para empezar.

—Diablos, Bob —le digo—. Eso es bueno. Eso es *realmente* bueno. Deberías salir en *Oprah*. No es broma.

—He pensado escribir un libro sobre esto —me dice—. Antes tal vez tendría que doctorarme en relaciones humanas.

Capítulo 10

El buen Bob. Para ser alguien a quien le brotan pelos de las orejas, ciertamente parece estar familiarizado con cómo se sienten las mujeres. Qué mal que no pueda pedirle que me acompañe y la haga de Cyrano de Bergerac conmigo.

Verán, éste es mi problema con seguir la regla de Cassidy sobre pensar primero en sus sentimientos. No es que no quiera hacerlo, pero no tengo la menor idea de qué es lo que está sucediendo dentro de una chica cuando ya es mi novia. A las chicas ordinarias las puedo leer como manual de tostador eléctrico, pero en cuanto empiezo a salir con una es como si me cerraran el manual en la nariz. No más pan tostado para mí.

Tomemos como ejemplo a la novia que tuve antes de Cassidy, Kimberly Kerns. En la etapa del coqueteo, cuando estábamos conociéndonos, ella opinaba que yo era el tipo más gracioso del mundo. Le encantaba cuando entonaba mi cancioncita de gánster rapero:

Soy grande y glorioso.

Soy semifamoso.

Un real instigador

y de mamas navegador.

Escuchen, que no bromeo,

a las chicas las enajeno.

Soy el maestro fornicador.

Soy el rey copulador.

Por el lado inferior o superior.

Soy el Sultán del Amor.

Sí, el Sultán del Amor.

Sí, el Sultán del Amor.

Se reía tanto que le daban calambres. Pero después de un par de meses, prácticamente ya no salía una oración de mi boca sin que me dijera que era asqueroso o inmaduro o alguna cosa por el estilo. Solía decirme que yo era distinto a todos los demás y, entonces, de pronto, quería convertirme en lo que ella creía que debía ser un tipo: ¿por qué no puedes hablar de algo serio?, ¿por qué no puedes usar mejores camisas?, ¿por qué tienes que ir tanto de fiesta con tus amigos? Incluso mencionó algo sobre cómo debía dejarme crecer el cabello un poco y hacerme unos rayos. ¿Lo pueden creer? ¿Yo con pinches rayos?

Antes de Kimberly fue Lisa Crespo y antes de ella Angela Díaz y antes de ella Shawnie Brown y antes de ella —ya vamos en la secundaria— fue Morgan McDonald y Mandy Stansberry y Caitlin Casey. Todas eran chicas confiadas, inteligentes y de-verte-directo-a-los-ojos, cada una en su propio estilo, pero siempre parecía que las decepcionaba por una de dos razones:

Porque no resultaba suficientemente impresionante ante sus amigos, lo cual de alguna manera quedaba fuera de mi comprensión.

Porque, y esto es más confuso aún, esperaban que cambiara y entrara en una velocidad que mi automóvil del amor simplemente no podía alcanzar.

Cuando Lisa terminó conmigo, me dijo que se sentía como si nunca hubiéramos tenido una relación *real*.

—¿De qué estás hablando? —le pregunté—. Hacemos algo juntos prácticamente cada noche de sábado. ¿Quieres que te pida que nos casemos o qué? Tenemos dieciséis años, por el amor de Dios.

—No estoy hablando de matrimonio —me contestó con la expresión toda compungida.

—¿Entonces de qué?

Se cruzó de brazos.

—Si no lo sabes, no puedo decírtelo.

Dios mío. Y ella que empezó siendo tan divertida.

Ahora, cuando pienso en mis ex me imagino que son como una jardinera de flores del otro lado de una ventana. Son hermosas, pero no se pueden tocar.

Sin embargo, no me arrepiento de nada y no me siento amargado. Solamente me pregunto qué diablos pasaba dentro de sus cerebros, dentro de sus corazones, en aquellos días cuando debíamos acercarnos más y más. ¿Por qué todas querían un Sutter distinto al que empezó a salir con ellas? ¿Por qué ahora soy amigo de todas ellas y siempre es divertido cuando nos encontramos? ¿Por qué les agrado a las chicas pero no me aman?

Estos son los pensamientos que pasan volando por mi cabeza mientras me dirijo a casa de Cassidy después del trabajo. Tengo todas las intenciones de disculparme como sugirió Bob, pero a pesar de que no me cabe duda de que a él le funciona perfecto, no tengo mucha fe en que funcione para mí. Y ya me estoy diciendo a mí mismo que no importa, que nada perdura. Además, siempre me queda Whitney Stowe, la estrella de drama con piernas sexys. Parece algo presumida, pero lograré que se relaje. Tengo ese talento, al menos en las primeras etapas.

De camino, me detengo en mi licorería favorita para asegurarme de acumular suficiente fortaleza para la tarea que tengo en puerta. El tipo del mostrador se ve como el primer Ángel del Infierno del mundo, pero es mi cuate. Nunca me pide identificación, dice que le recuerdo a su hijo, con quien perdió el trato. De todas maneras, conforme me voy acercando a la casa de Cassidy más mariposas empiezan a revolotear en mi estómago, incluso después de dos buenos tragos de whisky.

Es un poco después de las ocho treinta cuando entro a su calle todavía vestido con mi ropa de Mr. Leon's. Sus padres parecen preferirme cuando traigo corbata. Supongo que la apariencia los engaña y piensan que mi vida avanza hacia alguna parte, y tal vez eso me ayude ahora para convencerlos de que me dejen entrar, en caso de que Cassidy les haya pedido que me desconocieran.

Su madre abre la puerta, lo cual es bueno. Soy mejor con las mamás que con los papás. Con eso me refiero solamente a las mamás de los demás, no la mía.

Se nota sorprendida de verme, así que Cassidy obviamente ya le dio la noticia sobre nuestro rompimiento. Esto lo hace bastante oficial, pero de todas formas le digo:

—Hola, señora Roy, ¿cómo está? —lo digo muy desenfadado, como si no hubiera pasado nada, y como si solamente viniera a ver a Cassidy como lo he estado haciendo durante seis meses.

Ella finge una sonrisa y me dice:

—Todo está muy bien, Sutter. No esperaba verte.

—¿En serio? Está bien. Solamente vine a platicar un rato con Cassidy, tal vez salir a tomar una Coca.

—Lo siento, Cassidy no está —no menciona el rompimiento.

Estoy seguro de que lo que me quiere decir es: "¿Sabes qué, corbatitas? Cassidy está en su recámara pero no quiere volver a verte para toda la eternidad, así que por qué no agarras tus estúpidos pantalones de Mr. Leon's y te largas de una buena vez?". Así son los papás. No te dicen algo así directamente, aunque todos sabemos que eso es lo que están pensando.

Pero yo también sé jugar este juego.

—Vaya, mmm —miro hacia la entrada—. Veo que su auto está ahí. Tal vez regresó sin que se dieran cuenta.

—No, estoy segura de que no ha regresado. Kendra vino a recogerla.

Justo en ese momento se tensa su labio inferior. Obviamente se suponía que no debía divulgar esta información ultrasecreta, pero es demasiado tarde. Así que le digo:

—Está bien, ¿le puede decir que pasé a verla? Nos vemos luego. Tengo que llegar a casa en un par de minutos, de todas maneras.

Pero estoy seguro de que, si la señora Roy es tan lista como yo creo, ella sabe que a donde me dirijo ahora no está ni remotamente cerca de mi casa.

Capítulo 11

El auto de Kendra no está estacionado frente a su casa, pero me acerco a su puerta de todas formas. Su mamá es más servicial y me dice que las chicas se fueron a la casa de Morgan McDonald para asistir a una reunión de atletas cristianos. Morgan es mi ex novia de la secundaria, pero eso fue hace tanto tiempo que es como si nunca hubiéramos sido nada más que amigos. Lo extraño es que Cassidy haya ido a una reunión con un grupo de atletas religiosos. Ella no es ninguna de las dos cosas. De hecho, por lo general, se burla de ellos y de la gente de su calaña.

Calaña. Me encanta esa palabra.

Para cuando llego a la zona donde vive Morgan, en la parte norte de la ciudad, ya llevo encima varios tragos más de whisky, así que ya no siento mariposas. Ahora lo que siento son tornillos oxidados rebotando dentro de una lata.

Deberían ver la cantidad de coches que están estacionados por toda la cuadra para esta reunión de los atletas cristianos. Pensarían que están repartiendo cupones para salir del infierno gratis. Pero no vayan a creer que esto es una especie de gran celebración sana y límpida donde sirven leche y galletitas de vainilla. Ni siquiera hay que ser atleta para asistir. No. Noventa y nueve por ciento de la gente que se presenta a estas reuniones lo hace por una simple razón: para ligarse a alguien. Y eso es lo que hace que me rueden esos tornillos por el estómago. ¿A quién quiere ligarse Cassidy?

Me estaciono al final de la fila de autos y empiezo a caminar hacia la casa de Morgan, pensando qué es lo que voy a decir cuando vea a Cassidy. Necesito empezar con algo ligero, algo divertido y colorido como "¿Quién hubiera imaginado encontrarte en un sitio así? ¿Te trajo Jesús en su auto o anda de nuevo en el burro?". Entonces, cuando la haga sonreír, me lanzaré de lleno a la disculpa. "Me equivoqué —le diré—. No estaba pensando. Pero ya me conoces, pensar no es mi especialidad. Soy un idiota en los romances a largo plazo. Necesito una maestra de educación especial para que me instruya. Alguien como tú."

Más adelante alcanzo a ver la silueta de una pareja frente a la luz de la calle. Por la altura del tipo, puedo darme cuenta de que es Marcus West, el galán del basquetbol, pero la chica está tan pegada a él que no puedo distinguir mucho salvo su cabello bastante corto. "Así que —me digo a mí mismo— Marcus se consiguió una nueva novia. Eso debe querer decir que LaShonda Williams está libre. Y ella siempre me gustó." Pero en cuanto surge esa idea en mi cabeza, la descarto. No estoy aquí buscando nuevas chicas.

Entonces, cuando me acerco más, Marcus se da la vuelta para poder recargarse contra un coche, mueve a la chica con él y se agacha para darle un gran beso. Ahora puedo ver perfectamente la silueta de su trasero y no hay forma de confundir a quién pertenece. Es el gran, espléndido y hermoso trasero de Cassidy. Los tornillos de mi estómago se convierten en martillos oxidados.

Muchos tipos observarían el tamaño de Marcus West y se darían la media vuelta, pero yo no.

—Vaya —digo deteniéndome a unos diez metros—. Veo que el espíritu de Jesús ciertamente se les metió a los dos.

Cassidy se da la vuelta.

—¿Qué estás haciendo aquí?

—Huy, te cortaste el cabello.

Su mano se mueve hacia su cabello por un segundo.

—Me pareció un buen momento para hacer un cambio.

Asiento y me froto la barbilla como si fuera un gran conocedor del estilo.

—Está jodidamente despampanante.

Ahora Marcus da un paso en mi dirección.

—¿Estás borracho o algo más, Sutter?

Sonrío lo más que puedo.

—Si *borracho* es A y *algo* es B, entonces digamos que la respuesta definitivamente no es B.

El ceño de Marcus se contrae, pero no de enojo, sino, sorprendentemente, de compasión.

—Mira, hombre, sé que no estás pasando por el mejor momento. Tal vez me dejes llevarte a tu casa.

—¡Vaya, mírenlo! Marcus West se dignó a hablar con los inferiores —estoy intentando pronunciar todas las palabras sin arrastrarlas.

Cassidy me dice:

—¡Dioooos mío, Sutter! —pero levanto un dedo para indicarle que no he terminado.

—Y su bendición cayó como maldición entre los impíos. Así es, niños y niñas, como se parte la ostia.

Marcus se acerca e intenta tomarme del brazo.

—Vamos, hombre, vamos a mi auto.

Yo le arrebato el brazo.

—Su excelencia, eso no será necesario. Soy un individuo de mente hábil que comprende a la perfección el significado de la frase "echado a la calle". Así que les deseo una buena noche —hago una reverencia lo más inclinada que puedo sin perder el equilibrio—. Y les deseo una vida llena de dicha conyugal, ahora que ya soy libre de iniciar la épica búsqueda de mi perfecta alma gemela.

Cuando me doy la vuelta para irme, Marcus me dice:

—Oye, Sutter, mira... —pero Cassidy lo interrumpe.

—Deja que se vaya. Ni siquiera podría manejar si no estuviera medio borracho.

—Gracias por el voto de confianza —le digo sin voltear—. Eres una mujer muy comprensiva, en todo salvo en el amor —ésa hubiera sido la línea perfecta para cerrar si no me hubiera tropezado con una pila de bolsas de basura derramándome la bebida en los pantalones.

Capítulo 12

Otra tarde espectacular. El clima está increíble. Por supuesto, esto probablemente signifique que el verano volverá a ser implacable, aunque no me preocupa eso por lo pronto. Nunca me he fijado en el futuro. Admiro a la gente que lo logra, pero nunca ha sido lo mío.

Ricky y yo estamos sentados en el toldo de mi auto en el estacionamiento frente al río, a mitad de la ciudad. Le ofrezco un trago de mi botellita de bolsillo, pero no lo acepta, dice que es demasiado temprano. ¿Demasiado temprano? Son las dos de la tarde. ¡En viernes! Pero no soy el tipo de persona que presiona a alguien para hacer algo que no quiere. Vive y deja vivir, yo digo.

Le doy un trago rápido y empiezo:

—Mira, desde aquí puedes ver el edificio Chase. En la parte de hasta arriba...

—Sí, ya sé. Ahí está la oficina de tu papá.

—Me pregunto qué tipo de negocios estará haciendo.

—Oye —dice Ricky—, sabes que te acompañaría a lo de hoy si pudiera.

—Ya sé que lo harías. No hay problema. Simplemente no soporto ir solo a casa de mi hermana. Su esposo y sus amigos a veces me dan ganas de vomitar. Se creen tan superiores. Piensan que todos los que no son como ellos son gentuza. En realidad, no me importa ser gentuza. Sólo me molesta la gente que piensa que eso es malo.

—No puedo deshacer esta cita con Bethany. Tiene todo planeado.

—Está bien.

—Además, pensé que ibas a pedirle a Whitney Stowe que fuera contigo.

—Lo hice.

—¿Ah, sí? ¿Por qué no me dijiste?

—No me fue muy bien. Dice que no sale con fiesteros superficiales.

—¿Eso te dijo?

—Sip.

—Eso está jodido.

—No sé.

—Hermano, tú no eres un fiestero superficial. Cualquier persona que diga eso no te conoce. No se han sentado contigo en ninguna de tus conversaciones a altas horas de la noche, eso que ni qué.

—Pero ya conoces a Whitney, es una *artiste*.

—No sé por qué no invitas a Tara. Ella quiere salir contigo. Bethany dice que sí. Además, noté cómo te veía cuando regresábamos de Bricktown.

—Oye, no puedo salir con Tara.

—Claro que puedes. Piénsalo. Ella y Bethany son cercanas. Podríamos salir juntos. Podríamos hacer días de campo en el lago, con hamburguesas, bebidas, un poco de hierba. Sería espléndido.

—Estoy seguro de que lo sería —le contesto imaginándome la escena—. Pero no puede ser. Nunca podré salir con Tara. Jamás. Si lo hiciera, sería como demostrarle a Cassidy que tenía razón. Diría: "Miren al desgraciado. Después de que intentó convencerme de que no había nada entre él y Tara, ahora se están dando papas fritas en la boca bajo los robles blancos".

El comentario le da risa a Ricky.

—¿Sabes qué? —me dice—. Todavía no puedo creer que esté con Marcus West. Digo, no me los imagino. Siempre se ha burlado de los atletas.

—¡Oh!, yo sí me lo creo —le doy otro trago a mi botellita—. Ya sabes cómo es Cassidy, con su Greenpeace y Hábitat para la Humanidad y sus desfiles de orgullo gay y todas esas cosas. Y luego ahí tienes a Marcus, que prácticamente es un Ejército de Salvación de un solo hombre. Siempre está metido en algo, sirve cenas de Acción de Gracias para los indigentes, trabaja con los niños de las olimpiadas especiales, es mentor de delincuentes. Hay que reconocérselo, es difícil burlarse de un tipo así.

—Sí —dice Ricky—. Y además está el asunto ése de la verga enorme.

—¿Qué?

—Ya sabes, dicen que los negros tienen unas vergotas del tamaño de una trompa de elefante.

—Eso no es cierto. Yo no creo en estereotipos raciales como ése.

—Yo tampoco —me dice—. Pero es un poco difícil no pensar en eso.

Me quedo mirándolo y sacudo la cabeza.

—Bueno, lo podía hacer antes de que lo mencionaras.

—Perdón, hermano.

Le doy un buen trago a mi botellita.

—Es una gran imagen. Ya era bastante malo tener que ir a casa de mi hermana y ahora voy a traer esta imagen en la mente toda la noche.

—Toma —me dice Ricky. Saca un churro gordo de mariguana del bolsillo de su chaqueta—. Llévate esto. Está fuerte. Te ayudará a soportar la noche.

Capítulo 13

Tengo que trabajar de tres a ocho y, cosa rara, no quiero irme. Estoy completamente dispuesto a quedarme un rato después de cerrar. Incluso haré inventario hasta las diez de la noche o algo, cualquier cosa para posponer ir a la reunión a casa de mi hermana. Desafortunadamente, alrededor de las siete, Bob me llama y me dice que será mejor que salga temprano.

—No, de ninguna manera. Puede llegar gente y estarías aquí solo.

Pero él me dice:

—Mira, ya sé que has estado tomando y no podemos darnos el lujo de que un cliente llame a la oficina central por algo así, ¿me entiendes?

Empiezo a negar lo de la bebida pero no puedo mentirle a Bob, así que sólo le digo que haré unos buches de enjuague bucal y masticaré más chicle. No lo convenzo.

—Puedo hacerme cargo de la última hora solo —me dice—. Ve a casa y duérmete temprano. No lo voy a usar en tu contra, Sutter. Sé que eres buen tipo. También sé que tuviste una semana difícil con lo que pasó entre tú y Cassidy.

—Oye —le digo—, ya me olvidé de ella. Créeme, no es nada grave. Soy un hombre libre. Una nueva chica me espera justo detrás de la esquina.

—Claro —dice—. Muy bien. Pero no vas a encontrarla en esta tienda de ropa para hombre. Así que vete a casa. Estaré bien. Hablamos mañana.

Ir a casa no es una opción. Mi madre me va a decir que me vaya de inmediato a la casa de Holly. No, no hay nada que hacer salvo pararme para comprar un 7UP grande y conducir el auto por un rato, tal vez tomar el camino largo a la casa de Holly para no tener que pasar demasiado tiempo a solas con su esposo, Kevin, mientras ella revuelve la ensalada o lo que sea. Ya saben, por lo general soy un tipo positivo, acepto lo raro, pero no puedo evitar sentir un poco de cinismo respecto a estos dos, y esta noche el sentimiento es un poco más intenso.

Holly y Kevin viven en una zona muy exclusiva al norte del centro de Oklahoma City, en una calle llena de enormes casas antiguas para profesionales de clase alta. Pero antes que nada, aclaremos: Kevin no pronuncia su nombre *Kevin* como lo haría una persona normal. Lo pronuncia *Kivin*. Es ejecutivo de una empresa de energía,

un pez gordo. Les va muy bien, en especial si consideramos que Holly sólo tiene veinticinco años. Kevin es como
quince años mayor que ella y tiene una ex esposa que según Holly merecería ser el ejemplo de todo lo que puede
salir mal en una cirugía plástica. Holly era asistente admi-
nistrativa en la compañía de Kevin, pero obviamente subió en el escalafón.

No me sorprendería si mi madre amara más a Kevin
que a Holly. De hecho, Holly tuvo que inventar una excusa patética sobre cómo Kevin no había invitado a sus
padres a cenar y que por lo tanto ella tampoco podía invitar a los suyos. Estoy seguro de que él le dijo lo mismo
a sus padres pero al revés. Por qué tenían que invitarme a
mí, no lo sé, pero mi mamá parecía estar celosa.

Kevin es el chico de oro en lo que a mi madre respecta. No puede hacer nada mal. De cierta forma, creo que
mamá siente que ella tuvo algo que ver en el hecho de
que Holly haya logrado conseguirse una joya de cincuenta quilates como Kevin al primer intento. Después de
todo, mamá hizo algo muy similar con Geech. Empezó
trabajando como su secretaria y supongo que imaginarse
viviendo en su gran casa de dos pisos la convenció y, en
menos de lo que lo cuento, Geech se estaba divorciando
y mamá andaba con él en su Cadillac verde.

Pero a pesar de todo su dinero, Geech es apenas un puñado de baratijas comparado con un fulano de la alta sociedad del lado norte de la ciudad como Kevin, con su corte de cabello de sesenta dólares. Deberían ver a mamá sentada junto a la piscina de mi hermana, con sus sandalias doradas brillantes. Es como si se creyera de la realeza. Ahora ya ni siquiera mete el dedo gordo del pie perfectamente manicurado en la pequeña piscina que Geech construyó en nuestro jardín.

Holly y yo nacimos con ocho años de diferencia y nunca fuimos muy unidos. Solía decirme que ella fue la razón por la cual se casaron nuestros padres y que yo era la razón por la cual se divorciaron. Decía que si sólo hubieran tenido un hijo, nunca habrían sufrido todos esos problemas económicos sobre los que peleaban. Como sea. Simplemente intentaba desquitarse de que la molestaba por sus senos del tamaño de una nuez. Eso fue antes de que se los aumentara, claro.

Lo que quiero decir es que sospecho que tiene algún motivo oculto para invitarme hoy. Es como mamá. Ambas quieren que yo tenga buenos contactos, ¿saben? A Holly le gusta decirme que "todo depende de a quién conozcas". Nunca me ha dicho a qué se refiere con "todo" y yo no le pregunto. Podrían pensar que solamente quiere ayudarme a progresar, pero mi teoría es que lo que ella en realidad quiere es que yo sea una especie de accesorio en su estilo de vida. Un pequeño hermanito de utilería que presumir a sus amigas de utilería.

El único coche que reconozco frente a su casa es el auto deportivo rojo. Es del amigo de Kevin, Jeff algo, que es el dueño de Boomer Imports en Norman, como a un kilómetro y medio de la Universidad de Oklahoma. Ahora me queda todo claro. Quieren que yo asista al alma máter de Kevin mientras les vendo convertibles rojos a señores maduros divorciados que se engañan creyendo que pueden ser playboys.

Dentro de la casa, mi hermana me saluda dando un beso al aire, como ella ha de creer que hace la gente de la alta sociedad, y me conduce a la sala, donde ya están todos sentados con bebidas en la mano. Por supuesto, no me ofrece alcohol, pero por eso me traje mi 7UP.

Además de Jeff y su esposa, hay otras cinco personas que no conozco y cuyos nombres olvido en cuanto mi hermana me los presenta. Hago una excepción con una chica más o menos de mi edad, tiene el cabello pelirrojo más hermoso que haya existido y resulta ser la hija de Jeff. Se llama Hannah y su piel de color galleta glaseada electriza mi torrente sanguíneo a primera vista.

¿Es posible, me pregunto, que Holly esté pensando en conseguirme algo más y no sólo un trabajo?

Si no fuera por Hannah, me hubiera sentido tentado a saludar a todos de lejos y sentarme en un rincón, pero, para como están las cosas, saludo a lo largo de toda la línea de producción, dando un apretón de manos a cada quien hasta que llego al extremo del sillón donde está ella. Sostengo su mano un instante más que las de los demás.

—¿Dónde has estado toda tu vida? —la saludo mostrándole mi irresistible sonrisa de dientes separados.

No me contesta nada. Sólo mira tímidamente al piso y luego vuelve a levantar la vista y sus ojos verdes prácticamente me parten en dos.

Capítulo 14

En una situación como esta, hay que conservar la compostura. No te puedes sentar a fuerzas junto a ella en el sillón y empezar a babear. Así que, para empezar, me dirijo hacia el platón de quesos finolis que sacó Holly y me siento del otro lado de la habitación en un taburete junto a la barra. Tal vez le lanzo una mirada rápida o dos a Hannah, pero básicamente finjo estar interesado en la conversación.

Para los hombres es algo así:

"¿Cómo estuvo el golf en Tahoe?"

"¡Estuvo fantástico!"

Y para las mujeres:

"¿Ya fuiste a la nueva tiendita de antigüedades en Havenhurst y Hursthaven?"

"No, ¿cómo está?"

"¡Es fantástica!"

Me juro a mí mismo en ese instante que nunca tendré una reunión como esta, no importa la edad a la que llegue. ¿Esto es lo que se supone que es la amistad cuando sales de la universidad? No veo cómo pueden siquiera llamar amigos a estas personas, al menos no según la definición de la palabra que yo conocí al crecer.

Supongo que es distinto cuando sales al mundo y no tienes las mismas experiencias todos los días como en la escuela, pero estas personas no comparten chistes ni viejas historias ni teorías sobre cómo funciona el universo ni nada. No tienen una conexión profunda. Apenas parecen conocerse.

Durante un rato pongo a prueba mis poderes psíquicos intentando que Hannah se acerque a la mesa de los elegantes quesos para poder entablar una conversación con ella, pero supongo que no se me concedió ese don, porque ella sigue sentada en su lugar, estirada como palo, con las manos dobladas sobre el regazo y los labios congelados en una sonrisa educada. Ahora bien, tal como funciona mi mente, no es fácil que me aburra, aunque en este momento de la reunión estoy empezando a sentir que si no ocurre algo entretenido pronto, podría caerme de lado de mi taburete y quedar aplastado en el piso. Entonces, recuerdo el churro que Ricky me dio en la tarde. Eso seguramente mejorará las cosas.

El baño de arriba, el que está conectado a la habitación de Holly y Kevin, me parece el sitio ideal para encenderlo, pero ¿qué sucede cuando subo? Justo en un ropero enorme con cajones, encuentro una botella de whisky escocés Macallan de treinta años. ¡De treinta años! Típico de Kevin. Aunque le encanta impresionar a los demás con sus elegantes cosas de marca, no va a compartir su botella de escocés de trescientos dólares en una reunioncilla tan estéril como esta. Ni siquiera está su jefe.

Yo nunca he sido un gran fanático del escocés, pero mi 7UP empieza a sentirse débil y, además, ¿cuántas oportunidades tendré de tomar algo así? Bueno, una vez leí un artículo en la red sobre una botella de sesenta años de Macallan que costaba algo así como treinta y ocho mil dólares. ¿Y qué si todavía no la abre? No me voy a tomar la mitad de la botella ni nada por estilo.

Más bien preferiría abrirla de alguna forma que Kevin no pudiera detectar. Eso va a ser un problema. Incluso si rompo el sello lo más cuidadosamente posible, me va a costar trabajo reponerlo. La inspecciono desde todos los ángulos, la rompo un poco con la uña y la muevo hacia atrás y adelante, pero sin suerte.

Finalmente, decido encender el churro, pensando que tal vez un poco de hierba me ayude a encontrar una manera de abrir la botella. Después de un par de fumadas y de no exhalar el humo por un buen rato cada vez, mi mente empieza a expandirse y, dicho y hecho, me llega una idea: podría romper el cuello de la botella contra el buró y empezar a beber, tragando licor y vidrio a la vez. Y luego, al vomitar, saldría todo en esas perfectas y pequeñas botellitas que venden en los aeropuertos llenas de escocés.

Por eso no fumo mariguana como Ricky, mi imaginación está demasiado activa para controlar más de una o dos fumadas.

Pero la imagen mental me hace mucha gracia y apenas puedo contener la risa cuando se me ocurre otra cosa: que Kevin entre a la habitación y yo sacuda la botella rota frente a él como si fuera una pelea de bar de película antigua. No puedo evitar reírme en voz alta con esta imagen.

Entonces se oye un crujido en las escaleras. Alguien viene subiendo. Probablemente sea Kevin, preocupado de que me vaya a tomar su botella de trescientos dólares. Qué paranoico. Ustedes pensarían que podría confiar en el hermano de su propia esposa.

—¿Sutter? —en efecto, es Kevin—. Oye, ¿estás por aquí? ¿Por qué no bajas y platicas un rato con Hannah?

Viene hacia mí. En ese momento, con eso de que ya estoy pacheco y más, decido que la mejor alternativa es meterme al clóset hasta que se vaya. Cualquiera hubiera hecho lo mismo, me digo. Me meto entre todos sus trajes y sacos deportivos y lo alcanzo a ver por la rendija que separa la puerta y el marco, buscándome como si quisiera encontrar a un ladrón que volvió a las andadas.

Mira el ropero de los cajones. Mierda, pienso, ¿por qué no puse la botella en su lugar antes de huir?

—¿Sutter? —llama buscando a su alrededor. ¿Ya les dije que su pelo parece un copete? No lo es, pero sí que lo parece. Empieza a caminar hacia el baño—. ¿Has visto mi botella de Macallan?

Tengo que sacudir la cabeza ante esta pregunta. ¿En verdad cree que estoy aquí robándome su escocés? Me dan ganas de bajar a escondidas, salir por la puerta trasera y no volver nunca más a su jodida casa.

Pero hay un problema, el churro que me dio Ricky sigue encendido entre mis dedos. ¿Y qué sucede? Que está demasiado cerca del plástico de la tintorería de uno de los trajes de mil dólares de Kevin y todo se prende de golpe justo a mi lado. Es como una de esas bolas de fuego de *La guerra de los mundos* o algo así. No me queda de otra más que salir del clóset y rodar en la alfombra en caso de que yo también esté incendiándome. Eso es lo que te dicen que tienes que hacer en los simulacros de incendio de la primaria.

Ahora, si creen que a Kevin le preocupa que yo me esté quemando, entonces no tienen idea de cómo es él.

No, en lo único que puede pensar es en apagar el fuego de su amado traje golpeándolo con una almohada. Carajo. Típico de Kevin, más preocupado por una pila de trapos cosidos que por un ser humano.

Realmente sólo un traje está arruinado. Los demás probablemente tendrán un olor extraño, pero con una visita a la tintorería se soluciona fácilmente. Sin embargo, se vuelve completamente loco. Y, por supuesto, cuando Holly sube, se pone de su lado. Es una de las peores cosas que jamás he visto, cómo él pierde los estribos y luego ella llora como si estuviéramos en una película de cable en un canal femenino. Todo el episodio es más feo que aquella ocasión en que mi mamá y Geech se exaltaron por lo del camión de volteo cuando me escapé en su coche sin tener licencia.

—Sutter, ¿por qué tienes que portarte así? —grita Holly—. ¿Por qué no puedes ser como la gente normal? ¿Por qué no despiertas?

Al carajo con su cena educada y toda su mierda de etiqueta de clase alta.

—Miren —les digo—, ¿no se les ha ocurrido que estuve a punto de rostizarme? Digo, casi casi me convierto en el malvavisco de un sándwich de galleta a la medida.

—¿Y de quién fue la culpa? —dice Holly con lágrimas de rímel corriéndole por las mejillas.

—¿Eso que tienes en la mano es mi botella de Macallan? —agrega Kevin.

—Sí —le digo entregándosela—. No te preocupes, no la abrí. Sólo la estaba viendo.

Él y Holly empiezan de nuevo, pero les digo:

—Hey, lo siento. Es lo único que puedo decir. Fue un accidente. ¿Por qué mejor no me voy para que no sigan desperdiciando su energía pulmonar en tener que gritarme el resto de la noche?

Dicho eso, me dirijo hacia afuera mientras ellos me siguen, todavía alegándome cosas. Abajo, todos se asoman para verme pasar. Por un segundo, me detengo a ver a Hannah, intentando telepáticamente persuadirla de irse conmigo, pero solamente me mira, horrorizada, como si fuera el hombre lobo o Leatherface de *La masacre de Texas* o algo parecido.

—Buenas noches a todos —les digo con un gesto desenfadado que va dirigido a Hannah—. Debido a circunstancias imprevistas, es hora de que me vaya y me ponga hasta atrás.

Capítulo 15

"¿Por qué nadie me ama?", grito por la ventana mientras voy a toda velocidad por la calle. "Tengo un buen carro. Tengo la verga grande. ¿Por qué nadie me ama?"

Ahora, en caso de que estén pensando que eso es bastante patético, permítanme explicarles que estoy siendo sarcástico. En realidad estoy citando a un tipo con quien trabajé durante el verano en el muelle de carga del negocio de artículos de plomería de Geech. Se llamaba Darrel. Estábamos sentados en el muelle, sudando bajo el sol, y la esposa del pequeño Darrel lo acababa de dejar y por eso decía: "¿Por qué nadie me ama? Tengo un buen carro. Tengo la verga grande. ¿Por qué nadie me ama?".

Lo decía completamente en serio. Me rompió el corazón y me partió de risa al mismo tiempo. Tienen que intentar gritarlo alguna vez. Se siente muy bien.

Apenas llevo un par de cuadras recorridas cuando me doy cuenta de que el edificio Chase está justo frente a mí. Podría llegar ahí en dos minutos, pero ¿qué caso tiene? En vez de hacer eso, me meto a un estacionamiento y me quedo mirando por el parabrisas hacia esas ventanas negras. Después de tomar un trago de whisky, empiezo: "¿Qué pasa, papá? ¿Estás haciendo una fortuna allá arriba? ¿Estás alcanzando el millón? ¿Le vas a demostrar a mamá lo equivocada que estaba? ¿La harás que te ruegue que vuelvas después de todos estos años?".

Tomo otro trago.

"¡Vamos papá, bájate de la nube! —le grito al parabrisas—. ¡Carajo, pon los pies en la tierra!"

Pero no tiene caso seguir pensando en eso. Es ridículo andar por ahí todo sentimental y deprimido. Es viernes. Estoy grandiosamente libre y loco. Tengo toda la noche por delante. Olvidemos a mi hermana y el traje al carbón de Kevin y los ojos verdes de Hannah. Olvidemos a Cassidy y a Mr. Leon's y el álgebra y el mañana. Voy a tomar esta noche entre mis manos, la abriré, me comeré la fruta del centro y tiraré la cáscara.

En Bricktown, me estaciono en la torre que está al lado del estadio y luego paseo por las banquetas con lo que me queda en mi botellita, mirando a las chicas bonitas. Durante un rato, me detengo a platicar con el tipo que siempre toca una extraña especie de guitarra china en la esquina. Intento conseguirle más clientes retando a los peatones a que le lancen más monedas. Además, me invento un buen discurso, como los que se escuchan en el pasillo central de la feria estatal, pero este tipo no parece apreciar lo que hago, así que mejor me voy.

Intento entrar a los bares, pero me impiden el acceso en uno tras otro hasta que, finalmente, encuentro uno que no tiene vigilante en la entrada. El lugar está lleno de jóvenes promesas así que me voy a la parte de atrás para decidir cuál será mi siguiente movida. Está genial. No puedo esperar a tener veintiún años. Iré a los bares todas las noches.

En una mesa junto a la pared hay un grupo de chicas, probablemente estudiantes de universidad, dos rubias y tres morenas, todas hermosas de manera distinta, como un paquete de galletas surtidas de tu marca favorita. Sí, Dios me cuida, me digo. Dios no permitirá que me hunda.

Al principio, las chicas no confían mucho en mí, pero les sonrío y me lanzo a contarles la historia de cuando me caí del techo de Cassidy. Se ríen y me invitan a sentarme con ellas. Intercambiamos nombres y me dicen que todas son universitarias. Podría mentir y decirles que yo también estoy en la universidad, pero me siento demasiado libre para mentir y, además, les parece de lo más encantador enterarse de que estoy en el bachillerato y que me metí solo a un bar después de que me dejara mi novia.

Me comparten de su cerveza y se ríen de mis historias. Sus ojos bailan y su cabello se agita. Estoy enamorado de cada una simultáneamente. Dos de ellas me besan en las mejillas al mismo tiempo que otra me pasa la mano por el cabello. Por un segundo considero la idea de irme con ellas a su dormitorio para desnudarnos y retozar juntos en una cama redonda con sábanas de seda roja. Sería como un video de Girls Gone Wild, pero conmigo al centro.

Esto no sucede, por supuesto. Tienen otros bares que visitar esta noche y no me invitan a acompañarlas. Una por una me abrazan para despedirse. Me pellizcan las mejillas e incluso el trasero, aunque lo hacen como hermanas mayores. En este momento me doy cuenta de que así es como siempre se sentía Ricky antes de que lo juntara con Bethany.

Pero mi noche aún no ha terminado. Camino a la orilla del canal y luego me voy a los cines a ver quién está por ahí. No hay gran cosa así que regreso al estacionamiento pero no puedo recordar en qué piso dejé el auto. No me importa, esto me da la oportunidad de conocer más gente mientras busco, y sé que Dios me llevará a mi auto finalmente porque soy el borracho consentido de Dios. El único problema es que mi botellita empieza a sentirse muy ligera.

Y, tal como lo pensé, Dios no me abandona. Milagro-samente, mi auto aparece y cinco minutos después y al este de la ciudad, justo antes de entrar a la autopista, en-cuentro una serie de tiendas y paradas de camiones llenas de cerveza de 3.2 grados. Lo único que tengo que hacer es encontrar un establecimiento que no se preocupe dema-siado por revisar identificaciones o convencer a alguien de que entre y me compre cervezas.

De pie afuera de la segunda parada de camiones que visito encuentro a una chava con una falda de mezclilla microscópica. Me mira y sonríe coquetamente. Probable-mente tenga unos veinticinco años y es bonita con excep-ción de sus dientes. Me doy cuenta de que es una prosti-tuta adicta a la metanfetamina.

No hay problema. Yo no desprecio a nadie, excepto a la gente pretenciosa, e incluso me es posible sentir pena por ellos. Bromeo un rato con ella y veo que tiene una mente ágil e ingeniosa. Su nombre es Aqua —o eso me dice a mí—, y aunque quiere que nos vayamos de "fiesta-fiesta", no se decepciona demasiado con los diez dólares que le doy para que entre a comprarme un paquete de doce cervezas.

—Puedes regresar cuando quieras, Sutter —me dice al entregarme la cerveza—. Te haré mi descuento especial.

Me beso las puntas de los dedos y le toco la mejilla.

—Avísame cuando quieras salir a una cita de verdad y estaré en tu puerta en un segundo.

Bueno, quizá sea ya un poco tarde para empezar a tomar las cervezas, pero no tengo ninguna prisa por llegar a ningún lado, en especial a casa. Sin duda Holly ya llamó a mamá para decirle lo increíblemente jodido que estoy. Pero me preocuparé de eso mañana. En este momento, hay nuevas cosas que ver y música fuerte que escuchar.

No sé cuánto tiempo llevo conduciendo pero, cuando me doy cuenta, estoy en medio de una zona que no reconozco, con las ventanillas abiertas y el viento frío sacudiéndome la ropa. Al principio las casas no se ven mal, pero van viéndose cada vez más deterioradas hasta que estoy rodeado de casitas chuecas que parecen estar hechas de puras tejas. Veo techos pandeados, entradas de concreto sin terminar, árboles medio secos, jardines pelones. Por aquí y por allá hay triciclos o algo como un desgastado poni de plástico con ruedas que se inclina sobre donde estaban las jardineras de flores, ahora llenas de hierbas. Hay familias que viven en estas cajas debiluchas, igual que mi familia y yo antes.

Entiendo a estas personas. Estas son las personas que amo.

—¡Son hermosos! —grito al viento—. ¡Son sagrados!

De repente, algo me impulsa a subirme a la banqueta y conducir por los jardines estériles.

—¡Muera el rey! —grito—. ¡Muera el maldito rey!

Y eso es lo último que recuerdo antes de despertar bajo un árbol seco con una chica de cabello rubio y ojos azules mirándome desde arriba.

Capítulo 16

Da un salto hacia atrás, sorprendida de que me mueva.

—Estás vivo —me dice—. Pensé que tal vez estabas muerto.

—Creo que no estoy muerto— pero en ese momento no puedo estar muy seguro de nada—. ¿Dónde diablos estoy?

—Estás a la mitad del jardín —me dice—. ¿Conoces a alguien que viva aquí?

Me siento y miro la casa, una cosa horrenda de ladrillo rosa con una máquina de aire acondicionado en la ventana.

—No, nunca la había visto.

—¿Tuviste un accidente o algo?

—No que yo sepa. ¿Por qué? ¿Dónde está mi auto?

—¿Es alguno de ésos? —señala hacia la calle, donde hay dos coches estacionados junto a la banqueta de nuestro lado y una pickup blanca destartalada del otro. El motor de la pickup está encendido, así que supongo que es de ella.

—No, yo manejo un Mitsubishi —le digo—. Dios mío, debí quedarme dormido —miro a mi alrededor intentando hacer memoria. Hay un olmo pelón arriba de nosotros y alcanzo a ver la luna a través de las ramas. También hay una silla de jardín deteriorada y dos latas de cerveza en el suelo a medio metro de distancia. Recuerdo vagamente haberme sentado en esa silla en algún momento, pero no recuerdo cómo llegué ahí.

—Entonces —me pregunta—, ¿no sabes dónde dejaste tu carro?

—Déjame pensar un segundo —le digo, pero mi cabeza en realidad no está en condiciones de pensar—. No, no tiene caso. No recuerdo dónde está. Tal vez lo estacioné en casa y salí a caminar.

Ella niega con la cabeza.

—No, no creo que vivas en esta zona, Sutter.

Eso sí que me sorprende muchísimo.

—¿Cómo sabes mi nombre? ¿Hablamos hace rato o qué?

—Vamos a la misma escuela —me dice, aunque no lo dice como si yo fuera un idiota. Tiene una voz amable y ojos amables. Me observa como si hubiera encontrado un pajarito con el ala rota.

—¿Tenemos alguna clase juntos en la escuela? —le pregunto.

—Este año no. En segundo sí. Seguramente no me recuerdas.

Su nombre es Aimee Finecky y tiene razón, no la recuerdo, aunque finjo que sí. Según ella, son las cinco de la mañana y la razón por la cual está en la calle a estas horas es porque está repartiendo periódicos.

—En realidad es la ruta de distribución de periódico de mi mamá —me explica—, pero anoche quiso salir con su novio al casino indio en Shawnee y supongo que se les hizo tan tarde que decidieron quedarse en un motel o quién sabe. A veces pasa.

La entrega de periódico me da una idea: como esta chica va a conducir por la zona de todas maneras, tal vez podría llevarme con ella. Seguro que mi coche está cerca. En el estado en que iba, probablemente no caminé demasiado lejos antes de sentarme a descansar.

La idea le parece excelente. Por lo general, su madre conduce la pickup mientras ella lanza los periódicos por la ventana. Entonces, si logro aprenderme el movimiento correcto para lanzar, puedo convertirme en un as de la entrega de periódicos.

La parte trasera de la pickup destartalada tiene tres paquetes de periódicos sin doblar y la cabina va llena de los ya doblados, frescos como hojas de maíz tierno.

—¿Qué tan grande es la ruta que cubres? —le pregunto cuando arrancamos.

—Prácticamente todo este lado de la ciudad —me dice.

—Dios mío, no sabía que lanzar periódicos fuera semejante negocio. Has de juntar mucho dinero.

—Mi mamá sí. Me da una parte de lo que gana.

—Eso no suena justo.

—¿No?

—Por supuesto que no. Si haces la mitad del trabajo, entonces deberían ser socias al cincuenta por ciento. Tal vez más, porque tú tienes que hacer todo cuando ella se va a tirar el dinero al casino indio.

—No me molesta —me contesta—. Ella paga la mayor parte de los gastos.

—¿La mayoría?

—A veces tengo que cooperar.

—Mira, qué lista es.

Recorremos la calle moviéndonos a la velocidad de un chofer de la tercera edad porque me tiene que decir a qué casas entregar. Pero la parte del lanzamiento, ésa la domino de inmediato. Es un movimiento lateral que sale del pecho hacia fuera, como lanzar un *frisbee*. Antes de terminar toda la cuadra, ya estoy lanzando hasta el interior de los jardines, casi en las entradas. Soy el idóneo.

Mi cabeza sigue un poco zombi, pero gradualmente se va aclarando, lo cual no necesariamente es algo bueno. Empiezan a filtrarse pensamientos sobre lo que me van a decir mamá y Geech por quedarme fuera toda la noche. No son difíciles de predecir: Geech seguramente me saldrá con la vieja amenaza de la escuela militar. Debe tener eso grabado en un chip instalado en su cabeza de robot.

Mamá empezará con su cantaleta sobre qué van a pensar los vecinos si me ven deambulando a semejantes horas de la mañana. Lo que quiero saber es por qué le preocupa. Ni siquiera le agradan los vecinos. Pero eso no importa. Se preocupa más por lo que piense la gente que por cualquier otra cosa en el universo. Yo siempre la estoy avergonzando de alguna manera. Creo que heredé ese rasgo de papá.

No sé por qué debería explicar lo que hago. ¿Por qué no puedo hacer exactamente lo que estoy haciendo? Es magnífico estar afuera en la madrugada, antes de que salga el sol. Te da la sensación de estar súper vivo. Eres cómplice de un secreto que toda esa gente aburrida y dormida no conoce. A diferencia de ellos, tú estás alerta y consciente de existir justo aquí, en este preciso momento entre lo que sucedió y lo que sucederá. Estoy seguro de que mi padre vivió esto. Mamá tal vez alguna vez. ¿Pero Geech? Los robots no tienen idea de lo que es estar realmente vivo y nunca la tendrán.

Capítulo 17

Después de completar tres calles, se nos acaban los periódicos enrollados y todavía no hemos encontrado mi coche. Aimee se orilla y mete otro bulto de la parte de atrás para que preparemos más periódicos y estén listos para lanzarlos. Me enseña un método para doblarlos, luego enrollarlos y después ponerles una liga, pero no hay manera de que yo le siga el paso cuando empezamos. Tiene manos mágicas. Juro que esta chica hace tres por cada uno mío.

—¿Cuántos periódicos has doblado en tu vida? —le pregunto mientras lanza otro producto terminado al piso junto a mis pies.

—No sé —sus manos siguen trabajando—. Se sienten como cien millones.

Le pregunto si su mamá tiene un empleo normal, pero me responde que no, que la repartición de periódico es su único trabajo. El novio de su mamá recibe una pensión por discapacidad por estar mal de la espalda. Cobra su cheque y compra y vende cosas por eBay. Eso cuando no está sentado viendo televisión en pants. Muchos chicos sonarían amargados por esta situación, pero no Aimee. Su voz es suave, como si hablara de alguien con una enfermedad terminal.

Intercambiamos algunas historias sobre nuestros padres. Su mamá se me figura a una jugadora compulsiva: los casinos indios, la lotería, el bingo, lo que sea para ganarse un dinero rápido. Sólo que casi nunca gana. Tiene la suerte de un armadillo tratando de cruzar una autopista de seis carriles. De todas formas, Aimee no la juzga. Perder el dinero para pagar el servicio del gas es un hecho más de la vida para ella. Probablemente piensa que le pasa a todos.

Le platico algunas cosas sobre mamá y Geech y sobre la oficina de mi verdadero papá en la parte más alta del edificio Chase. Nada profundo, aunque tengo la sensación de que le podría decir lo que fuera a Aimee y no me juzgaría. Su voz permanecería tranquila y suave, como una almohada en la cual pudieras reposar la cabeza después de un día difícil.

Es linda, también, en su estilo nerd. Ya saben, anteojos que se le escurren por la nariz, piel pálida por estar demasiado tiempo en interiores, la boca ligeramente abierta con ese estilo de respirar por la boca clásico de los nerds. Pero tiene labios carnosos, unas dulces cejitas rubias y un cuello agradable y delgado. Su cabello no es rubio puro escandinavo, como el de Cassidy, es más como rubio cenizo y algo lacio. Y no tiene ojos azules de fiordo tampoco, los suyos son más pálidos, más de piscina pública. De todas maneras, tiene algo que me incita a querer hacer cosas por ella. No hacérselas *a* ella. *Por* ella.

—¿Sabes qué? —le digo—. Si encontramos mi coche, de todas maneras te voy a ayudar a terminar con tu recorrido.

—No tienes que hacerlo —me responde, pero sus ojos me dicen que nada le gustaría más.

—Ya sé que no tengo que hacerlo —contesto—. Pero quiero.

Ya que tenemos un buen montón de periódicos doblados, nos lanzamos de regreso a la repartición. Aún no hay señales de mi auto, pero conforme avanzamos trabajamos mejor juntos. Empiezo a llamarla Capitán y le pido que ella me diga Agente Especial Peligro. En vez de que me diga a qué casa lanzar el periódico con un aburrido "aquí" o "esta", la convenzo de que grite, "¡Dispare el torpedo, Agente Especial Peligro, dispare el torpedo!". Después de un rato, volamos por la calle casi al límite de la velocidad y no me falla ningún jardín.

—¿Sabes qué? —me dice—. Creo que ésta es la primera vez que me divierto haciendo esto.

—Hacemos buen equipo.

—¿Eso crees? —su mirada alberga esperanzas.

—Absolutamente.

Entonces, de repente, ahí está mi coche, de lado, en medio del jardín de alguien. Uno de los jardines de Aimee, para colmo.

—Dios —digo—. No puedo creer que haya caminado desde aquí. Deben ser unos dos kilómetros.

—¿Qué hace estacionado en el jardín? —pregunta.

Por un segundo me llega la imagen a la cabeza de cómo iba conduciendo por los jardines gritando a todo pulmón.

—No sé —respondo—. Supongo que es un sitio seguro para dejar el coche, si es necesario. Pero probablemente será mejor que lo quite antes de que esa gente despierte o llegue la policía.

Resulta que el coche se quedó sin gasolina, lo cual es un alivio. Odiaría pensar que no tuve una buena razón para dejarlo ahí. Sacarlo del jardín es simple en teoría, pero no tan sencillo en la práctica. Aimee se coloca detrás del volante y yo empujo desde atrás. El problema es que el jardín es muy blandito, así que requiere de todo mi esfuerzo. Para cuando lo tenemos estacionado decentemente junto a la banqueta, me siento a punto de desmayarme.

—Creo que tengo que ir por un poco de gasolina —comento cuando Aimee baja del coche.

—Supongo —y mira mi auto como si fuera una persona molesta que le hubiera puesto fin a nuestra diversión—. Hay una gasolinera a un par de cuadras. Te puedo llevar.

—¿Qué haremos con el resto de tu recorrido?

—Está bien. Puedo terminarlo sola. Probablemente tengas que regresar a tu casa.

—De ninguna manera, Capitán. Dije que le ayudaría a terminar y lo que el Agente Especial Peligro dice que hará, lo hace. ¿Entendido?

La luz vuelve a encenderse en su mirada.

—Sí.

—No, tienes que responder "diez-cuatro". Di: "Diez-cuatro, entendido".

Ella baja la mirada y sus pestañas pálidas ocultan sus ojos.

—Diez-cuatro —dice—. Entendido.

Nos toma otra hora terminar de repartir los periódicos y mantengo su ánimo elevado la mayor parte del tiempo, pero ambos hemos perdido algo de entusiasmo hacia el final, principalmente porque sabemos que se nos está terminando el tiempo. Ella tiene que regresar a su casa vacía y yo tendré que ir a enfrentar la ira de mamá y Geech.

Pasamos a la gasolinera por un poco de gasolina y compro donas y bebidas de fresa y guayaba. Después de llenar mi tanque, permanecemos ahí parados a media calle y su mirada es tímida, como si acabáramos de salir en una primera cita y estuviera preguntándose si la iba a besar.

—¿Sabes qué, Aimee Finecky? —le digo—. Tuve una muy mala noche ayer hasta que llegaste y me encontraste.

Ella parece querer decir algo, pero no encuentra las palabras indicadas.

Entonces le digo:

—¿Dónde almuerzas los lunes?

Y ella me responde:

—En la cafetería —claro, el sitio donde cualquier nerd de sangre caliente comería.

Y yo le comento:

—Cómo crees, eso es patético.

—¿Lo es? —me responde.

Noto que siente que dijo una estupidez, y añado:

—No quiero decir que comer ahí sea patético. Lo que digo es que la comida es patética. ¿O no? ¿Bromeas? Yo comería en la cafetería todos los días si la comida fuera mejor.

—Tienen pizza los lunes —me dice.

—¿Ah, sí? —le respondo como si fueran las mejores noticias que hubiera escuchado en todo el año—. Si de pizza se trata, yo soy el primero en apuntarme. ¿Por qué no te veo afuera, en la puerta del lado sur, y comemos pizza y revivimos nuestros grandes triunfos en la repartición de periódicos?

—¿En serio? —me mira como si pensara que le fuera a hacer una broma de algún tipo.

—Iré ahí justo después de Álgebra.

—Yo también —me responde—. Bueno, no Álgebra, sino Cálculo, o Francés, me hago bolas.

Le doy un apretón a su mano.

—Deséame suerte cuando llegue a casa. La voy a necesitar.

—Buena suerte —me dice, y es tan sincera que quiero pensar que tal vez sí me la haya dado.

Capítulo 18

¿Por qué le digo Geech a mi padrastro? Es sencillo. Su nombre real es Garth Easley, así que por supuesto empecé a decirle Geasley, y luego el Geast, y luego Geechy y ahora sólo Geech. Lo cual es perfecto porque suena exactamente como te hace sentir cuando estás cerca de él por más de quince segundos. Geeeech. Algo así como el "guaaach" de vomitar.

Llegó cuando yo tenía ocho años y, créanme, no me sentí feliz cuando empacamos nuestras cosas y nos mudamos con él. Holly pensó que era la cosa más fabulosa que jamás hubiera pasado. Era como si no extrañara a papá para nada. Simplemente estaba contenta de tener una piscina en el jardín y de poder invitar a todos los tipos del bachillerato a quienes nunca les había caído bien.

Mamá cambió cuando se casó con Geech. Empezó a gastar mucho dinero en peinados y maquillaje. Cambió su cabello largo y sus jeans y empezó a vestirse todo el tiempo como los personajes de alguna revista de esnobs. No creo siquiera que a ella le agrade mucho Geech. Nunca la ves acercándose a él en el sofá, pasándole la mano por lo que le queda de cabello, acercándose por atrás para agarrarle el huesudo trasero o bailando con él canciones de Jimmy Buffett en el patio bajo la luz de la luna. Todo eso desapareció cuando sacó a papá a patadas a la calle.

Pero esta mañana ella estará del lado de Geech. Se presentarán como un frente unido contra mí. Para mi buena suerte, todavía me quedan un par de cervezas de las doce que compré anoche. Están tibias, pero no hay problema. No las quiero precisamente para refrescarme esta mañana.

El sol ya lleva un rato afuera cuando llego a casa. Ha sido un día o un par de días muy largos, como sea. Es momento de hacer un buche del enjuague bucal que siempre traigo en la guantera. No hay muchas probabilidades de que logre entrar sin que se den cuenta, pero de todas formas lo intento. Silencioso como un ladrón, entro por la puerta delantera, la cierro sin hacer ruido y me arrastro hacia el piso de arriba sin causar un solo rechinido. La seguridad de mi habitación está al final del largo pasillo, pero cuando logro llegar ahí y estoy quitándome los zapatos, la puerta se abre de par en par.

Mamá empieza primero.

—¿Dónde has estado, jovencito? Y no intentes decirme que pasaste la noche con tus amigos porque les hablé a todos, y también a los hospitales que hay de aquí a la casa de tu hermana.

Para ser alguien con piyama rosa, se le da muy bien la mirada de pitbull furioso, pero fue amable de su parte al advertirme que había hablado a todos mis amigos porque ésa era precisamente la defensa que planeaba presentar. Está bien. De todas maneras, algo más cercano a la realidad funcionará mejor.

—Me fui a dar una vuelta en el coche —le digo—. Se hizo bastante tarde y me quedé sin gasolina, así que...

—Me habló tu hermana —mamá hace una pausa para dejar que el horror de esa información me entre bien a la cabeza. Pero me imagino que será mejor mantenerme en silencio hasta saber exactamente de qué se me acusa.

—No sé qué hacer, Sutter. ¿Qué se supone que debo hacer con un adolescente que intenta robar la costosa botella de licor de su cuñado y que luego casi quema la casa que tanto trabajo le ha costado a su hermana conseguir?

¿Tanto trabajo? No sé de dónde saca mamá eso, a menos que considere que operarse las tetas sea mucho trabajo, porque eso es más o menos lo que hizo que Holly se casara con Kevin y que vivieran en esa casota. Por supuesto, este no es el momento de hacer este comentario, así que lo único que puedo decir es que nunca intenté robar la botella.

Nadie me escucha, sin embargo. En vez de eso, Geech empieza:

—Te voy a decir lo que hay que hacer con un chico como éste, la escuela militar.

Ciertamente no se tardó mucho en sacar esa vieja frase. Por lo general tengo que luchar un par de rounds con él antes de que me saque lo de la escuela militar.

—Necesita entender el significado de la disciplina —dice, usando la tercera persona como si yo no estuviera ahí sentado frente a él—. Necesita entender el valor de las propiedades de los demás. Un buen sargento de prácticas le meterá eso a golpes.

—¿Desde cuándo a los sargentos de prácticas les importan las propiedades de la gente? —le pregunto—. Pensé que solamente estaban interesados en destruir tu individualidad.

El comentario hace que la vena de su frente empiece a bombear a toda velocidad.

—No te pongas chistoso conmigo, jovencito. No lo aceptaré en mi propia casa —voltea a ver a mamá—. Ésa es otra cosa que la escuela militar le enseñaría por la fuerza, a respetar la autoridad.

No es tan fácil considerar a un tipo bajito, calvo y de cara roja con anteojos como una figura de autoridad, pero eso tampoco tengo que decirlo en este momento. Sus amenazas de la escuela militar están gastadas, son nada más que fanfarronadas. Mamá nunca ha apoyado su propuesta. Digo, a fin de cuentas, estamos en guerra. No va a empacar a su único hijo para que se vaya a Bagdad. O eso solía pensar.

—¿Eso es lo que necesitas, Sutter? —pregunta, pero no se molesta en esperar mi respuesta—. Porque empiezo a pensar en ello. Puedes terminar el semestre en la academia militar en Tulsa y de ahí pasar directamente al entrenamiento básico. Veamos cómo manejas una salida al extranjero. Eso te haría aprender.

Suena como si lo dijera en serio al cien por ciento. Está suficientemente enojada como para arrojarme contra los bombarderos suicidas. Pero supongo que no debe sorprenderme después de la forma en que botó a mi papá.

Les diré quién *sí* se sorprende esta vez: Geech. Nunca se esperó que mamá lo apoyara en esto.

—Eh, bueno —dice—. Muy bien. La academia militar. Eso te enseñará. Revisaré cuánto cuesta a primera hora el lunes por la mañana.

Y, en ese preciso instante, sé que no sucederá nunca.

Cuando Geech habla sobre revisar cuánto cuesta algo, ya no se hizo. A pesar de todo el dinero que gana con sus artículos de plomería, es el más avaro del mundo.

Por lo pronto, me quitan las llaves del coche y me castigan sin poder salir indefinidamente. Además, tengo que darle cincuenta dólares al mes a Kevin hasta pagar el traje. Eso es más o menos dos años de esclavitud. Está bien, entiendo la parte del traje, pero intento argumentar que no pueden quitarme las llaves del auto porque lo estoy pagando. ¿Pero les importa? No. Ellos están pagando el seguro, me dicen. Tendré que encontrar alguien que me lleve a la escuela, o si no tomar el temible autobús, aunque aceptan que tendrán que permitirme conducir al trabajo y de regreso después de clases. Lo cual significa que, como ambos trabajan en las tardes, en realidad me permitirán conservar las llaves, después de todo.

—Sabes, Sutter —dice mamá—, tomará mucho tiempo reconstruir la confianza entre nosotros.

—Lo siento —le respondo—. Intentaré compensarles —y en realidad sí me siento mal de que haya llamado a mis amigos y a los hospitales y demás, pero ya conozco a mi mamá. La confianza en mí no es una de sus principales prioridades. Una buena visita al salón de belleza la semana entrante y se olvidará de todo.

Capítulo 19

De acuerdo, tuve un mal día. No voy a permitir que eso me deprima mucho tiempo. Ni siquiera voy a pensar en eso. Al fin y al cabo, tener que irme a la escuela con Ricky no es exactamente el peor castigo del mundo. ¿Y qué tan castigado puedo estar en las tardes si mamá y Geech no están? Claro, dicen que van a llamar y comprobar que esté ahí, pero les creeré cuando lo hagan.

—Hey, es el pirómano —me dice Ricky cuando entro a su auto el lunes en la mañana—. ¿Has quemado algún otro traje de mil dólares últimamente?

—Qué chistoso, señor Buenahierba. Sabes, eso nunca hubiera pasado si no me hubieras endilgado ese churro.

Se ríe.

—Claro, ése era mi plan maestro y caíste redondito.

Pero, como ya dije, ni siquiera quiero pensar en esa noche, así que cambio el tema a la cita de Ricky con Bethany. Por supuesto que ya lo discutimos a fondo por teléfono pero no creo que le importe contármelo otra vez.

—Hermano —me dice—, ésta es *la* chica. Todo salió a la perfección. Excepto cuando me tuvo que prestar un par de dólares, pero incluso en eso se portó muy bien. Digo, ¿quién hubiera pensado que salir a cenar y ver una película saldría tan caro?

—Eh, ¿cualquiera que haya salido antes a una cita de verdad, nada más?

No hace caso a mi comentario.

—Lo mejor fue que pudimos hablar de todo. No solamente cosas superficiales. Tuvimos una conversación bastante profunda sobre la religión.

—¿Besa bien?

—Increíble.

—¿Hubo lengua?

—Uy, podría ganar campeonatos con esa lengua.

Es tentador querer que me dé crédito por juntarlo con esta Mujer Maravilla, pero no lo hice para que se me reconociera. Así que paso al siguiente tema, dónde vamos a comer hoy.

Hace una pausa.

—¿Qué pasa?

—Oye, no puedo comer hoy contigo. Voy a comer con Bethany.

—¿No puedo ir con ustedes?

—Es un poco temprano en la relación para llevar a un amigo.

—Supongo —eso le digo, pero estoy pensando en todas las veces que él fue el tercero en discordia conmigo y Cassidy.

—Además —agrega—, ¿no me dijiste que ibas a comer con como-se-llame, la distribuidora del periódico?

—Ah, sí. Aimee. Se me había olvidado por completo. Gracias por recordármelo. Hubiera odiado hacerle una mala jugada. Es demasiado, no sé, ingenua o inocente o lo que sea.

Ricky desvía la mirada del camino y me estudia por un segundo.

—¿Sabes lo que estás haciendo, verdad?

—¿Qué?

—Es una relación de rebote, hermano. Por lo que me contaste, suena como que esta chava y tú no tienen nada en común. Acabas de tronar con Cassidy y te agarraste de la primera cosa fácil que se te cruzó en el camino. Y realmente no te veo saliendo con ella. Es exactamente lo opuesto de Cassidy.

—Hermano —le rebato—, no podrías estar más equivocado. Para empezar, no es el opuesto exacto de Cassidy. El opuesto exacto de Cassidy tendría cabello negro y ojos marrones. Y, para continuar, no tengo ningún interés en *salir* con Aimee. Ninguno.

—¿Entonces por qué vas a almorzar con ella?

—Apoyo moral. Esta chava lo necesita. Permite que su familia haga lo que quiera con ella. Lo puedes ver en sus ojos. Es como si pensara que ella no es importante, ni siquiera para defenderse.

—¿Y qué vas a hacer, ayudarla a cambiar su imagen como en las películas que transforman a la ñoña en una mamacita?

—No. No se trata de convertirla en una mamacita Nunca podría serlo. No tiene la actitud, esa carga positiva interior. Se nota con sólo verla caminar encorvada con su andar de pato. Una auténtica mamacita tiene una manera completamente distinta de pararse y caminar: los hombros hacia atrás, las tetas hacia afuera, con arrogancia en el trasero. Tiene que saber que es sexy para ser sexy. Pasan por todo un proceso de entrenamiento. Para empezar, las otras chavas tienen que estar vueltas locas por juntarse con ella. Los hombres van detrás de ella a todas partes como cachorritos y, encima de todo, probablemente desde los doce años, se dan cuenta de que incluso a los hombres adultos se les salen los ojos de sus órbitas cada vez que pasan a su lado. Nomás te digo, podrías quitarle los anteojos a Aimee, darle algo de cuerpo a su cabello y meterla en una minifalda roja que no deje prácticamente nada a la imaginación y seguirá caminando con los hombros encorvados y su mirada te haría pensar que el mundo está preparándose para partirle la boca.

—¿Entonces qué vas a hacer, salvar su alma?

—Tal vez. Uno nunca sabe.

Capítulo 20

Mucha gente podría considerar que la clase de Álgebra II con el señor Aster, mejor conocido como el señor Asnoter, es el lugar más aburrido del planeta, pero mi teoría es que el aburrimiento es para la gente aburrida y sin imaginación. Claro, si en verdad le pusiera atención al zumbido monótono del señor Asnoter, también estaría aburrido, pero eso no es probable que suceda.

Una de mis distracciones favoritas es pensar en la motojet. La motojet es como una bicicleta de montaña color plateado pero que puede volar y que tiene unas ametralladoras geniales y unos lanzacohetes. Cuando necesitas velocidad, simplemente enciendes los propulsores y ¡rrrrrruum!, sales disparado.

Es como tener un juego de video en la cabeza y en vez de estar sentado en la clase de Álgebra, estoy salvando el universo o al menos mi escuela. No sé cuántas veces he rescatado a Cassidy de los terroristas, o los gánsteres, o malvados caudillos militares. Por supuesto, de vez en cuando hay algún accidente espectacular y la motojet baja a toda velocidad por el cielo nocturno, pasa rozando por un depósito de agua y luego choca contra las luces del estadio de futbol antes de caer dando volteretas a lo largo de la cancha frente a toda la escuela.

Y, cuando finalmente me detengo junto a la portería, las chicas corren hacia mí, llorando. Y ahí estoy yo, en una maravillosa bola abollada y humeante. Hasta mi mamá está ahí. "No se preocupen —les digo mientras el polvo se asienta alrededor de mi cuerpo fracturado—. Estoy bien. ¡Todo está fabuloso!"

Hoy mi misión en motojet se ve interrumpida constantemente por pensamientos sobre Aimee. No puedo creer que casi olvido que nos íbamos a ver para almorzar. Ahora, en vez de la motojet, proyecto una película en mi cabeza en la cual Aimee está sentada sola fuera de la cafetería, revisando su reloj y viendo pasar a toda la gente que no soy yo.

"Sutter", me digo a mí mismo, "no puedes decepcionar a esta chica."

Finalmente, la clase termina. Recojo mi mochila y empiezo a caminar hacia la puerta, planeando llegar rápido a la cafetería para que Aimee no tenga que esperar ni un segundo. Pero no es sencillo. Antes de que logre escapar, el señor Asnoter me llama a su escritorio.

—Siéntate —me dice, señalando el pupitre que está directamente frente a su escritorio—. Keely, me pareció observar que nuevamente no entregaste tu tarea del lunes.

—Tuve un fin de semana muy malo —le respondo.

A lo que él me contesta:

—Sí, bueno, pareces tener muchos así —con el señor Asnoter todo *parece* ser de cierta forma, nada simplemente *es*.

Desafortunadamente, en vez de gritarme o algo, decide que es un buen momento para hacerme preguntas sobre lo que discutimos hoy en clase. Sobra decir que no me va muy bien, así que empieza a decirme cómo *parece* que no presto atención correctamente en clase. Volteo a ver el reloj, pensando que tal vez todavía alcance a llegar a la cafetería al mismo tiempo que Aimee.

Pero el señor Asnoter no ha terminado. Ahora está hablando sobre cómo está pensando en mi bien y que si yo fracaso, él también fracasa. Le parece que, para guardar cualquier esperanza de éxito en la universidad, necesito tener por lo menos una noción básica de lo que intenta enseñarme en clase.

Estoy completamente de acuerdo con él. Le explico que he intentado responsabilizarme. En realidad me pondré a trabajar muy duro el resto del semestre. Pensarán que eso es suficiente para el señor Asnoter, pero no, tiene que ponerse a escribir un problema para que yo intente resolverlo, sólo para ver qué tan mal estoy. Y resulta que estoy bastante mal.

Me mira por encima de sus lentes. Es una mirada de desaprobación, como un "tsss" pero sin los efectos de sonido.

—Déjame mostrarte cómo se hace, Keely —dice—. Fíjate bien.

Y yo... ¡Aaarrrg! No lo puedo creer. Mi visión previa de Aimee sola en la puerta se vuelve realidad. Casi puedo escucharla diciéndose: "Debería haber sabido que no vendría. Así es como me tratan todos".

—Y así es como se hace, Keely —dice finalmente el señor Asnoter—. ¿Tiene sentido?

—Sí, señor —le respondo—. Claro que lo tiene. Tiene mucho sentido.

Para cuando finalmente salgo de ahí, ya voy con más de quince minutos de retraso, así que corro. La señorita Cuellodejirafa saca la cabeza de su salón de Historia, pero voy demasiado lejos para que me grite. Un par de amigos, o cuasiamigos, mejor dicho, me gritan: "¿Cuál es la prisa, Sutter?, y "¿Hay un incendio o una fiesta?". Pero no tengo tiempo de intercambiar chistes en este momento.

Cuando llego a la cafetería no puedo creer lo que veo. Ahí está Aimee, parada junto a la puerta, sola. Me esperó. De verdad me esperó. Esta chica es resuelta. Tiene fe en el Sutterman.

Freno un poco y me acerco a paso tranquilo.

—Hey, tú, la de por allá —le digo recuperando el aliento—, perdón por llegar tarde.

—Está bien —me responde, y no puedo evitar preguntarme cuántas veces le ha dicho esto a la gente que la ha decepcionado.

—No —le digo—. No está bien. Pero no lo pude evitar.

Capítulo 21

Mientras entramos por nuestra pizza, le explico la situación con el señor Asnoter. Resulta que ella también lo tuvo en Álgebra II, pero eso fue hace un milenio o algo así porque ahora está tomando Cálculo Avanzado.

—Probablemente pensaste que el álgebra era sencillísima —le digo.

—Más o menos —su voz es suave. Si fuera un artículo comestible sería un bombón.

—Tal vez podrías darme clases.

—Claro —me contesta, y se le hace una pequeña casi sonrisa como si pensara que algo bueno podría ocurrirle pero aún no confía del todo en que así sea.

Por supuesto, la cafetería no es el sitio popular para comer, digo, yo nunca voy, así que no tenemos ninguna dificultad en encontrar mesa. De hecho, es un poco extraño, como un universo alternativo donde hay muchos estudiantes que ni sabía que existían.

Pensarán que Aimee y yo no tenemos nada de qué hablar pero, oigan, yo puedo hablar con quien sea. Comienzo con una historia nada más para quitar el peso de querer encontrar un tema para iniciar la conversación. Es una de mis favoritas, el día que Ricky y yo fuimos a navegar por el río Tuskogee el verano pasado.

No éramos lo que se dice expertos en la canoa y prestamos más atención a hacer bromas que a navegar, así que era inevitable que de vez en cuando se volteara nuestra embarcación. Aquella vez, terminamos de cabeza con la corriente bastante fuerte a nuestro alrededor. Entonces la canoa empezó a dar vueltas río abajo, y ¿qué hicimos Ricky y yo? Nadamos directo hacia la hielera. ¡Hay que salvar la cerveza a toda costa! Ésa era nuestra actitud. Por suerte la canoa se quedó atascada en la orilla y todo salió bien.

Aimee me dice:

—Están locos —sin embargo, puedo notar que casi desea volverse un poco loca a veces.

—Pero ésa no es la parte más loca —le digo—. Lo más loco fue cuando decidimos saltar desde el puente.

—¿Saltaron desde el puente?

—Claro. Y no de un puentecito cualquiera. Era uno de esos grandes puentes de hierro con una estructura que hace un arco muy alto. Para ser franco, debe haber tenido como un kilómetro y medio desde la parte más alta hasta el agua. Estaba tan alto que tenías que cuidarte de las aeronaves que vuelan bajo. Otros chicos estaban saltando y pensamos: "¿Qué más da? Intentémoslo". Ya para entonces habíamos bebido bastante.

Se me queda viendo con los ojos como platos y anonadada como los doce apóstoles combinados en uno.

—Así que subimos —miro hacia el techo para darle una idea de lo alto que íbamos—. Pero es que mientras más alto subes, más empiezas a preguntarte qué tan buena es la idea. De cierta forma, se ve mucho más alto cuando estás en el puente que cuando estás abajo viendo para arriba. ¿Pero qué íbamos a hacer? Ya que subes no hay manera arrepentirse sin parecer un verdadero marica.

Ella asiente comprensiva, aunque no estoy tan seguro de que las chicas realmente entiendan ese dilema de parecer un verdadero marica.

—Entonces, bueno, ahí voy como el auténtico Hombre Araña hasta la parte de arriba y tomo asiento para gozar la brisa. Y, déjame decirte, la vista es estupenda siempre y cuando no mires directamente hacia abajo, lo cual hice, por supuesto. Pero, como ya dije, ya no había vuelta atrás. Así que respiré muy profundo —le demuestro cómo—, y me lancé.

—¿De cabeza?

—¿Bromeas? No estoy tan loco. No, me lancé de pie. ¿Y sabes qué? Durante la bajada me di cuenta de que tienes una sorprendente cantidad de tiempo para pensar mientras vas en el aire. Así que ahí voy descendiendo y que me llega una idea... ¿qué tal si una canoa va flotando por debajo del puente? Yo podría caer directamente del cielo y romperle el cuello a alguien. No me importaría tanto si solo muriera yo, pero nunca me perdonaría si de paso matara a alguien más.

—Eso sería horrible —me dice.

Miro de nuevo hacia el techo.

—Entonces ahí estoy en pleno aire, viendo entre los dedos de mis pies, y es como si el agua estuviera subiendo a toda velocidad hacia mí y luego, ¡bum!, choco contra la superficie —aplaudo y ella da un saltito hacia atrás.

—Ahora —continúo—, permíteme estipular una cosa en este momento. Cuando un tipo salta desde cierta altura hacia un cuerpo acuático, siempre debe recordar mantener las piernas juntas al momento del impacto. De lo contrario podría ser muy doloroso. Lo sé por experiencia.

El dolor se ve reflejado en su rostro. Es el mejor público del mundo.

—Además, tampoco tomé en cuenta que si saltas desde un lugar alto, te sumerges de golpe a una gran profundidad en el agua. Realmente hondo. Y tampoco pensé en respirar hondo antes de sumergirme. Así que ahí me tienes, bajo el agua durante lo que me parecen como diez minutos. Se me están saliendo los ojos. Voy pataleando y moviéndome como loco pero no veo nada más que un techo gris de agua sobre mí. Veo un encabezado del periódico ante mis ojos: JOVEN IMBÉCIL SE LANZA A SU MUERTE DESDE EL PUENTE TUSKOGEE. Y entonces lo alcanzo a ver, un círculo pálido de luz brillando a través del agua, y sé que lo lograré. Mi cabeza rompe la superficie y el dulce, pero dulce oxígeno llena mis pulmones. ¡Salvado!

Me recargo de nuevo en mi silla.

—Para cuando llegué a la orilla ya estaba casi sobrio y vi cómo venía Ricky disparado como flecha desde el puente. "¡Cierra las piernas!", le grité, pero no me pudo escuchar y ¡plas! —vuelvo a aplaudir y ella vuelve a saltar—. En fin, obviamente ambos sobrevivimos para contarla, pero no estoy seguro de que podamos tener familia.

La sonrisa de Aimee es la más grande que he visto.

—¡Guau! —me dice—, ésa es la historia más sorprendente que haya escuchado.

Capítulo 22

—Entonces —le digo mientras tomo una rebanada de pizza—, ¿qué hay de ti? ¿Tienes alguna buena historia?

Piensa por un momento.

—Bueno, recuerdo una vez que teníamos una clase de Inglés juntos en segundo y la señorita Camp tuvo que salir del salón y te paraste frente a toda la clase y nos diste una cátedra sobre el simbolismo de esa vieja película *Dumb and Dumber*. Tenías muertos de risa a todos, pero a la señorita Camp no le pareció tan gracioso cuando regresó.

—Sí —le digo—. *Dumb and Dumber* es una de mis películas favoritas de todos los tiempos.

—Y luego está aquella vez que ibas surfeando en el toldo de un auto cuando se subió a la banqueta y saliste volando a los arbustos. Pensé: "¡Dios mío, se mató!". Pero saliste de un salto y te volviste a subir al coche. ¿Te acuerdas?

—Sí, vagamente —me halaga un poco que recuerde todas estas cosas, pero no buscaba que me contara historias sobre mí—. Pero ¿qué hay de ti? —le pregunto—, ¿no tienes historias sobre ti?

Ella arruga la nariz.

—Soy aburrida.

—No, no lo eres. Piensa un poco. Probablemente eres la única persona que anda por ahí a las cinco de la mañana todos los días, incluso entre semana. Creo que eso es bastante asombroso.

Sonríe.

—Bueno, supongo que sí pasan algunas cosas durante mi recorrido de entrega que son interesantes. Una vez... No sé si debería contarte esto o no.

—Puedes contarme lo que sea.

—Es un poco asqueroso —me dice—. Fue cuando tenía doce años.

Tengo que sacudir la cabeza al pensar que su madre ya la tenía como esclava entregando periódicos desde antes de que Aimee llegara a la pubertad.

—En aquel entonces —continúa—, mi hermana todavía estaba ayudándonos con la distribución, así que mamá me dejaba con una bolsa y yo repartía en ciertas casas mientras ella y Ambith repartían en otra sección. No me dejó manejar sino hasta que tuve catorce años. Así que iba caminando, soñando despierta, o más bien soñando medio dormida, y de pronto un hombre sale de un arbusto ¡totalmente desnudo!

—Dios. ¿Qué hiciste?

—Dejé caer mi bolsa y me fui corriendo. Creo que corrí como cuatro cuadras antes de ver nuestra pickup y me quedé haciendo señas a media calle para que mi mamá viniera por mí.

—¿Llamó a la policía?

—Eh, no, en realidad no —se queda mirando su pizza flácida—. Me hizo regresar por la bolsa y seguir haciendo mis entregas.

No lo puedo creer. ¿Qué clase de madre es ésa?

—Apuesto a que estabas muy asustada caminando por ahí sabiendo que había un maniaco desnudo entre los arbustos.

—Sí, lo estaba —me dice—. Todo el tiempo me parecía escuchar que alguien se acercaba detrás de mí. Más tarde, lo vi salir caminando por atrás de otra casa, pero en esta ocasión se subió a su auto y se alejó manejando. Era un Lexus. Siempre me pareció extraño eso.

—Cuando vuelva a pasar, no permitas que tu mamá te obligue a regresar.

—¿Cuando vuelva a pasar? ¿Crees que volverá a pasar?

—Bueno, no, tal vez no exactamente lo mismo.

Estoy preparándome para explicarle algunas de mis teorías sobre la prevalencia de lo extraño en la vida cotidiana, pero entonces me interrumpe groseramente una chica que no recuerdo haber visto antes y le dice a Aimee:

—¿Así que finalmente sí llegó, eh?

La cabeza de Aimee se hunde en sus hombros.

—Hola, Krystal.

Me pongo de pie como debe hacerlo un caballero y extiendo la mano.

—Me llamo Sutter Keely. Mucho gusto.

No me da la mano.

—Ya sé quién eres.

Aimee me dice:

—Ella es Krystal Krittenbrink.

Y Krystal acota:

—Hemos sido amigas desde segundo de primaria —lo hace sonar un poco engreído, como si yo fuera un insecto insignificante comparado con su gloriosa amistad. Ya sé cómo es este tipo de chica: toda su vida sus padres la han consentido y le han dicho que es "la princesita más especialísma y primorosa de todo el mundo" y nunca se ha dado cuenta de que el resto del universo no necesariamente comparte esa opinión.

La realidad es que ella es una gorda bastante poco agraciada. Mientras que Cassidy es voluptuosa con monumentales curvas, Krystal Krittenbrink es lo que llamaríamos amorfa, una masa. Tiene muy poca cara en medio de su gran cabeza rosada. Su boca es apenas del tamaño de una moneda de diez centavos. Y lo que termina de redondear todo aquello es el opaco cabello castaño recogido en una extraña coleta que empieza en su coronilla. Con toda certeza se para cada mañana frente al espejo y piensa que es el último grito de la moda.

Pero es amiga de Aimee, así que la invito a que se siente, pero ella sólo mira a Aimee y le dice:

—Apúrate. La junta empieza en cinco minutos.

—¿Qué tipo de junta es? —pregunto, fingiendo, por educación, algo de interés.

Pero Krystal me contesta:

—Club de Francés. No es algo que tú sepas.

Y Aimee le responde:

—¿Por qué no te adelantas, Krystal? Puedo llegar un poco tarde.

—No seas estúpida —dice Krystal—. La junta no va a durar más de cinco o diez minutos.

Aimee se ve un poco herida, pero se nota que está acostumbrada a que Krystal la llame estúpida.

—Supongo que sí —dice y voltea a verme—. En realidad me tengo que ir. Me olvidé de esa junta. Lo siento.

—Pero no has terminado tu pizza.

—Puede llevársela —dice Krystal.

—Sí, supongo que puedo llevármela.

—No te olvides de las clases de álgebra.

Esboza una sonrisa, pero Krystal dice:

—Eso será una pérdida de tiempo.

No le hago caso y mantengo la vista fija en Aimee.

—¿Por qué no me das tu número?

—¿Mi número?

—Sí, tu número de teléfono.

—¿El de mi casa?

—Sí. O el de tu celular —parece tener problemas para comprender el concepto. Tal vez ningún chico le había pedido su teléfono antes.

—Tendrá que ser el de mi casa. No tengo celular —empieza a buscar un pedazo de papel y una pluma en su mochila, mientras Krystal está justo atrás diciendo:

—Ya vámonos.

Aimee apunta el número rápidamente y me lo entrega. Tiene una carita feliz al final.

—Te llamaré y nos ponemos de acuerdo —le digo—. ¿A qué hora te encuentro en casa?

—¿Quién sabe? —dice Krystal y prácticamente se lleva a Aimee arrastrando—. ¿Crees que va a estar esperando en su casa a ver a qué hora llamas?

Capítulo 23

Sorprendentemente, mi mamá de verdad llama a la casa alrededor de las dos de la tarde para comprobar si estoy cumpliendo con mi magnífico castigo. Se porta toda estricta y demás diciéndome "jovencito esto" y "jovencito aquello". No sé por qué los adultos creen que decirle "jovencito" a alguien subraya la seriedad de la situación, pero parece ser una técnica muy común entre ellos.

Tengo que admitir que mi mamá esta vez sí se ha mantenido en su posición. De nuevo, me sale con lo de la academia militar. Para ser honesto, sí fue un poco mierda de mi parte prenderle fuego al traje de Kevin. Pero tampoco lo hice a propósito.

Ricky está recostado en el sillón reclinable como a metro y medio de distancia durante toda la conversación. Cuando cuelgo, me dice:

—Oye, y ¿tus papás de verdad creen que te estás tragando todo este cuento de la academia militar? Digo, te

vas a graduar como en tres meses. Incluso si te mandaran,
¿qué bien te haría por tres meses?

—Sí, ya sé. No tiene sentido. Creo que es sólo su
forma de mostrarme cuánto piensan que no valgo la pena
—me acerco a la barra. Hoy no tengo que trabajar, así
que me parece un buen momento para mezclar una jarra
de buenos martinis.

—Te diré algo —me contesta Ricky—. No les pare-
cería tan fortuito si de verdad te convirtieras en militar y
te mandaran a Irak para que te volaran en pedazos como
al hermano de Jeremy Holtz.

—No sé. Les gusta fingir que son muy patriotas. Sería lo mejor que les podría pasar si me volaran en pedazos
por allá. Lo estarían presumiendo durante años. Tal vez
incluso saldría su foto en el periódico fingiendo llorar sobre mi ataúd cubierto por la bandera.

—Ah, claro. Como si eso fuera realmente patriótico. A
la gente le encanta ir por ahí fingiendo que si buscas la paz,
entonces eres algo así como una inmundicia traidora, an-
tiamericana y antimilitar. Me parece más promilitar querer
evitar que mueran los estadounidenses. Yo crecí entre militares toda la vida, mi padre, mis tíos. Y no quiero que se
vayan nunca a menos de que haya una maldita justificación
de verdad. Esta guerra de mierda me caga. ¿Sabes qué es?

—¿Una ciénaga?

—Es una cienaguísima al extremo, hermano. Es un pantano de aguas negras. Con cacotas del tamaño de los sillones. Digo, ¿esto es lo que piensan los políticos de nosotros, que los jóvenes de hoy no somos nada más que imanes para bombas en la carretera de su invasión fallida? Mi papá estaba en la Marina y no me importaría unirme a los marines, pero no lo haré ahora. Todo esto está administrado por vampiros, hermano. Vampiros atómicos virulentos. Y su líder es algo así como un vetusto chupasangre de cabeza bulbosa que se llama el generalísimo Hal E. Burton. Dios mío. ¿Crees que pelearía en una guerra nuclear de vampiros? Ni loco. Mejor inscríbanme al movimiento de protesta. ¿Pero dónde está? No existe. Es como si todos fueran unos holgazanes. O tuvieran lavado el cerebro.

—Cuidado —le digo—. Será mejor que dejes de hablar así, maldito hippy. El generalísimo Hal probablemente tenga micrófonos en esta misma sala. De repente vas a aparecer en una prisión cubana encadenado al suelo sin un abogado a la vista.

—Oye, eso sería chistoso si no fuera tan real.

Cuando mi jarra de martinis está lista, le ofrezco uno a Ricky, pero lo rechaza.

—Estoy cuidando la línea —me dice sarcásticamente.

Ondeo el vaso frente a él.

—Vamos, sabes que sí quieres.

—No, en serio. Estoy intentando beber menos.

—Está bien. Más para mí —me siento y enciendo la televisión.

—Es mi nueva resolución —dice Ricky—. No más fiestas entre semana.

—¿Y la hierba?

—También le voy a bajar a la hierba.

Lo estudio por un momento.

—Mírate —le digo—. El rey de la mariguana. Una cita, un fin de semana lleno de llamadas, un almuerzo el lunes y Bethany ya te tiene remodelado.

—No tiene nada que ver, hermano. Simplemente ya me cansé. Ya pasó. Necesito un cambio.

Levanto mi vaso hacia la luz.

—Un martini perfecto nunca cansa.

—En serio —contesta Ricky—. Ya no me funciona, no para hacerlo todo el tiempo. Cuando era nuevo, entonces era increíble. Todo es increíble cuando es nuevo. Como cuando eres niño. Todo es una maravilla resplandeciente.

—¡Oh, sí! —le doy un buen trago al martini—. La niñez es un país fantástico para vivir.

—Sin duda —dice Ricky—. Recuerdo que una vez fui al banco con mi papá cuando tenía cuatro años más o menos. Y, ¿sabes?, hoy en día el lobby de un banco es el sitio más aburrido del mundo junto con la oficina de correos, pero en aquel entonces era mágico. Tenían una fuente en el centro. No podía creerlo. Una fuente, ¡adentro! Llamé a mi papá y le dije que viera eso y él me dijo: "Sí, es una fuente". Como si no fuera nada en especial.

Pero entonces noté que no sólo era una fuente, también tenía monedas dentro. Y le dije a mi papá: "¡Mira, papá, hay dinero ahí adentro!". Y él me contestó: "Sí, algunas personas lanzan monedas a las fuentes y piden deseos". ¡Deseos! ¡Hemano! Esto se pone cada vez mejor. Es una fuente *mágica*. Estoy totalmente anonadado. Pero mi papá está ahí al lado, llenando una ficha de depósito sin idea de lo totalmente asombroso que es el mundo.

—Sí —le digo—, yo tuve un momento así con mi madre y una vaca muerta en la carretera.

—¿Y qué pasa entonces? —pregunta Ricky—. Llegas a los once o doce y ya todo es aburrido. Ya te sacaron lo milagroso a golpes, pero no quieres que las cosas sean así. Quieres lo milagroso. Quieres que todo siga siendo nuevo. Así que cuando tomas ese primer trago o cuando fumas un churro por primera vez, es como si recuperaras eso.

—Hay que amar lo milagroso —le digo—. ¿Esto quiere decir que sí quieres el trago después de todo?

—No, hermano. Lo que digo es que eso también acaba por aburrir. Tiene su obsolescencia incluida, como todo lo demás. Así es como funciona el sistema. Es un gran engaño. Cuando algo se hace viejo, entonces hay que comprar lo siguiente que va a envejecer y luego lo siguiente. Toda nuestra sociedad es un campo de entrenamiento para la adicción.

—¿Eso cree usted, profesor? —me encanta echarlo a andar con sus teorías.

—Claro, hermano. Apostaría un millón de dólares a que alguien ya inventó una máquina de movimiento perpetuo, pero los vampiros atómicos la destruyeron. Lo mismo con las telas que nunca se desgastan.

—Sí, apuesto a que también tienen palos de golf que nunca se rompen y árboles que dan salchichas.

—Lo dirás de broma —dice Ricky—, pero probablemente tengas razón.

—Extrañaré cuando dejes de fumar hierba y no tengas más teorías así.

Se burla de eso.

—No necesito la mariguana para hacer mis teorías. Todo está justo frente a tu cara. Digo, mira MTV —señala la televisión. La pantalla está llena de universitarias de cuerpos firmes y tipos en traje de baño moviéndose como locos al ritmo de una canción deplorable.

—Ya convirtieron incluso nuestros cuerpos en productos, hermano. El abdomen y las mamas y los glúteos y los pectorales. Tienes que comprarte el siguiente aparato de gimnasio o libro de dietas o lo que sea. Tienes que ir con el cirujano plástico para que te quiten la grasa del estómago o del trasero.

—Sí, es raro, amigo. Acéptalo.

Pero Ricky se niega.

—No voy a aceptar esa mierda. ¿No ves de qué estoy hablando? Nos están convirtiendo en productos. Los mismos vampiros atómicos están detrás de esto. Mandan a sus secuaces a que te hipnoticen con su más reciente cantante de pop-estríper o con el nuevo juego de video o teléfono celular o la última película de ¡bam, bam, pum! en el cine. Y luego, ya que estás hipnotizado, te atraen a uno de sus enormes castillos megaeléctricos.

—¿Castillo megaeléctrico? Suena bien.

—No, no está bien. Porque ya que te tienen ahí dentro, entonces te pasan por una máquina similar a un tomógrafo que se llama des-alma-tizador y cuando sales del otro lado ya no eres más que un producto.

—¿Y cómo se llama este producto?

—*Vacío*, hermano, así se llama. Y para el resto de tu vida, te venden una y otra vez, hasta el mero final, cuando te empacan por última vez y te plantan en el suelo.

—¡Guau! —le digo—, ¿estás seguro de que no te diste un toque hoy?

—Ni una probadita —sacude la cabeza con cansancio—. Te lo estoy diciendo, hermano. Necesito un cambio. Estoy harto de los vampiros atómicos. No quiero ser su producto. No quiero ser el sacramento para su Santísima Trinidad. ¿Sabes cuál es su Santísima Trinidad?

—¿Cerveza, vino y whisky?

Hace un gesto de rechazo a mi idea.

—No, hermano, la gran Santísima Trinidad de los vampiros atómicos está formada por el dios del sexo, el dios del dinero y el dios del poder. El dios del sexo paga tributo al dios del dinero y el del dinero al dios del poder. El dios del poder es el que lo arruina todo. Los otros estarían bien si estuvieran solos, pero él es un ojete. Él es el que manda a sus secuaces a hipnotizarnos con su Siguiente Cosa Nueva. Pero no es eso lo milagroso. Es sólo un sustituto de lo milagroso. Apesta. Ahora bien, no digo que no vaya a divertirme nunca más. Sólo quiero encontrar algo que perdure, para variar.

Hago una pausa para asegurarme de que haya terminado y luego levanto mi vaso:

—¡Amén, hermano Ricky! Eso sí que fue un buen sermón.

—¿Tengo o no razón?

—Por supuesto que sí. Todos queremos algo que perdure —no menciono que *querer* es muy distinto a creer que realmente lo puedes obtener.

—Bien —levanta un vaso imaginario—. ¡Quiero escuchar otro amén, hermano Sutter!

—¡Amén, hermano Ricky, amén!

—¡Aleluya, hermano, aleluya!

Ahora ya estamos los dos riéndonos bastante. Le doy un buen trago a mi martini y le digo:

—Te diré que, después de hoy, me uniré a tu esfuerzo: no voy a tomar hasta el fin de semana. Después nos pondremos una buena borrachera.

—Pensé que estabas castigado.

—Eso nunca me ha detenido. Tengo ventana en mi recámara, ¿sabes?

No me responde nada de inmediato, pero finalmente me confiesa que va a un concierto con Bethany el viernes y el sábado va a cenar con sus papás.

—¿Cena con sus papás? Dios, hermano. De verdad que te están transformando.

Se encoge de hombros.

—Sólo quiero estar con ella, como cuando tú estabas con Cassidy.

—Sí, pero yo no quería estar con ella todo el fin de semana todas las semanas.

—¿Por qué no invitas a tu amiga distribuidora de periódico para el viernes o el sábado? ¿No se supone que la ibas a llamar en la tarde?

—Oye, ya te dije, no la voy a invitar a salir. Déjame repetírtelo: no es una chica que me interese para acostarme con ella. Ni hoy ni en el futuro. No voy a acostarme con ella en el coche. No voy a acostarme con ella en la noche. No voy a acostarme con ella en el jardín. No voy a acostarme con ella en el cuarto de lavado. No me acostaré con ella en Marte. No voy a acostarme con ella en ninguna parte.

—Ah, claro, lo olvidaba. Estás intentando salvar su alma. Que se escuche un aleluya para el Hermano Sutter y su complejo mesiánico.

—¿Mi qué...?

—Complejo mesiánico. Eso significa que crees que tienes que ir por ahí salvando a todos.

—No a todos, solo a esta chica.

—¡Aleluya, hermano!

Capítulo 24

A veces me cuesta trabajo dormir. Es raro, puedo sentirme exhausto pero de todas maneras ahí sigo, totalmente despierto, viendo hacia la oscuridad mientras me bombardean toda clase de ideas como pelícanos muertos. Hoy, por ejemplo, me pongo a pensar sobre la vacía propuesta de Geech de enviarme a la escuela militar, preguntándome si tal vez no sea una idea tan mala, después de todo.

Tal vez debí entrar cuando tenía catorce o quince años. Hubiera trabajado duro todo un año, marchando dieciséis kilómetros al día, abriéndome paso en las carreras de obstáculos, pasando por debajo de alambre de púas con un rifle de madera bajo el brazo. Entonces, regresaría a casa con nuevos músculos, brillando como recién pulido y tenso como tambor en el interior. ¿De qué otra forma se puede saber cuándo ya no eres un niño en esta sociedad?

Recuerdo haber leído en la escuela sobre algunos extraños rituales de iniciación primitivos. Había uno donde se llevaban al niño al bosque y lo dejaban ahí para que encontrara su camino de regreso sin armas ni herramientas. Se quedaba ahí afuera, solo con sus manos, buscando raíces que comer, haciendo fogatas con rocas y palitos o lo que sea. Digo, podría morirse de hambre o se lo podría comer un gato montés o algo, pero todo eso era parte de la prueba. Al regresar, ya era un hombre. y no sólo eso, también encontraba su Espíritu Guía. Eso sí es aceptar lo raro.

Pero hoy en día nadie hace nada salvo dejarte solo en la casa con una cocina llena de papitas fritas y refrescos. Luego, en tu habitación, está la televisión, los juegos de video e internet. ¿Qué esperan que logres con eso? ¿Un gran recipiente de "me importa un carajo"?

Actualmente, los chicos tienen que ir en busca de sus propios rituales de iniciación o buscarse sus propias guerras personales ya que es muy difícil creer en las guerras de los vampiros atómicos. Es como dice Ricky, cada vez que se inventan una, todo empeora.

Si yo estuviera al mando, sería distinto. No habría necesidad de ir a la escuela militar o de que te dejaran tirado en medio de la nada o pelear en una guerra. En vez de esto, habría que asistir a una cosa que se llamaría el Cuerpo Adolescente. Sería como el Cuerpo de Paz pero para adolescentes. Tendrías que ir por ahí y, no sé, cargar costales de arena para ayudar a los damnificados de los huracanes y plantar árboles en áreas deforestadas, o ayudar a que la gente aislada y sin educación recibiera atención médica y ese tipo de cosas. Lo tendrías que hacer por todo un año y luego, al regresar, te ganarías el derecho a votar y a comprar alcohol y todo lo demás. Serías adulto. Ya tengo desarrollados casi todos los detalles de este plan cuando por fin me vence el sueño.

Desafortunadamente, a la mañana siguiente la emoción de mi plan se desvanece. Para mí ya es demasiado tarde. Si fuera un soñador como Bob Lewis, seguiría imaginándome cómo convertirme en político para echar a andar el Cuerpo Adolescente en la siguiente generación o lo que sea pero, como siempre digo, yo soy más un tipo del "ahora mismo". Y ahora mismo tengo que trabajar en mi plan de ayuda en miniatura: ir a la casa de Aimee para que me dé clases de álgebra.

Verán, al permitirle ayudarme, le estaré ayudando a ella. Ganará confianza y yo tendré la satisfacción de brindarle confianza a alguien que la necesita más de lo que un cantante de pop necesita ir a rehabilitación. Oigan, no voy a cambiar el mundo pero, para nosotros dos, es una situación de ganar o ganar.

El problema es que, como oficialmente estoy castigado, todavía tengo que conseguir la autorización de mamá en el desayuno. Por lo general, en la mañana evita hablarme excepto por cosas como "hazlo tú mismo", pero cuando planteo la propuesta de lo de Aimee, me responde con una retahíla de preguntas que pareciera como si intentara averiguar quién es esta tal Aimee.

Ya la conozco. Lo que quiere saber en realidad es si Aimee tiene relaciones en la alta sociedad. Si ése fuera el caso, estoy seguro de que mamá no tendría ninguna objeción. Pero, claro, como la mamá de Aimee no es más que la reina de la distribución del periódico y del casino indio, mamá sospecha que debo tener algún extraño motivo oculto.

—Entonces —me dice—, ¿cómo sé que no estás simplemente intentando zafarte de pasar toda la tarde castigado?

—Oye, si no me crees, ¿por qué no la llamas y le preguntas?

—Porque, en realidad, tal vez sólo quieras salir con esta chica y ella dirá lo que sea que tú le pidas.

—Créeme —agrego—, no quiero salir con esta chica.

¿Por qué todo el mundo asume automáticamente que es algo sexual?

Mamá sigue sin convencerse, así que le digo que llame al señor Aster y le pregunte si necesito un tutor. Eso es suficiente. Nunca le va a hablar. Sé perfectamente bien que no le gusta involucrarse en mi educación si puede evitarlo. Algo debió pasarle en la niñez que provocó que le dieran miedo los maestros.

Así que hacemos un trato. Sigo sin poder conducir a la escuela pero tengo permiso de usar el coche para ir con Aimee por las tardes. Y Geech va a revisar el nivel de gasolina todas las noches para asegurarse de que no esté conduciendo por todas partes. Como si no pudiera ponerle más gasolina al tanque si quisiera. ¡Dios mío!

Capítulo 25

En el trayecto a la casa de Aimee, mis intenciones son buenas, pero tengo que admitir que esta chica va a representar un reto. A juzgar por cómo la tratan sus padres y su mejor amiga, debe ser la persona más pusilánime que he conocido desde Kenny Hoyle.

El pobrecito de Kenny. Me recordaba un personaje de cuento de hadas. Vivía en mi misma calle con su padrastro y tres hermanastros. Su madre se suicidó. Los hermanastros eran unos rufianes descomunales. Mientras ellos andaban por la calle grafiteando letreros o inhalando pintura en aerosol o lo que sea, el esquelético Kenny de ocho años estaba afuera limpiando las ventanas, o quitando hierbas del jardín, o podando el pasto con la enorme podadora hacia arriba y hacia abajo de su empinado jardín con una temperatura de 38° C. Pero se veía a leguas que no había ninguna hada madrina que convirtiera a Kenny en un príncipe azul. Lo único que yo podía hacer era ayudarlo a podar el pasto de vez en cuando, antes de que la podadora se lo tragara y lo escupiera del otro lado como un paquete de carne para hamburguesas.

En fin, estoy esperando que la casa de Aimee sea una casucha, pero en realidad se parece bastante al sitio donde vivíamos antes de la era de Geech; básicamente, es un pequeño cubo de ladrillos con un techo gris que necesita tejas y con un descuidado jardincito en la parte de atrás sin árboles ni arbustos ni flores ni nada más. Al menos mi vieja casa tenía un arbusto al que le faltaba una podada y un excelente árbol de follaje rojo para trepar, pero aquí toda la personalidad de la casa no alcanzaría para llenar ni un vasito tequilero.

Después de tomar un trago de whisky seguido de un buche de enjuague bucal, me acerco a la entrada atiborrada de cosas y le doy en el marco de la puerta unos golpecitos rítmicos. Dentro, una voz quejumbrosa grita:

—¡Aimee! ¡Ya llegó tu novio! —lo cual es seguido por la voz de Aimee:

—Por favor, Shane, no me avergüences, ¿quieres?

Un segundo después, escucho la cerradura y la puerta se abre.

—Sutter —me dice con una sonrisa cautelosa—. Ya llegaste.

—Justo a tiempo.

Tiene algo diferente. Me toma un instante pero luego me doy cuenta de que está usando lápiz labial. Por lo general, no usa nada de maquillaje y, permítanme decirles, esto no mejora nada.

En cuanto al interior de la casa, es una verdadera pocilga: hay ropa apilada en el respaldo del desgastado sofá y del sillón reclinable, envolturas de comida rápida abiertas en la mesa de centro, cintas obsoletas de VHS por todo el piso. Y, en medio de todo esto, su hermanito está tirado en el suelo. Las piernas le brincan y se le retuercen porque está haciendo explotar a unos alienígenas de ojos de insecto y dientes de sierra en un videojuego de su anticuada PlayStation.

—Este..., él es mi hermano menor, Shane —me dice Aimee—. Tiene once años.

—Hola, Shane.

No se molesta en voltear a verme.

—Mamá dijo que tenías que ir a la tienda y comprar una botella grande de Dr Pepper —le recuerda sin dejar de dar giros y golpes a los controles del juego.

—Lo haré luego —le responde ella, pero él no cede:

—Mejor lo haces ahorita. Randy probablemente quiera algo pronto.

—Está bien —contesta—. Queda un poco en el refrigerador.

—Solo te estoy diciendo lo que dijo mamá.

—Sabes, Shane —me acerco junto al sofá—. Tú podrías ir por él. Hay una tienda justo al final de la cuadra.

Shane me responde con una trompetilla.

Aimee se ríe nerviosa y me lanza una mirada apenada de *así-son-los-niños*.

Por lo general, le propinaría una respuesta hiriente al mocoso, lo cual soy perfectamente capaz de hacer, pero eso no ayudaría a Aimee, así que solo le digo: —Esa no es manera de tratar a un invitado, jovenzuelo.

—Eres el invitado apestoso de mi hermana, no mío.

La cara de Aimee se pone de color escarlata hasta la punta de las orejas. Se le ve bien, mejor que el labial.

—¿Por qué no vamos a mi recámara a estudiar? —me dice señalando hacia el pasillo.

—Las damas primero —le digo. Me parece que puedo usar el tratamiento caballeroso para variar.

—Más vale que no hagan ruido —grita Shane—. Randy intenta dormir.

Randy resulta ser el novio de la madre, el que vive de sus cheques de discapacidad. —No te preocupes —dice Aimee—. En una ocasión Shane disparó un cohete de agua en el baño y Randy nunca despertó.

Después de navegar por la basura de la sala y el pasillo, me sorprendo cuando Aimee abre la puerta de su recámara. Es como ese momento en *El mago de Oz* cuando Dorothy abre la puerta y ve la tierra de Oz por primera vez, solamente que en este caso pasas del blanco y negro al color, es decir, pasas de un tiradero absoluto a una limpieza increíble y casi geométrica.

Bienvenidos al mundo de Aimee.

Tiene un mapa gigante en la pared que está tan bien estirado que se podría pensar que Aimee lo planchó. Y lo mismo para la gran fotografía de la Vía Láctea y los dibujos en lápiz que cuelgan en las otras paredes. El escritorio se ve barato, de segunda, y la computadora es prácticamente del siglo xx, como su videocasetera, pero todo —las plumas y los cuadernos y los gatos de cerámica— está acomodado a la perfección. Su cajonera también es barata y limpia, pero lo que más me sorprende son sus libros.

Tiene unos libreros de plástico armables recargados contra una pared donde fila tras fila en cada repisa hay unos libros de pasta blanda. Y como se le acabó el espacio en las repisas, tuvo que apilar probablemente otros cien contra la pared, en hileras tan ordenadas como las demás.

—En verdad te gusta leer —le digo, admirando su colección.

—Son básicamente de ciencia ficción —mira los libros con un cariño supremo—. Algunos son de misterio y tengo muchos clásicos como *Cumbres borrascosas* y *Jane Eyre*. Tomo un libro titulado algo así como *Los androides de* NGC *3031*. En la portada, una mujer androide con un cuerpazo está escapando de unas naves espaciales que van volando bajo y disparándole con láseres rosados.

—Éste se ve interesante —le digo, pero en realidad estoy pensando: ¡Guau!, Aimee, ¿ciencia ficción? ¿Podrías en serio esforzarte más por etiquetarte con la marca del ganado nerd? ¿Qué más, *anime*?

—Me gusta pensar en el espacio —dice como disculpándose.

—El espacio es genial.

—Un día quiero trabajar para la NASA —suena un poco dudosa, como si tuviera miedo de que yo considerara estúpida su ambición o algo.

—Eso sería espectacular —le respondo—. Realmente deberías hacerlo.

—Sí —dice con renovado entusiasmo en su voz—. Y después de haber trabajado ahí por unos cinco años y ahorrar algo, voy a comprar un rancho de caballos para vivir.

—No sé qué podría ser mejor que eso. Supongo que por eso tienes todos esos dibujos de caballos en las paredes —me acerco para ver mejor los dibujos. En realidad, sus caballos parecen más perros, pero no hay necesidad de mencionarlo. Estoy seguro de que, para ella, dibujarlos es mucho más importante que cómo terminan viéndose.

—Creo que te gusta montar a caballo, ¿eh?

—Eh, no. Ésa es la comandante Amanda Gallico de los libros de los Planetas Brillantes.

Ahora está parada junto a mí y sé que ve mucho más en esos dibujos que yo.

—¿Cuál es su historia?

—Ella está a cargo del Arca Neexo 451. Están escapando de la Galaxia Oscura y buscan el camino hacia el sistema de los Planetas Brillantes.

En los dibujos, la comandante Amanda Gallico se ve un poco grande para los caballos, o por lo menos su cuerpo, que es todo atlético y como de superheroína. Sin embargo, su cabeza es un poco pequeña y sigo siendo de la opinión de que su rostro se parece al de Aimee sin lentes.

—Te debe gustar mucho —le digo.

—Sí —responde con ese estilo que tiene de arrastrar la *i*, comprometiéndose a medias como hace cuando dice cualquier cosa positiva—. Supongo que es como mi heroína y eso.

Esto me está rompiendo el corazón. Digo, yo renuncié a mis héroes cuando entré a quinto de primaria. Esta chica necesita ayuda y la necesita ahora. Por lo que le digo:

—¿Sabes qué? Tú serás mi heroína personal si puedes lograr que arregle todo este asunto con el álgebra. ¿Dónde lo hacemos?

Me doy cuenta de que mi elección de palabras puede sonar un poco sexual cuando ambos miramos en dirección a su pequeña cama con la colchoneta a cuadros. Es el único mobiliario de la recámara donde caben dos personas. A lo que ella dice:

—Eh... —pero eso es todo lo que logra decir.

—Yo siempre hago la tarea en el piso, donde puedo extender todas mis cosas.

Eso le parece bien, así que nos ponemos a trabajar. En cuanto empezamos, su comportamiento se vuelve mucho más confiado. Pero es una como una confianza suave. Una confianza amable. Podría con toda facilidad empezar a portarse son suficiencia o incluso podría ridiculizarme por mi idiotez matemática, pero no hace nada por el estilo. No necesita hacerlo. Aquí, en el reino de los libros, se siente segura. Recupera algo del control que no tiene en ninguna otra parte. ¿Y saben qué? Si yo fuera mejor para escuchar, estoy seguro de que lograría que yo entendiera algunas de las cosas que el señor Asnoter jamás pudo explicarme.

Capítulo 26

Después de que terminamos mi tarea o, mejor dicho, de que *ella* termina mi tarea, empieza a explicarme otros conocimientos básicos que necesito para llegar al final del semestre. Es una idea linda, pero mi capacidad de prestar atención no está para eso así que decido desviarla hacia otro tema.

—¿Sabes? —le digo recargado contra un costado de su cama y mirando los libreros—, con tanta lectura que haces, deberías escribir tu propio libro.

Me estudia por un segundo como dudando de si me estoy burlando de ella.

—Es en serio —le digo—. Te apuesto a que podrías escribir una novela de ciencia ficción que venda un millón de copias.

Ella deja su pluma y dice muy quedamente:

—No sé si un millón de copias, pero estoy escribiendo una. Llevo como doscientas páginas, aunque probablemente termine siendo de unas seiscientas.

—Dios, ¿seiscientas páginas?

—Sí —responde. Comienzo a notar que sus "sí" son casi siempre de dos sílabas, una para el "sí" y otra para el "pero no sé si saldrá algo de todo esto".

—Está muy bien. ¿De qué trata? —le pregunto, aunque sospecho que podría estar abriendo una lata de aburrimiento concentrado.

Ella me pregunta:

—¿En serio quieres saber?

—Sí —una sílaba.

Empieza por advertirme que me va a contar el resumen, pero al final me cuenta una versión bastante detallada. Y, para mi sorpresa, no es nada aburrida. La idea central es que hay una chica adolescente que va repartiendo sus periódicos cuando un rayo transportador la sube a una nave espacial. La tripulación, que está formada por una raza de caballos genios, la recluta como piloto para que lleve la nave de regreso a su planeta nativo. La vuelta de tuerca de la historia consiste en que el planeta nativo al que llegan es en realidad la Tierra en el futuro, donde los caballos genios y los humanos coexisten como iguales. La chica, que de alguna manera tiene ascendencia terrícola, ha vivido todo este tiempo entre alienígenas en el planeta Gracknack.

Mientras me narra su historia, me doy cuenta de que así es como escapa. Huye a su habitación perfectamente arreglada y desaparece en galaxias lejanas. Apuesto a que es lo mismo con su trabajo escolar porque, por lo que puedo notar, tampoco recibe ningún apoyo en ese sentido de parte de su familia.

Su hermano y su madre, y Randy, el novio desempleado, son gracknackianos. Nunca la van a entender. Y su mejor amiga, Krystal Krittenbrink, es una enorme nerd tipo A que la trata como empleada en una fábrica de bichos raros gracknackianos. Pero esta recámara es la cápsula espacial de Aimee y ella es una viajera galáctica de largas distancias, ganando cada batalla a lo largo del camino.

O casi cada batalla. Justo cuando está llegando al final de la historia, se escucha una voz rasposa que llama desde la otra habitación:

—¡Aimee! ¡Oye, Aimee! ¿Tráeme un Dr Pepper, sí?

Es Randy. Despertó y ahora quiere servicio a la habitación. Los hombros de Aimee se hunden.

—Ya vuelvo.

Tras un par de minutos, se vuelve a oír la voz resonante de Randy.

—¿Qué se supone que es esto? Ya sabes que me gusta el vaso azul grande. Esto es como un dedal o algo parecido.

Si Aimee le contesta, ya no alcanzo a escuchar, pero la voz de Randy es fuerte y clara:

—Bueno, pues ve a comprar más. ¿Qué has estado haciendo toda la tarde?

Así que Aimee regresa y me dice que lo siente pero que tiene que ir al 7-Eleven. No parece cruzarle por la mente que yo la podría llevar en mi coche. Cuando me ofrezco, me responde:

—No tienes que hacerlo. Es mi culpa. Debería ir justo después de la escuela.

—¿De qué hablas? Nos llevará como un minuto y medio. Por supuesto que te voy a llevar.

Eso la anima un poco, pero todo rastro de la confianza que mostró antes se ha reducido al tamaño del plancton. Es peor aún después de que compramos el Dr Pepper. Cuando mira por el parabrisas a la entrada de su casa, tiene una expresión en la cara como si su nave espacial hubiera chocado y estuviera de nuevo en Gracknack.

Así que antes de darme cuenta, abro la boca y me salen las siguientes palabras:

—¿Sabes qué? Hay una fiesta este sábado. Creo que deberías ir conmigo.

Fue un reflejo. Tuve que hacerlo. ¿Qué iba a hacer, dejarla deambular de regreso a esa casa con las manos vacías?

Y, tal y como lo esperaba, su respuesta es de sorpresa:

—¿Yo?

Y yo:

—Claro, tú y yo.

Y ella:

—¿Una fiesta? —como si estuviera hablando mongol o gracknackiano.

—Sí, una fiesta. El sábado en la noche. Tú y yo. Pasaré por ti como a las ocho y media, ¿qué dices?

—Eh... ¿está bien?

—¿Eso fue una respuesta o una pregunta?

—No —me dice—. Quiero decir sí, iré—. Y esta vez me da un "sí" de una sílaba.

—Muy bien, entonces. Fabuloso. Nos vamos a divertir.

Y mientras camina de regreso a su casa, con la cabeza en alto y el litro de Dr Pepper colgando despreocupadamente de una mano, me siento muy orgulloso de mí mismo. Fue una medida drástica, pero tenía que hacerlo. Y no es que la haya invitado a salir a una cita ni nada. Simplemente me imaginé que le caería bien una fiesta. Sé que me caería bien a mí.

Capítulo 27

Es viernes por la noche y estoy castigado. Por supuesto, podría salirme fácilmente. Bajar desde la ventana de mi recámara en el segundo piso es mucho más sencillo que la subida a la ventana de Cassidy, y no puedo recordar la última vez que mamá o Geech entraron a mi habitación en la noche. Probablemente les da miedo sorprenderme saludando al cíclope con pornografía en línea. Lo cual estoy seguro de que le sucedió muchas veces a Geech durante sus estupendamente aburridos años de adolescencia, cuando la pornografía era algo que podías esconder bajo el colchón.

Pero la cosa es que tengo que escaparme mañana en la noche para la fiesta, así que decido que una noche de viernes en la privacidad de mi habitación no será un cambio de ritmo tan negativo. Después de todo, tengo mi televisión, mi computadora, mi teléfono y mis canciones, eso sin mencionar la hielerita azul para mis 7UP y mis whiskies. Básicamente, ya estoy preparado.

El primer punto en la orden del día es poner un poco del viejo Dean Martin como música ambiental. No hay mejor introducción a una sesión con la botella café. Dino es el escogido. Tengo la colección principal: "Everybody Loves Somebody Sometime", "You're Nobody 'Til Somebody Loves You", "Love Me, Love Me", "Little Ole Wine Drinker, Me" y mi tema favorito: "Ain't Love a Kick in the Head". Es material muy muy fino.

Ahora bien, el registro histórico deja claro cómo odio la ropa que debo usar y vender en Mr. Leon's, pero si pudiera usar un esmoquin todo el tiempo, como Dino, lo haría. Ésa sería la única huella que valdría la pena dejar en la moda. Y de todos los miembros del Rat Pack, Dino era el más cool por mucho. Rat Pack estaba conformado por un grupo de cantantes playboys ultrasofisticados, de hace muchos años, antes de que las bandas hippies cambiaran todo: Dean, Frank Sinatra, Sammy Davis, Jr. Estos tipos sabían ir de fiesta. Hicieron lo que quisieron con Las Vegas.

Una vez, vi una biografía de Dino en la televisión y salió una mujer que dijo: "Frank Sinatra pensaba que era Dios. Dean sabía que lo era". ¿Qué tal? Bueno, el tipo tenía estilo. También dijeron que el vaso de whisky que traía siempre en la mano mientras cantaba en realidad tenía jugo de manzana, pero nunca creí eso.

Así que aquí estoy, viernes en la noche, ondeando mi propio vaso de whisky (nada de jugo de manzana) por todas partes, cantando junto a Dino mientras los pechos espectaculérrimos de Jennifer Love Hewitt surcan majestuosos la pantalla. Podía estar pensando un millón de cosas pero, por algún motivo, la comandante Amanda Gallico viene a mi mente.

Como es la gran heroína de Aimee, me imagino que puedo hacer una búsqueda en línea y estudiar un poco sobre la intrépida comandante para que tengamos algo de qué hablar el sábado en la noche. Verán, esto es parte de mi gran plan maestro para la transformación interior de Aimee. Necesita saber que sus sueños son importantes. Y tampoco estoy fingiendo sobre el asunto. Los viajes espaciales, los caballos súper inteligentes, trabajar para la NASA, ser dueña de un gran rancho: realmente hay que admirar sueños como ésos.

Yo tuve grandes sueños alguna vez. No me gustaba tanto la ciencia ficción, pero cuando era niño y todavía era muy fanático del beisbol, fingía que era Rocky Ramírez, el jugador más valioso de todos los tiempos de las ligas mayores. El Rockinator no era un jugador real de beisbol. Era mi propia invención, un jardinero central con superpoderes. Por ejemplo, podía correr a ciento sesenta kilómetros por hora e incluso volar si era necesario. Además, usaba un bate de cuatrocientos kilos. Nunca se me ocurrió que las ligas mayores probablemente le prohibirían participar, aunque no usaba esteroides como los demás. Pero mi fantasía número uno era que mis padres volvieran a estar juntos. Soñaba eso con tal fuerza que a veces tenía que ir a asomarme al armario de papá para ver si sus cosas seguían ahí. Luego nos mudamos con Geech y, carajo, mi corazón se aplastó en la alfombra cuando vi sus estúpidas camisas a rayas y sus pantalones baratos colgados donde solían estar los Levi's y las chamarras de mezclilla de papá.

Ese tipo de sueño simplemente se va desgastando con el tiempo, como una camiseta favorita. Un buen día ya no es nada más que jirones y lo único que puedes hacer es lanzarla a la pila de los trapos viejos con las demás. De cualquier manera, no puedo evitar mirar atrás de vez en cuando y recordar cómo solían ser las cosas.

Las noches de verano en el patio, todos juntos. Probablemente yo tendría tres o cuatro años, mi papá me tomaba de las muñecas y me hacía girar y girar en círculos. Cuando finalmente me colocaba en el piso, no podía hacer nada salvo tambalearme de lo mareado que estaba. Lo amaba.

Y, en una ocasión, hicimos un fuerte de sillas de jardín y mantas y nos sentamos dentro mientras papá nos contaba historias de hombres lobo y mamá se recargaba en él, mirándolo como si fuera el auténtico Señor Maravilla. A veces me parece que siempre es verano en mis recuerdos de aquellos días. Los recuerdos fríos, los de las peleas, cuando esos empiezan a acercarse, es momento de pasar a lo que sigue.

Capítulo 28

La comandante Amanda Gallico no es ningún reto para Google. Les sorprendería saber cuántos sitios existen sobre ella. Yo nunca antes escuché hablar de ella, pero alguien ciertamente sí. Antes de entrar a los sitios de los fans, veo los más oficiales: las tiendas de libros, la página del autor, las revistas de ciencia ficción, incluso una entrada de Wikipedia. Mientras más leo, mejor me cae esta chica espacial.

Claro que es valiente y tiene unas tetas enormes y todo, pero también es una filósofa. Según Wikipedia, ella cree que la humanidad ha gastado demasiada energía buscando el poder. Han cometido el error de pensar que el poder sobre los demás y el liderazgo son lo mismo.

Conforme leo, prácticamente puedo escuchar a Aimee explicándome todo con su suave voz de bombón. Vamos juntos por el ciberespacio y ella está hablando sobre cómo, según la comandante Amanda, el anhelo por alcanzar el poder no está tan súper evolucionado como el anhelo por alcanzar el bienestar. En el fondo, las mujeres saben esto, comprenden. Cuidar de los demás es su talento natural. Han visto cómo el poder extremo impulsa a los dictadores ojetes —como un personaje parecido a Hitler, llamado Rolio Blue, de la Galaxia Oscura— a convertirse en engendros babeantes y paranoides mientras cualquier sensación de bienestar desaparece volando por la escotilla de la vieja nave espacial.

Por otro lado, una verdadera líder como la comandante Amanda no busca tener poder sobre los demás. En vez de esto, quiere llevarlos a una prosperidad cada vez más grande, tanto interna como externa. Así que en vez de volverse toda loca y dejarse llevar como el malvado ojete de Rolio Blue, ella va ganando más y más fortaleza interior. Libro tras libro, se vuelve cada vez más sorprendente a lo largo de su búsqueda en el sistema de los Planetas Brillantes, donde construirá una nueva sociedad súper evolucionada que es como una gran familia floreciente.

Ahora, si me preguntan, eso es algo bastante profundo. Desearía tener un churro para fumar mientras leo. Tal ve entonces podría casi creer que Amanda Gallico está allá afuera, que vendrá a salvarme a mí y a la Tierra de nuestros propios Rolio Blues.

Quién sabe cuántos whiskies me tomé o cuánto tiempo llevo navegando por los sitios de fanáticos, foros de mensajes, blogs y demás. Así es en línea, el tiempo no existe en el ciberespacio. Es casi como si todo lo físico se evaporara y solamente quedara tu mente y los distintos sitios flotando en el vacío. Por alguna razón, esto me hace sentir muy cercano a Aimee. Sé que su mente ha flotado hacia adentro y hacia afuera de estos mismos sitios toneladas de veces. Conoce todo sobre la Galaxia Oscura y el sistema de Planetas Brillantes, de adelante hacia atrás y de adentro hacia afuera. Puedo sentirla aquí, esa presencia realmente amable, justo como la comandante Amanda Gallico, buscando un sitio para florecer.

De pronto, me sorprende una voz a todo volumen:

"¡Tienes un mail!" Por un segundo, me siento como si alguien hubiera invadido mi espacio justo a la mitad de algo íntimo. Pero entonces pienso: ¿No sería extraño que fuera de Aimee? Pero no lo es. Es de Cassidy.

Casi me da miedo leerlo. No necesito que me grite una novia que ni siquiera es ya mi novia. Después de una larga pausa, lo abro y qué es lo que leo: es lo opuesto a gritarme. En realidad está muy sentimental y habla sobre cuánto extraña cómo nos divertíamos, de esos tiempos salvajes, de la espontaneidad. Quiere que volvamos a ser amigos.

Sí, claro. *Amigos.*

No es necesario formar parte del equipo de *CSI Oklahoma* para darse cuenta de lo que sucede. Marcus West, el Señor Perfección, ya empezó a petrificar sus células cerebrales con aburrimiento. Todos sabemos lo aburrida que puede ser la perfección. Les garantizo que nunca falta a clases. Nunca hace ni una sola maldita cosa que no haya planeado con una semana de antelación. No verán a Marcus West cayéndose de su techo en medio de un día de escuela. El tipo ni siquiera bebe. ¿Qué tan divertido puede ser eso?

No, estoy bastante seguro de que lo que busca Cassidy en este momento es más que amistad. Pero el Sutterman sabe tomarse su tiempo en este juego. Con la perfecta actitud despreocupada de Dean Martin, me apresuro a escribirle una nota sobre cómo ser amigos, por mí está muy bien. Sí, siempre puedo usar a otro buen amigo. Pero, al final, no puedo evitarlo. Tengo que agregar un comentario tentador acerca de la fiesta mañana en el lago. Estaré ahí. Será divertido. Cerveza barata.

Mi dedo se detiene un momento sobre el mouse, tal vez un microsegundo, antes de presionar *enviar*.

Capítulo 29

Lakeside un sábado en la noche, la temperatura es más que fresca. Así es Oklahoma. Febrero cálido y luego tuvo que llegar marzo con un frente frío. Pero no hace tanto frío como para la chamarra que trae Aimee. Es un enorme monstruo morado relleno de pluma que la hace parecer una bola de billar gigante. Tal vez sea la única chica que conozco que no ha aprendido a sacrificar la comodidad corporal por el bien de la moda. Se puso labial otra vez, pero ponerle labial a una pelota de billar no le da atractivo sexual.

Esta chica me la está poniendo definitivamente difícil. ¿Cómo se supone que le voy a conseguir pareja con alguno de estos fiesteros si ella no pone de su parte?

Y ése es el plan. Necesita una vida social más allá de Krystal Krittenbrink. Necesita un tipo, alguien parecido a mí, sólo que no sea yo. Cody Dennis, por ejemplo. Cody es muy divertido, pero no es lo que llamaríamos muy versado en la sección de sexo. Lo último que necesita Aimee es que un libidinoso esté babeándole encima.

Hay un problema, Cody es todavía menos hábil que Ricky cuando se trata de hablar con las damas. Pero me imagino que me encargaré de la parte de la conversación hasta que ellos dos se conozcan un poco más. Luego me iré por ahí más o menos cuando Cassidy llegue elegantemente tarde y, bum, todo estará bien de nuevo en el universo.

Hoy hay un buen grupo, justo como sabía que habría. Alguien le prendió fuego a un colchón que no sé de dónde sacaron y ahora todos están avivándolo con ramas secas. Las flamas se reflejan en el lago junto con las estrellas. El humo de madera huele bien.

Han llegado probablemente veinte chicos. Alguien puso un barril de cerveza en una de las mesas de picnic de concreto y Gerald, el maniático bailarín, está moviéndose a toda velocidad justo al lado. Juro que para moverse así, este tipo no debe tener huesos.

—¿Ves a alguien conocido? —le pregunto a Aimee.

Ella mira a su alrededor.

—Eh... sé quiénes son varios, pero en realidad no los conozco.

—Los vas a conocer —me acerco para darle un pequeño apretón en la nuca, pero la gran chamarra esponjosa lo impide.

Primero lo primero, nos vamos hacia el barril. Debo admitir que en el camino varias personas me dan palmadas en la espalda y me dan apretones de manos. A la izquierda y a la derecha derecha todos me dicen: "Oye, Sutter, ¿cómo estás? ¿Listo para la fiesta?". Alguien me pregunta si planeo tomarme la cerveza de cabeza pero yo finjo nunca haber escuchado semejante cosa. Otro tipo me grita:

—Oye, Sutter, vamos a ver cómo atraviesas la fogata otra vez.

Le hago una seña con la mano.

—Gracias, ya lo hice.

En el barril, los tres tipos que están en la fila me hacen un saludo militar. Simplemente soy el tipo de persona que a la gente le gusta ver en las fiestas, creo.

No me sorprende mucho cuando tomo la manija del barril y Aimee menciona que no bebe alcohol. Le digo que está bien, que lo único que tiene que hacer es tener una cerveza en la mano y al menos dar la impresión de que se está divirtiendo. Dicho esto, me bebo una cerveza de inmediato y me sirvo otra solamente para empezar con el pie derecho.

La mala noticia es que Cody Dennis no está por ningún lado para presentárselo. La peor es que ahí viene Jason Doyle.

—Hola, Sutterman —me dice con esa manera que tiene de fingir ser adulador cuando en realidad *está* siendo adulador—. Supongo que ahora que llegaste ya es oficialmente una fiesta.

—Debe ser.

Mira a Aimee, estudiando la chamarra de pluma.

—¿Sabes qué, Sutter? Será mejor que sostengas este globo antes de que se vaya volando por encima de las copas de los árboles.

Por suerte, Aimee no parece entender el chiste.

—Bien —digo—. Gracias por pasar a saludar, Jason. Cuídate. Que sueñes con los angelitos.

Aprieta mi brazo con la mano.

—¡Hey, hermano! ¿Cuál es la prisa? ¿No me vas a presentar?

Ahora, permítanme explicarles en este momento que Jason Doyle es la última persona que tenía en mente para presentarle a Aimee. El tipo es un libidinoso de tiempo completo. Lo que sea que use sostén y calzones es aceptable para él. Corrijamos. Cualquier cosa que use sostén *infantil* y calzones es bueno para él. El otoño pasado, uno de sus mejores amigos, Ike Tucker, lo encontró haciendo cosas con su hermanita de trece años. De acuerdo, la niña tenía un buen cuerpo, pero de todas formas,

¿trece? Sobra decir que Ike le pateó el trasero a Jason. En realidad, Ike le abrió la cabeza con un reloj despertador. Necesitó como un millón de puntadas. Ahora son amigos otra vez.

El punto es que noto por la mirada de Jason que ya se está preguntando qué hay debajo de esa gran chaqueta morada. ¿Hay un regordete par de tetas envuelto ahí dentro? ¿Un lindo trasero? Es un misterio, pero está más que dispuesto a realizar la labor de detective necesaria para saberlo.

—Hey, mira por allá —le digo viendo por encima de su hombro—, Alisa Norman se ve bien hoy. Ese suéter rojo está que arde.

Jason voltea al otro lado del área de la fiesta para ver a Alisa riendo con algunas de sus amigas. No trae puesta una enorme chamarra esponjada.

—Picante —dice Jason—, pero ¿qué diablos? Donde sea que ella ande, Denver Quigley seguramente estará cerca.

—No en esta ocasión —le digo—. ¿No te enteraste? Ya terminaron. Ella lo botó como un montón de mierda congelada de un 747. Está buscando novio.

—¿En serio?

—No es broma.

Se queda un momento evaluando la situación. El suéter rojo es imposible de resistir.

—Al rato regreso con ustedes. Creo que voy a ir en esa dirección para felicitarla por su buen juicio.

—Ve por ella —le digo.

Por supuesto, Alisa no terminó con Quigley para nada y, de hecho, seguramente él llegará en cualquier momento, pero ¿me siento culpable? De ninguna manera. A un tipo como Jason Doyle siempre le cae bien un ojo morado.

Capítulo 30

Aimee debe estar un poco nerviosa. La descubro tomando un sorbo de la cerveza, después de todo. Hace un gesto como si acabara de tomarse medio litro de blanqueador, pero por algún lado se empieza. Intento calmarla un poco contándole cosas sobre algunos de los personajes de la fiesta, pero no avanzo mucho porque una persona tras otra se acerca para platicar conmigo, incluyendo tres ex novias. El problema es que no soy realmente un jugador de la banca en lo que respecta a las fiestas. No hay línea de banda para el Sutterman. Me gusta estar en medio de la acción.

Aimee, sin embargo, ni siquiera sabe de qué va el juego, mucho menos cómo jugarlo. Intento arrastrarla a las conversaciones pero sin mucho éxito, incluso cuando Shawnie Brown, mi novia de segundo año, se acerca. Shawnie es muy dada a tocar a los demás y es muy escandalosa. Hace toda clase de expresiones faciales exageradas para acentuar sus historias y le encanta que, como de costumbre, hablemos como mafiosos italianos. Es comiquísimo. Pero juro que con cada segundo que pasa Aimee parece encogerse más en su chamarra morada gigante.

Entonces, finalmente, llega Cody Dennis en toda su gloria de ojos de cachorrito.

De inmediato, voy por él y se lo presento a Aimee. Él estudia la chamarra, pero no hace bromas. De hecho, casi no dice nada. Yo tengo que contar historias para que la conversación no se congele en una larga y endurecida extensión de tundra. Y sigo y sigo, sobre la fiesta en la casa de Paxton, la de La Quinta Inn y la que fue realmente maravillosa en el lago Tenkiller el verano pasado, hasta que finalmente se me acaban las historias de las fiestas y, por pura suerte, encuentro el tema perfecto, mi investigación en línea sobre la comandante Amanda Gallico y los libros de los Planetas Brillantes.

Con eso, los ojos de Aimee reciben una descarga. Conoce todo sobre los sitios web que visité y me empieza a preguntar qué es lo que pensé. Para mi sorpresa, me acuerdo de bastantes cosas y la impresiono con mi posición sobre la filosofía detrás de los viajes de la comandante Amanda.

—La prosperidad interior —le digo—. Eso es todo. O sea, llévenme a los Planetas Brillantes de una vez. Que se joda el poder. Que se joda esclavizar al mundo. No

Tim Tharp

necesitamos eso. De ninguna manera. Solamente tenemos que crecer silvestres, como la alfalfa y demás.

Ella está entusiasmada.

—Tienes que leer los libros. Me recuerdas a Zoster un poco. Es el único que realmente entiende a la comandante Gallico. En el tercer libro se quedan atrapados en una prisión shuxushiana en las cuevas y escapan al mundo subterráneo de Marmoth, que es de donde saqué mi idea para el tipo de rancho que quiero tener algún día. Te voy a prestar el libro. Es uno muy bueno para empezar.

—Muy bien —le digo. Y algo me pasa al ver su pequeña carita blanca iluminarse con tanto entusiasmo, enmarcada por el fondo morado de la chamarra. Es como si la sensación del alcohol se elevara a un nivel mucho más alto. Casi se me olvida que Cody está ahí a nuestro lado, eso sin mencionar la razón por la cual lo busqué, para empezar.

—Perdón, Cody —le doy una palmada en la espalda—. No quería dejarte ahí abandonado en otra galaxia.

Pero él no se ve aburrido para nada.

—No, hombre —me responde—. Está muy bien. Me gusta la ciencia ficción. ¿Han leído la serie de novelas gráficas *Solar Bull* de Lawrence Black?

—No puedo decir que las conozca —pero por supuesto Aimee empieza a hablar.

—*Solar Bull*, sí, me encanta *Solar Bull*.

Y ahí van, dejándome atrás a mí en esta ocasión. Y sé que debería sentirme contento. Ésta es exactamente la razón por la cual llevé a Aimee a la fiesta. Pero la verdad es que hace un poco de frío aquí en mi propia galaxia ajena a *Solar Bull*.

Ella se ríe de algo que dice Cody sobre una llama con propulsión de cohetes y él se acerca y toca la manga de la enorme chamarra morada. Ella se acerca un poco hacia él, todavía sonriente. Es estúpido, pero quiero pararme entre ellos, incluso tal vez alejarla de alguna manera. Pero justo en ese momento, Cassidy aparece en el claro del otro lado de donde está el barril, viéndose como una hermosa diosa voluptuosa, y yo me veo transportado a una nueva galaxia cálida y brillante, lejos, lejos de los Solar Bulls y las llamas.

Capítulo 31

Le comento a Aimee y a Cody que regresaré pronto, pero casi ni se dan cuenta. Del otro lado está Cassidy de pie, bajo la rama de un roble sin hojas. Todavía no me ve, pero noto que está buscándome. Entonces, Marcus West sale de las sombras y la abraza. ¿Alguna vez le han hecho señas a alguien con la mano y luego se dan cuenta de que no los estaban saludando, y entonces abortan la misión y optan por rascarse la cabeza? Así me sentí. Sólo que en lugar de rascarme la cabeza desvío mi trayecto y doy una vuelta abrupta hacia el barril en vez de dirigirme hacia Cassidy.

De todas maneras, necesito rellenar mi vaso. Siempre es necesario rellenarlo en las fiestas como ésta, donde sirven cerveza barata de 3.2 grados. De hecho, me tomo una y me sirvo otra. Cassidy y Marcus ahora están hablando con otro de los jugadores de basquetbol y su novia. No hay problema, me digo. No hay razón para no ir hacia allá. Por supuesto, era de esperarse que Cassidy se presentara con Marcus. Ésta no será la noche en que volvamos. Ésta será la noche en la cual se dará cuenta de cuán inevitable es que volvamos.

—¿Qué hay, señores? —saludo mientras me acerco al grupito de Cassidy—. ¿Qué pasa? ¿Nadie tiene cerveza todavía?

—Yo no voy a tomar —me responde Marcus—, pero ya vi que tú traes dos cervezas.

—Traje una extra por si alguien quiere —me quedo mirando fijamente a Cassidy.

—Claro —dice—. Gracias.

No añade un solo comentario sarcástico sobre mí y la cerveza. Ahora bien, los amigos con quienes están hablando, Derrick y Shannon, ése es otro asunto. Ambos se me quedan mirando como si fuera un famoso estrangulador que acaba de presentarse con un ramo de rosas muertas al funeral de su última víctima.

Pero no estoy aquí para causar problemas. Al menos nada obvio. Solamente estaré con ellos y permitiré que vibre mi positividad natural; tal vez soltaré una que otra palabra clave aquí y allá cuyo significado sólo conozcamos Cassidy y yo. No necesito hacer grandes declaraciones. No necesito buscar pleito ni alardear o llegar montado en un lustroso corcel blanco. Solamente dejaré que el buen Sutterman interior irradie en ondas y eso bastará para recordarle a Cassidy lo que se está perdiendo.

No llevamos ni diez minutos hablando y ya tengo a todos carcajeándose, incluso a Derrick y Shannon. Están muertos de risa con mi historia sobre la ocasión en que vendí boletos para una carrera que organicé entre un schnauzer y un caniche en la primaria. Miren, no es difícil divertirse conmigo. Sé lo que hago. Soy divertido. Reparto la prosperidad entre todos.

Acabo de llegar al final de la historia cuando escucho una voz a mis espaldas.

—¿Qué es tan gracioso?

Es Denver Quigley. Es alto, con cabello rubio como de alambre y una gran frente pesada de neandertal. Nunca he entendido lo que Alisa Norman ve en él, no tanto por su aspecto sino porque es tan entretenido como cinco kilos de asfalto.

Así que lo miro a los ojos y respondo:

—Schnauzers.

—¿Qué? —responde.

—Schnauzers. Eso es lo gracioso. Es una palabra muy chistosa, ¿no crees?

Un viso apagado y molesto atraviesa sus ojos.

—Como sea, Sutter. ¿Alguien ha visto a Alisa?

—Claro —respondo—. La vi hace rato caminando junto al lago con Jason Doyle.

Sus ojos se dilatan.

—¿Doyle? —escupe el nombre como si tuviera la boca llena de leche podrida.

—Tenían una plática amistosa —le digo. Y Quigley contesta:

—Bueno, tal vez tendré que ir a darle una paliza amistosa.

Se adentra en la multitud y Marcus sale detrás de él diciéndole:

—Oye, Denver, mira, estoy seguro de que no es nada. Espera...

Derrick y Shannon también se van y Marcus se vuelve y le dice a Cassidy que lo espere ahí, que volverá en un momento.

Cuando desaparecen entre la gente, ella me lanza una mirada fulminante.

—¿Qué estás planeando?

—¿Yo? Nada.

—¿Jason Doyle de verdad está con Alisa?

—Tal vez. Creo que tenía la idea equivocada de que ella había botado a Quigley como un montón de mierda congelada de un 747.

—¿Y tú tuviste algo que ver en eso?

—¿Te enojaría si te dijera que sí?

Ella sonríe.

—En realidad no. Jason se lo merece.

—Hago lo que puedo en el nombre de la justicia. ¿Lista para otra cerveza?

—Claro.

Entonces nos quedamos solos Cassidy y yo, como debería ser. Llegamos al barril y le doy el resumen de cómo van las cosas entre Ricky y Bethany. Ella se muestra contenta por Ricky y admite que juntarlos fue una buena acción de mi parte.

—Entonces, ¿ahora me crees que sólo estaba con Tara Thompson para ayudar a Ricky?

Es una valiente pregunta si tomamos en cuenta lo delicado del tema, pero a veces hay que abrir la escotilla y dar el salto.

Se me queda viendo por un momento y luego asiente.

—Sí —responde—. Supongo que sí. Pero no creo que estuvieras haciendo un gran sacrificio. Digo, Tara es bastante linda.

—A ver, déjame ver, ¿a quién preferiría yo? —sostengo las manos a los lados, como una báscula. La mano que sostiene la cerveza representa a Cassidy—. De este lado está la linda Tara —dejo que mi mano sin cerveza baje un poco con el peso de la lindura de Tara—. Y acá tengo la espectaculérrima hermosura tuya —dejo caer la mano de la cerveza hasta abajo—. Creo que es bastante obvio, ¿no?

Ella frunce la nariz y sacude la cabeza.

—No me sonrías así. Sabes lo que me provoca esa sonrisa.

—Eh, soy irresistible, es cierto —le aumento dos rayitas a mi sonrisa para acentuarla—. No puedo hacer nada al respecto.

Justo en ese momento, se escucha un grito del otro lado de la multitud. Alguien está enojado.

—Oh-oh —digo—. Quigley debe haberse topado con Jason.

Y, dicho y hecho, se escuchan los sonidos de una pelea tras un grito colérico y la gente se repliega hacia atrás. Cassidy y yo le damos la vuelta al grupo para tener mejor vista y constatamos que, en efecto, se trata de Quigley, pero no está golpeando a Jason. Ni siquiera reconozco al otro tipo. Debe ser alguien de otra escuela que desconoce los peligros de coquetear con Alisa Norman.

Pero si no es Jason el que está bajo el puño de Quigley, ¿entonces dónde está?, me pregunto. Ahí va Alisa con su suéter rojo peligroso, y ahí está Derrick intentando separar a Quigley, y Marcus se interpone entre él y el pobre diablo de la otra escuela. Por todas partes se escuchan chicos que ríen o gritan o incitan a los combatientes, pero nada de Jason. Y nada de Aimee.

Cassidy grita:

—¡Marcus, cuidado! —cuando Quigley se logra zafar de las manos de Derrick. Pero es demasiado tarde, el puñetazo no aterriza en su destinatario sino que le pega a Marcus directo en la oreja.

Cassidy empieza:

—¡Sácalo de ahí, Derrick, sácalo! —y se aleja corriendo entre la gente. Sin embargo, ya todo está en orden: Derrick y Marcus sostienen a Quigley y los amigos del otro chico se lo están llevando. Cassidy ya está justo detrás de Marcus y le toca la espalda con suavidad, supongo que para dejarle saber que está ahí para apoyarlo.

Ésta es una consecuencia que no preví. Digo, un puñetazo en la oreja durante un acto de heroísmo ciertamente atraerá la atención de Cassidy y la separará de la diversión conmigo por lo menos durante treinta minutos. Vaya que me salió el tiro por la culata.

Entonces, de pronto, escucho una voz en mi oído.

—Supongo que te equivocaste sobre Jason Doyle —dice Shannon, parada junto a mí—. Parece que ya encontró alguien más con quien coquetear.

—¿Dónde? —ella señala hacia un rincón oscuro del claro, lejos de la pelea. Ahí está Jason parado bajo un gran roble, susurrándole algo al oído a Aimee Finecky apenas a un par de centímetros de su oreja.

Capítulo 32

De acuerdo, tal vez lo que me dispongo a separar no sea algo tan peligroso como lo que hizo Marcus interviniendo en una golpiza de Denver Quigley, pero ¿eso lo hace menos noble? No lo creo. Probablemente haya más en juego. Sé lo que Jason tiene en mente. Está pensando: "Estoy listo para pelar esta gigante uva y probar algo de dulce, dulce néctar de nerd". Es una pena que Cassidy no sepa a lo que me voy a enfrentar.

—¿Dónde está Cody? —pregunto mientras Jason se inclina sobre Aimee, oliendo su cabello.

—Ah, se fue —responde Jason, manteniéndose firme en su posición—. Supongo que no supo manejar la competencia.

Aimee tiene aspecto de haberse bajado de un juego de feria y estar a punto de vomitar.

—¿Qué pasó? —le pregunto—. ¿Tomaste más cerveza o algo?

Antes de que pueda responder, Jason interviene:

—Tal vez le di otra —su sonrisa es artera—. Necesitaba relajarse un poco más. Socialmente, digo.

Levanto la barbilla de Aimee con las puntas de los dedos para que me mire.

—¿Estás bien?

Intenta sonreír débilmente.

—Sí —me responde con su "sí" de dos sílabas que significa sí/no—. Es que no estoy acostumbrada a tomar.

—Estabas equivocado sobre Alisa y Quigley —señala Jason—. No han terminado. Supongo que algún pobre tipo por allá lo averiguó —ahora se está burlando. Estoy seguro de que sospecha que lo engañé.

Entonces yo respondo:

—Por eso vine para acá. La pelea terminó pero Quigley no quedó satisfecho. Está preguntando quién más habló con Alisa antes de que él llegara. Está tomando nombres, hermano.

La sonrisa burlona se evapora de la boca de Jason.

—Espera un minuto. Lo único que hice fue preguntarle si era cierto que habían terminado. Cuando me dijo que no, me fui.

—Entonces está perfecto —le digo, todo compasivo—. Estoy seguro de que Quigley comprenderá, ya sabes cómo es.

Ahora es Jason el que se ve un poco enfermo.

—Sí, ya sé cómo es. Mierda —mira a Aimee, su carita pálida, el labial, la gran chaqueta morada—. ¿Sabes qué? Tengo que irme. Hablamos en la escuela.

—Oye, Jason —le grito cuando se aleja—. Tal vez te convenga tomar la ruta larga para llegar a tu coche.

Me hace una seña desestimando mi consejo, pero pueden estar seguros de que pondrá mucha distancia entre él y Denver Quigley.

Aimee intenta una versión torpe de la sonrisa "ya somos sólo tú y yo", pero, para ser sincero, no sé qué es lo que voy a hacer con ella. La salvé de las garras de la máquina sexual que es Jason Doyle, y Cody Dennis desapareció, ¿quién me queda?

El resto de la fiesta ya regresó a la normalidad después del numerito de Quigley y allá se quedó Cassidy, del otro lado, un poco apartada del grupo de atletas. Me está mirando directamente. Qué pensamientos están cruzando por esa mente femenina, no lo sé, pero cuando Marcus se acerca y la abraza de la cintura, ella le devuelve el gesto. De todas maneras, me sigue viendo directamente, así que hago lo único que se me ocurre hacer en ese momento, pasar el brazo por encima del hombro esponjoso y morado de Aimee.

—Vamos a caminar a la orilla del lago —le digo, con la vista todavía en Cassidy—. Esta fiesta se está poniendo aburrida.

—¿En serio? ¿Las fiestas suelen ser diferentes?

—No, todas son iguales.

Hay una calzada sin pavimentar que rodea el lago y en el camino hacia allá le robo a Shawnie un vaso de vino sabor fresa, no para mí, por supuesto, sino para Aimee. Parece que le caerá bien.

—Ah, esto me gusta —dice después de darle un trago. Toma otro más grande—. Esto sabe bien.

Mientras avanzamos bajo la gran luna redonda, casi llena, hablamos un poco más sobre la comandante Amanda Gallico y Zoster, la tierra subterránea de Marmoth y Adininda, la hermosa sirena de la segunda luna del planeta Kosh. Empiezo a pensar que tal vez sí me gustaría leer algunos de esos libros. Digo, yo soy un ávido lector, pero leo principalmente cosas en internet, blogs, MySpace, revistas, toda clase de cosas locas.

Siempre estoy leyendo biografías en línea: Dean Martin, Sócrates, Juana de Arco, Rasputín, Hank Aaron, Albert Schweitzer. Y, por supuesto, las de tres nombres: Edgar Allan Poe, Lee Harvey Oswald, Jennifer Love Hewitt. Las vidas de la gente son interesantes. Los libros me parecen algo anticuados, pero puedo intentar leer lo anticuado siempre y cuando sea bueno.

Después de terminarme lo que quedaba de mi cerveza, saco la botellita del bolsillo de mi chamarra.

—¿Si pudieras ir de aventura, a una aventura real, a cualquier parte de este planeta, qué harías?

Ella da un sorbo a su bebida.

—Supongo que iría a algún lugar con caballos. Algún día voy a recorrer los senderos de una montaña, tal vez en las montañas Sangre de Cristo en Nuevo México.

—Nunca he estado ahí.

—Yo tampoco, sólo las he visto en libros.

—Eso sería genial —le digo, aunque es difícil imaginarme a esta ratoncita de biblioteca montando a caballo en una montaña con un par de chaparreras y sombrero vaquero—. ¿Irías tú sola?

—No, alguien iría conmigo.

—¿Quién? ¿Alguien como ese tipo Zoster?

—Tal vez —mira hacia el camino—. ¿Qué hay de ti? ¿Qué tipo de aventuras tendrías?

—Oye, todos los días son una aventura para mí. No soy bueno planeando a largo plazo. Pero he pensado un poco sobre ir al Amazonas. Iría allá y pelearía contra esas corporaciones que arrasan con la selva y que corren a los nativos de su jardín del edén y los visten con sus ropas de indigentes. Eso haría.

—Eso estaría muy bien —me responde. Sin embargo, siento que tenía la esperanza de que me entusiasmara su idea de los caballos, así que continúo—: ¿Has pensado montar a caballo en la selva? Digo, no sería agradable andar caminando por allá y que una tarántula exótica te coma el pie. No. Lo que hay que hacer es llevarse unos caballos en barco para luego montarlos y recorrer los senderos incas y todo lo demás.

Eso la anima.

—Apuesto a que se puede hacer. Seguramente hay montañas por allá con vistas que nadie ha disfrutado jamás.

—Sería muy panorámico, seguro. Nunca se sabe, incluso podría haber un valle escondido con pterodáctilos volando por ahí y demás animales.

—Sí —agrega ella—. Ese viaje sería increíble.

Nuestros hombros se tocan mientras caminamos y ella levanta la vista y sonríe.

Un poco más adelante hay un muelle techado desde donde la gente pesca, así que caminamos hacia allá y nos sentamos en la orilla que da hacia el agua. Las estrellas brillan y forman cruces de luz sobre las pequeñas olas negras del lago. Aimee está a punto de darle fin a su vaso de vino. Hubiera traído un par más. Cuando se lo termina, tomo el envase y lo lanzo dando vueltas hacia el cubo de basura que está como a seis metros de distancia. Produce un sonido metálico muy fuerte en el interior y exclamo:

—¡Canasta desde la zona de tres puntos!

Me premio con un trago de mi botellita y, para mi sorpresa, Aimee me pregunta si puede probar.

—¿Estás segura? Esta sustancia es bastante fuerte.

—Sólo le daré un sorbito para ver a qué sabe.

Voltea la botellita y le da algo más que un sorbito. A continuación, empieza a toser y ahogarse, y parece que los ojos se le van a salir de la cara. Le doy unas palmadas en la espalda, pero hay demasiada chamarra ahí atrás para que mi ayuda surta efecto. Finalmente, se calma y dice:

—¡Guau!, creo que se me fue por la tubería equivocada.

—Te dije que era fuerte.

—Seré más cuidadosa la próxima vez.

—¿La próxima vez? Así me gusta. Si te caes de la jirafa, tienes que volver a montarte de inmediato.

—Dame un par de minutos —los ojos le lloran pero está sonriendo, y no una de esas sonrisas enfermizas como las de antes. Se está divirtiendo de lo lindo.

Nos quedamos viendo hacia el lago por un momento.

—¿Sabes qué? —me dice—. Hay otra cosa que también me gustaría hacer. No es una gran aventura ni nada por el estilo, pero sería importante para mí.

—¿Qué es?

Mira mi botellita.

—¿Me das otro trago?

—¿Tan pronto?

Ella asiente. Esta vez sólo toma un sorbo. Cuando ve que eso no le provoca convulsiones, toma uno más grande.

—No está mal —me dice—. Quema un poco al bajar, pero no está mal.

—Sí, es bueno —bebo un trago yo también—. Entonces, ¿de qué trataba esta cosa importante?

—Bueno..., no es algo que haya compartido con alguien más, ni siquiera con mi amiga Krystal. Pero lo que realmente quiero hacer es irme a vivir con mi hermana a St. Louis e ir a la universidad donde ella va: la Universidad de Washington. Es muy buena escuela.

Me pregunto cuál es el gran secreto. Parece perfectamente normal querer hacer algo así.

—No hay razón para no hacerlo. Estoy seguro de que tus calificaciones son suficientemente buenas.

—No son mis calificaciones lo que me preocupa. Es mi familia. Mi mamá dice que tengo que quedarme aquí y ayudarla con la distribución de periódico, a pagar las cuentas y con todo. Ya no está tan bien como antes por sus problemas del corazón y demás. En un par de años, mi hermano podrá ayudar más, pero hasta entonces me inscribiré a una carrera técnica.

—Bromeas, ¿verdad? —me quedo mirándola, sorprendido de lo que está diciendo, pero ella se limita a bajar la mirada hacia el agua negra—. Digo, eres una chica genial y extraordinaria ¿y tu mamá te obliga a hacer una carrera técnica? De ninguna manera. Necesitas irte a St. Louis con tu hermana *tout de suite.*

Me explica por qué sería difícil. Su hermana, Ambith, tuvo una pelea enorme con su mamá después de irse a la universidad y ahora apenas se dirigen la palabra. Ambith consiguió una beca pero de todas formas tiene que trabajar de tiempo completo para sobrevivir. Así que cada dos días, más o menos, la mamá de Aimee le da un sermón sobre cómo la familia se colapsaría si ella renunciara a la distribución de periódico.

Y luego está Krystal Krittenbrink, que está planeando ir a la Universidad de Oklahoma, que está a sólo veinte minutos de distancia, así que está contando con que Aimee se quede cerca para seguir siendo su mejor y, probablemente, única amiga. Es ridículo.

—Guau, esta gente sí que te ha lavado el cerebro.

—¿Por qué?

—Mira, te han hecho creer que eres como Atlas, ya sabes, cargando el mundo sobre los hombros. Pero no. Tú eres solamente tú. Tienes tus propios problemas de los cuales preocuparte. Esto es lo que tienes que hacer. Primero, tómate otro trago de whisky, no grande, uno pequeño.

—¿Por qué?

—Confía en mí.

—Está bien —toma la botellita y la inclina—. ¡Uf! Este trago sí quemó.

—Muy bien, ahora quiero que repitas después de mí: "Déjame en pinche paz, puta Krystal Krittenbrink".

—¿Qué?

—Sólo hazlo.

Lo intenta pero en volumen demasiado bajo y sin el "pinche" y sin el "puta", pero no la voy a dejar salirse con la suya tan fácilmente.

—No —le digo—, tienes que decirlo en serio y tienes que decir "pinche" y "puta". Las malas palabras son absolutamente cien por ciento necesarias para algo como esto.

—Tal vez deba tomarme otro trago.

Le paso la botellita, le da un buen trago y lo vuelve a intentar. En esta ocasión sí le echa más ganas, excepto que todavía necesita trabajar en las malas palabras. Así que le digo que lo intente de nuevo, sólo que más fuerte, y le demuestro gritando hacia el lago: "¡Déjame en pinche paz, puta Krystal Krittenbrink!".

Y entonces grita la frase entera y le digo:

—Más fuerte —y lo grita realmente fuerte. Sé que debe sentirse bien porque lo grita otra vez sin que yo le insista y esta vez las palabras salen volando como un gran trozo de roca ígnea afilada que atraviesa el lago envuelta en llamas.

A continuación, consigo que se suelte una contra su mamá y luego otra contra Randy, el novio holgazán, bueno para nada, bebedor de Dr Pepper. Es increíble. Ambos estamos gritando, una tras otra.

—¡Déjame en pinche paz, puta Krystal Krittenbrink!

—¡Déjame en pinche paz, Randy hijo de puta!

—¡Déjame en pinche puta maldita paz, mamá!

Prácticamente se alcanzan a ver todas las criaturas oscuras que ha cargado en su estómago salir disparadas en la estela de cada alarido volcánico. Gritamos más y más fuerte hasta que, finalmente, nos reímos tanto que apenas podemos decir una palabra. Nunca la había visto reírse así.

Es un verdadero espectáculo, una maravilla, como la torre Eiffel o el Perrito de la Pradera más Grande del Mundo.

—Se siente bien, ¿no?

—No —responde—, ¡se siente *maravilloso*!

—Y ahora sólo nos resta una más por hacer. Una persona más a quien gritarle.

—¿Quién?

—Al tipo que te rompió el corazón.

—¿Qué tipo?

—Vamos, ¿no me vas a decir que nadie te ha roto el corazón, o sí?

Se queda viendo hacia el agua y juega con sus dedos.

—Vamos —le insisto—. No puedes llegar a los diecisiete sin al menos una relación horrenda que te licúe el cerebro.

Se tarda un rato antes de hablar.

—La verdad es que nunca he tenido una relación.

—Bueno, no tiene que ser una cosa gigante o densa. Solamente un tipo que medio haya salido contigo alguna vez.

Se queda mirando sus manos.

—Los chicos no me ven así.

—¿De qué estás hablando?

—Los chicos no me ven como un prospecto de novia, ¿sabes? No consideran que sea bonita y ese tipo de cosas.

Esto es brutal. Digo, de acuerdo, no es una máquina sexual súper atractiva, pero tampoco es una gárgola.

—Estás loca —le digo—. ¿No notaste cómo estaban coqueteando contigo Cody Dennis y Jason Doyle hace un rato?

—No lo hicieron.

—Claro que sí. Eres una dulzura. Digo, mira tus suaves cejitas, tu linda boquita que hace pucheros. Eres sexy.

—Sí, claro —la chica no me puede mirar a los ojos—. Me dices eso solamente porque eres buena persona.

—¿Yo, buena persona? ¿Bromeas? No soy buena persona. Lo digo totalmente en serio. Digo, si no fuera en serio, ¿haría esto?

Le inclino la barbilla hacia arriba y le planto un gran beso. Y no me refiero a esos besos educados, fraternales, de chico bueno. Estoy hablando de un beso con lengua, largo, profundo, hasta las muelas, con todos sus aditamentos.

—¡Uf! —dice cuando me retiro.

—Claro que uf —y sólo para asegurarme de que le quede claro, le doy otro. ¿Qué otra cosa puedo hacer, dejar que esta chica se quede sentada aquí en el muelle, bajo la luna, pensando que está condenada a ir por la vida sin novio?

Capítulo 33

Las crudas son complicadas. Se parecen a la gente bromista. Nunca sabes bien a bien por dónde te van a atacar. Antes las disfrutaba. No me daban jaqueca ni me sentía mal del estómago ni nada parecido. Más bien me sentía purificado. Redimido. Si la fiesta del día anterior había sido especialmente intensa, la sensación que tenía era de ser un superviviente, como Robinson Crusoe después del naufragio, llegando a la playa del nuevo día listo para la siguiente aventura.

Sin embargo, últimamente, mis resacas se han tornado malvadas. Son lo opuesto de esa excelente sensación de redención: un impreciso sentimiento de culpa. Tal vez sea sólo cuestión de química, que el viejo cerebro empieza a hacer falsos contactos y cortocircuitos. O tal vez se derive de no poder recordar exactamente todo lo que hice la noche anterior.

Por ejemplo, no recuerdo exactamente cómo regresé a casa sin que mamá y Geech se enteraran de que salí.

Normalmente, le achacaría esto a ser el borracho consentido de Dios, que me protege en mi hermosa intoxicación, pero luego me pregunto qué más pude haber hecho la noche anterior, qué dije, qué hice y con quién lo hice. Y luego, acto seguido, termino pasando medio día sintiéndome como el Anticristo cuando en realidad no hice nada para lastimar a nadie.

Ése es el tipo de resaca que tengo la mañana después de la fiesta. Digo "mañana" aunque en realidad despierto después del mediodía. Por algún motivo, en cuanto abro los ojos, me preocupo por Aimee. Es ridículo. No hice nada salvo intentar darle confianza a esta chica. Los besos le gustaron. De eso no cabe duda. Y, para ser sincero, a mí tampoco me molestaron. Le hubiera dado otro cuando la llevé a su casa, pero tuve que sostenerle el cabello mientras ella vomitaba desde la entrada.

Aunque tengo mis dudas sobre lo que sucedió entre el momento en que salimos del muelle y cuando al fin nos dimos las buenas noches. Intento recordar todo lo que hablamos en el coche camino a casa, pero mi memoria es como un reloj descompuesto al cual le faltan piezas. Sé que hablamos sobre hacer otra cosa juntos, pero no estoy seguro de qué fue. Tengo la inquietante sensación de que le dije que la llevaría al baile de graduación, pero eso quizá sea un truco que me está jugando la cruda. Digo, ¿por qué haría eso? Todavía falta bastante para la graduación y es probable que ya esté nuevamente con Cassidy para entonces.

Luego, otro recuerdo se infiltra en mi cabeza, y esta vez estoy bastante seguro de que sí lo hice. Le dije que la ayudaría con la distribución de periódico esta mañana. Y sí tenía la intención de hacerlo. Sinceramente quería levantarme a las tres de la mañana y conducir hasta su casa con un gran termo de café instantáneo. Pero, aparentemente, no puse el despertador. Fue un error; no fue deliberado. Le puede suceder a cualquiera. De todas maneras, la idea de ella sentada esperando en su entrada fría es suficiente para hacer sentir como el Anticristo inclusive al mismísimo papa.

Lo mejor que se puede hacer para una resaca como ésta es darse un baño, consumir una buena proteína, tomar un trago de whisky y dirigirse a casa de Ricky. Nada mejor para sentirse normal que estar cerca de tu mejor amigo. Mamá y Geech estarán fuera haciendo relaciones públicas toda la tarde, así que no debo tener problema para escaparme, excepto por una situación extraordinaria. Cuando llamo a casa de Ricky, su madre me dice que no ha regresado todavía de la iglesia con Bethany. Esto es asombroso. ¿Ricky en la iglesia? ¿A dónde ha venido a parar el mundo?

Por suerte, me llama como una hora después y lo convenzo de que vayamos al centro comercial para nuestra rutina de ver pasar personas. No le menciono nada sobre la iglesia. Todavía no. Mientras nos dirigimos al centro comercial, noto que no enciende un churro. Cuando le pregunto, me dice que ya se le acabó la hierba.

—¿No tienes? ¿Desde cuándo se te acaba a ti?

—Te dije, hermano, estoy intentando fumar menos. Digo, ¿qué sentido tiene estar drogado todo el tiempo? Ya no es especial. Ya no es una celebración.

—Supongo que es una manera de verlo —realmente empiezo a desear nunca haberlo juntado con Bethany.

—Además, se vuelve un poco cansado cuando vas a ver una película y estás tan drogado que miras la cartelera y piensas que la hora de inicio de la película es el precio del boleto. Digo, recuerdo haber estado ahí pensando: "¿Diez con quince? ¿Qué tipo de precio es diez dólares con quince centavos?". Se vuelve molesto.

—Sí, en una ocasión le estaba poniendo gasolina al coche y pensé que el número de litros era el precio. Incluso me puse a discutir con la cajera. Fue comiquísimo.

—Digo, de todas maneras puedo conseguirte un poco, si quieres.

—Gracias, ya me conoces, sólo fumo si he tomado un poco antes. Además, mi cerebro está suficientemente raro con esta cruda.

—¿Te pusiste una buena anoche?

—No diría que una buena. Sólo ampliamente fortificante.

Capítulo 34

En el centro comercial, compramos un par de *lattes* y nos estacionamos cerca de la escalera eléctrica en la posición óptima para ver pasar a la gente. Lo malo es que no logro deshacerme de la sensación de que todos me observan a mí en vez de que sea al revés. No es cierto, pero tengo como una paranoia extraña que me hace sentir como si no perteneciera a este lugar, así como sucede a veces si no bebes suficiente antes de fumar una hierba potente. Como si todos los demás fueran algo normal, perros beagles o salchicha, y yo fuera una extraña cruza peluda entre un perro de Terranova y un poni shetland. Prácticamente los alcanzo a escuchar pensando: "¿Qué diablos hace este poni shetranova con un *latte* por aquí?".

Ricky me dice:

—La gente está un poco aburrida hoy —a lo que le contesto:

—Eso es porque no estás drogado. Yo podría tomarme un trago.

—Pensé que ibas a beber menos.

—¿De dónde sacaste esa idea?

—De ti. Estuvimos hablando de eso. Te dije que yo iba a irme de fiesta solamente los fines de semana.

—Es domingo, hermano. Sigue siendo oficialmente el fin de semana.

—Ya sabes a qué me refiero. Deja de excederte. Todo con moderación.

—¿Todo con moderación? ¿Qué te pasa? Nada de hierba, a la iglesia los domingos. Escucha, amigo, nacimos para ser criaturas de la selva. Nacimos para recorrer el mundo silvestre con nuestros taparrabos y cerbatanas y cuchillos. Ahora mírate. Al rato me vas a salir con que te tengo que llamar Diácono Ricky. Estarás sermoneándome sobre las llamas y el azufre. Y yo te diré: "Solía conocer a un tipo que pensaba que la religión quería convertirnos a todos en zombis".

Sacude la cabeza.

—Hermano, ¿para qué necesito una cerbatana? ¿Qué voy a hacer, cazar una hamburguesa de McDonald's? De cualquier forma, solamente fui a la iglesia porque eso hace ella.

—¿Saben decir *hipócrita*, niños y niñas?

—Vete al diablo, Sutter. No soy hipócrita.

No le permitiré salirse con la suya así de fácil.

—Sí, es como *El amanecer de los muertos vivientes* de nuevo, pero con Ricky el zombi en el papel principal, tambaleándose por el centro comercial. ¿Ves a ese tipo que está bajando de la escalera eléctrica? Así vas a ser tú, con sandalias, calcetas y una cangurera, llevando a tu hijo con correa.

Ricky se ríe a pesar de que el comentario va dirigido a él.

—Hermano —me dice—, no sabes de lo que estás hablando. Para empezar, no tengo nada en contra de la religión. No es que no crea en algo parecido a Dios. Lo que me molesta es esa actitud de superioridad moral. Además, no estoy buscando salvarme. Solamente voy con ella porque eso es lo que se hace cuando estás en una relación. ¿Entiendes? Te sientas en la tercera hilera de bancas y te pones a pensar en lo desesperadas que deben estar estas personas por sentir que algo los ama. Creerán en cualquier abracadabra. Pero a tu novia le gusta y a ti te gusta ella, así que lo haces. Se llama compromiso. La única manera de lograr que algo dure en este mundo es trabajar en eso.

—Ajá. Y entonces durará para toda la eternidad —lo digo completamente sarcástico—. ¿Pero no eras tú el tipo con la teoría de la obsolescencia incluida?

—Eso no significa que deba darme por vencido. Así no es como funcionan las relaciones.

—Escúchate. Has tenido novia por dos semanas y de repente ya eres el Gurú del Amor.

—Por lo menos tengo novia.

Me hundo un poco en mi asiento.

—Eso fue un golpe bajo.

—Perdón, pero, ya sabes, si quieres volver con Cassidy vas a tener que cambiar algunas cosas.

—No te he platicado —le cuento sobre el correo de Cassidy y nuestra pequeña conversación en la fiesta de anoche—. ¿Es obvio, no? Está buscando otra vez al Sutterman.

—¿Tú crees? Entonces ¿por qué acabamos de encontrarnos a Shannon Williams en la iglesia y nos contó que Cassidy fue con Marcus a la fiesta y te vio metiéndote al bosque con una chica de chamarra morada gigante, quien asumo que era Aimee Finecky?

—Hey, no importa con quién se haya ido Cassidy anoche. Lo que importa es con quién termine y para finales de la próxima semana puedes apostar que seré yo.

—¿Y estás usando a Aimee Finecky para que sienta celos, eso es?

—No, no es eso. Ya te expliqué todo este asunto con Aimee.

—¡Ah, claro!, la vas a rescatar del abismo. Pero, déjame preguntarte algo: ¿qué va a pasar si se enamora de ti?

—¿Enamorar? —le doy un trago a mi *latte*. Está un poco amargo—. Créeme, amigo, no hay manera de que esta chica se enamore de alguien como yo.

Capítulo 35

Los siguientes días en realidad no me la paso evitando a Aimee. Simplemente no estoy haciendo un esfuerzo por encontrármela. Después de todo, no tenemos ninguna clase juntos. A Cassidy, sin embargo, me la encuentro en todas partes: en el estacionamiento, en las escaleras, afuera del baño de mujeres. Sólo me la encuentro un par de veces con Marcus, así que podemos conversar a gusto, reírnos, ponernos cariñosos tocándonos el brazo, la espalda, ese tipo de cosas.

Para el jueves volvemos a estar completamente cómodos en el uno con el otro. Prácticamente somos íntimos.

—Entonces —me dice—, ¿tienes que trabajar en la tarde?

—No, Bob me dejó sólo tres días a la semana.

—¿Sigues castigado?

—Supongo que no. Mamá y Geech realmente no están interesados en llevar un control de algo así por mucho tiempo.

—Bien, porque necesito ir de compras y me gustaría ir acompañada. ¿Quieres venir conmigo?

—Tal vez, si me tuerces el brazo.

Me toma de la muñeca, con fuerza, y yo grito:

—¡Me rindo, me rindo, está bien!

—Pasa por mí a las dos —me dice—. No llegues tarde.

Muy bien, voy a seguir el consejo de Ricky, al menos un poco. Según él, debo hacer algunos cambios para ganarme de nuevo a Cassidy, así que eso haré. Me prometo a mí mismo que llegaré a tiempo a recogerla y ¿qué creen?, lo hago.

Se ve muy sexy. Trae un suéter tejido, jeans azules, botas, arracadas de oro. La chica sabe cómo arreglarse sin que parezca que hizo un esfuerzo. Vamos a varias tiendas, Old Navy, Gap, una tienda local que se llama Lola Wong's, pero no tienen el tipo de pantalones que quiere comprar para el regalo de cumpleaños de su amiga Kendra.

Debo admitir que, en el pasado, cuando iba de compras con Cassidy, la mitad del tiempo me la pasaba esperándola en el auto. Es decir, no comprendo la fascinación femenina con las compras. En mi caso, yo lo que quiero es entrar, comprar lo que necesito y salirme. Las chicas no funcionan así. Para ellas es como una investigación policiaca. No dejarán ni una sola pieza de evidencia sin inspeccionarla a fondo. Casi van portando sus maletines de equipo forense.

Pero ahora soy el Sutter nuevo y paciente. Entro a cada tienda, veo cada uno de los artículos, asiento y le respondo con expresiones de estar escuchando: Mmm, oh, ajá. Incluso le permito que sostenga los pantalones frente a mi cintura para ver cómo van a lucir. Como si Kendra y yo tuviéramos un cuerpo remotamente parecido. A mí, todos los pantalones me parecen iguales, pero ninguno se acerca a lo que Cassidy está buscando. Por suerte, no olvidé mi botellita.

En realidad es bueno que visitemos tantas tiendas. Quiero que esta tarde sea larga. Nos da a ambos suficiente tiempo para beber unos tragos de whisky y lograr pasar de ese incómodo acto de equilibrio del ex novio y la ex novia intentando fingir que ahora son sólo amigos. Para cuando nos vamos de Lola Wong's, ya vamos divertidísimos, caminando juntos, jugando a empujarnos con los hombros, riéndonos de lo que sea, hacemos todo menos tomarnos de la mano.

Me dice que al diablo con las compras, que le encontrará unos pantalones a Kendra después, así que lleno el tanque del coche para ir a dar una vuelta. No importa a dónde nos dirijamos. No tenemos que estar en ningún lado. La tarde es nuestra.

Desvío la conversación a los buenos tiempos de antes: las fiestas, los conciertos, la casa embrujada en Halloween. Hay historias graciosas en cada recuerdo. Uno de ellos realmente la emociona, la del agosto pasado cuando estábamos sentados en mi techo bajo la lluvia y nos tocó ver una encrespada tormenta eléctrica hacia el oeste. Se movía en dirección a nosotros, pero no nos importó.

—Fue increíble —recuerda con un brillo en su mirada—. La lluvia se sentía tan agradable en mi piel. Y los relámpagos tronaban por todo el cielo, fue mejor que cualquier espectáculo pirotécnico. Bueno, seguro fue muy peligroso, pero no sé, podía sentir la electricidad como si fluyera por mis venas o algo.

—No fue peligroso —le contesto—. Éramos inmunes a los rayos esa noche. Teníamos un hechizo sobre nosotros.

—Es cierto. Sí teníamos un hechizo —hace una pausa por un segundo—. No sé cuántas veces me he sentido así, tan sólo un puñado. Y todas han sido contigo.

Le dedico la vieja sonrisa de Sutter.

—Bueno, ya me conoces, el Sorprendente Sutter, maestro de la prestidigitación.

—Lo eres —sonríe y mira por el parabrisas—. Atraes la magia. Lo siento en este momento. Es como si nada pudiera alcanzarnos, como si todo lo demás en el mundo, los problemas, las responsabilidades, simplemente hubieran desaparecido. Estamos en nuestro propio universo. Extrañaría mucho eso si lo perdiéramos.

Le doy un apretón a su cuello.

—No tienes que extrañarlo. Está aquí mismo. No hay preocupaciones ni miedos, sólo una gran tarde de jueves envolviéndonos en sus brazos.

Se acerca a mí y acurruca su cabeza contra mi hombro.

—Así es —me dice—. No hay nada más que el ahora. No quisiera pensar en nada salvo eso. ¿Está bien? ¿Podemos hacer eso?

Froto mi mejilla contra su cabello y le digo:

—Oye, estás hablando con Sutter. Por supuesto que podemos hacer eso.

Para cuando llegamos de regreso a mi casa, ya nos terminamos la botellita y comenzamos a beber cerveza, pero apenas estamos empezando. No sé cuántas veces nos hemos besado en el sillón de la sala, pero besar a Cassidy nunca fue más dulce. Sus manos se mueven bajo mi camisa como hurones inquietos y las mías hacen lo mismo bajo su suéter. Cada vez que empiezo a decir algo, su boca se adhiere a la mía.

Es un reto seguirla besando mientras vamos subiendo las escaleras, eso sin mencionar que nos vamos quitando la ropa al mismo tiempo, pero ya saben cómo dice el dicho: hay que hacer lo que hay que hacer. Cuando nos recostamos en mi cama, tengo una sensación en el pecho como si fuera a reventar y brotaran de ahí un montón de colores nunca antes vistos. Su cuerpo nunca se ha visto más hermoso, excepto tal vez la primera vez que lo vi.

—Ya sabes lo que siento por ti —le digo, y ella dice:

—No hables.

Entonces pasa algo extraño. Sus manos dejan de juguetear y su cuerpo se atiranta. Yo todavía la estoy besando profunda y firmemente, pero ya no me besa de regreso. Es como gritar a través de un cañón hermoso y esperar el eco que nunca retorna.

Por lo que le pregunto:

—¿Qué pasa?

—Nada, sólo sigue.

—¿Qué quieres decir con "sólo sigue"?

—Sólo sigue y hazlo —ahora está acostada absolutamente quieta. Tiene los ojos cerrados y toda la electricidad desapareció de ella.

Me recargo sobre el codo y la miro.

—No lo puedo hacer si vas a estar así.

Por supuesto, parte de mí está pensando que *físicamente* podría hacerlo, pero no sería nada bueno. Lo magnético del sexo es que quieres que la otra persona te desee a *ti*. Digo, eso es lo que nos separa de los animales. Eso y los cortes de cabello.

—¿Estás pensando en Marcus o algo? —odio mencionar el nombre de otro tipo cuando estoy en la cama con una chica desnuda, pero es una pregunta que tiene que hacerse.

Aprieta más los ojos.

—¿Estás acaso enamorada de él?

—No quiero hablar de él en este momento —su labio inferior está temblando.

—Es una respuesta de sí o no. No estoy pidiéndote que redactes varios párrafos.

—No sé —las lágrimas empiezan a fluir—. Tal vez. Estoy muy confundida en este momento.

—¿Y yo qué? ¿Qué pasó esta tarde?

—Eso es lo que me tiene tan confundida —hace una pausa sorbiendo un poco la nariz. Parece que esto se va a convertir en uno de esos llantos de cara completamente roja y mucha mucosidad—. Esta tarde ha sido maravillosa, en verdad.

—¿Pero?

—Pero, ya sabes, es solamente una tarde.

—Habrá otras tardes.

—Lo sé. Y créeme, no me divierto con nadie como me divierto contigo, pero no puedo ir por ahí divirtiéndome todo el tiempo. También tengo mi lado serio.

—Oye, yo soy serio. Soy cien por ciento serio cuando se trata de no ser serio. Ése es un verdadero compromiso.

—Sé que lo eres —se mueven hacia arriba muy ligeramente las comisuras de sus labios—. Pero ya sabes cómo son las cosas con Marcus: tiene un plan. No sólo habla sobre hacer una diferencia en el mundo sino que sale y lo hace. Pero a veces es demasiado. Bueno, ya tiene todo un plan sobre a dónde se dirige nuestra relación, cómo puedo irme a la universidad a Nuevo México con él y después de un año empezaremos a vivir juntos y luego nos casaremos en cuanto terminemos la carrera.

—¿Casarse? ¿Ya está hablando de casarse? Después de qué, ¿dos semanas? ¿Este tipo no conoce la definición de *tétrico*?

—Y a veces me hace sentir como si fuéramos responsable de resolver los problemas de todas las personas sin casa, pobres, con hambre o con mala suerte en esta ciudad. Y créeme, también me importan esas cosas. De verdad. Me has escuchado hablar de eso un millón de veces. Pero no puedo pensar en el tema todo el tiempo. A veces también tengo que relajarme, olvidarme de todo lo demás y simplemente vivir en el *aquí* y el *ahora*.

—Por supuesto. A todos nos hace falta. Vas por ahí preocupándote de tantas cosas constantemente que cuando te das cuenta ya te estás provocando un aneurisma. Te empieza a brotar sangre de las orejas. Los doctores te llevan a la sala de emergencias gritando "de inmediato" y "código azul" y demás. ¿No quieres eso, verdad?

—No, no quiero eso. Pero tampoco quiero solamente tardes de jueves. No quiero sólo momentos. Quiero una vida completa.

—Cassidy, no lo sabes, la vida está conformada por tardes de jueves. Simplemente tienes que seguir teniéndolas, una tras otra, y todo lo demás se irá solucionando.

Abre los ojos y me sonríe con calidez. Hay amor en esa sonrisa pero no el tipo de amor que perdura.

—Desearía que pudiera ser así —me dice—. No sabes cuánto desearía que pudiera ser así.

—Puede ser. Simplemente tienes que creerlo.

—Supongo que ése es mi problema —responde—. Soy demasiado realista.

Ya puedo ver a dónde se dirige esta conversación, y no va a terminar en eso de "y vivieron felices para siempre". Lo mejor que puedo hacer es adelantarme y llegar a la conclusión antes que ella.

—Está bien —le beso la frente y le doy una palmadita en el hombro—. Tú y yo podemos ser sólo amigos, entonces. Ven conmigo cuando necesites reír. Puedes tener tu vida *real* con Marcus.

Se acerca y me acaricia la mejilla. Las lágrimas ya corren en arroyos hacia las comisuras de su sonrisa.

—Realmente eres mágico, Sutter. Y desearía que eso fuera suficiente. En verdad lo deseo.

Quiero decirle que sí es suficiente. Quiero jurarle al rey del rey de reyes que es suficiente. Pero la magia de esta tarde ya se agotó.

Capítulo 36

El viernes me emborracho con Jeremy Holtz y Jay Pratt y rompemos algunas cosas. Nada grande. Adornos de jardín, fuentes para aves, macetas. Básicamente ellos rompen y yo pateo con fuerza un par de arbustos. Se siente bastante bien.

En la noche del sábado hay una fiesta de motel. Más o menos una vez al mes alguien renta un par de habitaciones conectadas en algún motel local para hacer una fiesta de cumpleaños. Este sábado es para la amiga de Bethany, Courtney Lane. Juegan softbol juntas. No la conozco bien, pero Ricky me invitó a salir con él y Bethany. Por fin. Empezaba a preguntarme si en realidad no quería que me le acercara a su novia. Por supuesto, también puede ser que sienta un poco de pena por mí después de que le conté lo que sucedió con Cassidy el jueves.

Personalmente, siempre pensé que Courtney era un poco aburrida, pero esta fiesta es en uno de los mejores moteles cerca del aeropuerto, así que existe la remota posibilidad de que sea divertida. Por lo menos es interesante finalmente poder estudiar a Ricky y Bethany como pareja.

En el camino al motel, al principio intentan incluirme en su plática, pero eso dura como cinco minutos. Después Bethany empieza a contar que sus padres van a construir una habitación adicional en su casa y cómo planean decorarla en estilo francés temprano o algo así. Ya saben, el tipo de tema aburrido que a las chicas les encanta pero que hace que a los hombres se les nuble la vista.

Lo gracioso, sin embargo, es que Ricky entra de lleno a la conversación. Está completamente involucrado y habla sobre cómo diseñaría su propia casa y qué tipo de muebles pondría y Bethany le responde con sus propias ideas. No lo puedo creer. Es como si estuvieran practicando para el día que compren una casa juntos.

Para mí, esto parece ser un gran error de principiante de parte de Ricky. Cuando una chica empieza a hablar sobre el FUTURO yo intento cambiar el tema de inmediato. Ya aprendí a no meterme en conversaciones sobre casas, bodas, carreras o hijos. Esos temas son como arenas movedizas. Te jalan al fondo antes de que te enteres de qué está pasando.

Un día, cuando salía con Kimberly Kerns, ella sacó el tema de qué-tipo-de-casa-quieres, y yo le respondí que me gustaría tener una casa en un árbol. Por alguna razón, eso la hizo enojar, como si estuviera faltándole al respeto o algo. Fue absurdo. Digo, ¿han visto alguna vez esas casas condominio en los árboles que están construyendo en Costa Rica?

En fin, es como si Ricky y Bethany se hubieran olvidado de que vengo en el asiento de atrás. Están pasando por cada una de las habitaciones de su casa imaginaria, describiendo todo desde los cuadros hasta los portavasos. Como mejor amigo de Ricky, me imagino que tengo que desviar la conversación antes de que lleguen al cuarto del bebé.

—¿Qué es este paquete que traen acá atrás? —interrumpo para averiguar qué es la caja envuelta en papel brillante que viene en el asiento de al lado.

Ricky me dice que es el regalo que le compraron a Courtney. Así que pregunto:

—¿Se suponía que teníamos que traer regalo?

Bethany responde:

—Es una fiesta de cumpleaños, ¿sabes?

—Sí —contesto—, pero por lo general una fiesta en un motel es solamente para emborracharse.

—Bueno —dice Bethany—. Ésta será para divertirse.

—¿Cuál es la diferencia?

—No te preocupes —añade Ricky—, estoy seguro de que no todos van a traer regalo. Puedes considerar el costo de entrada como tu regalo.

—¿Qué? ¿Hay que pagar entrada? ¿Regalos? ¿Qué son estas personas, un montón de capitalistas?

Ricky se ríe, pero Bethany no. Es extraño, sin embargo. ¿Por qué debería pagar por mi entrada? Traigo mi propio whisky.

He de admitir que el motel está por encima de lo que se acostumbra para este tipo de fiestas. Hay un club en la parte de abajo, una piscina techada, un gimnasio y un patio interior con mesas de billar, ping-pong y juegos electrónicos. Las suites conectadas son bastante lujosas. Más grandes que lo normal.

Desafortunadamente en esta fiesta el ambiente carece de electricidad. Cuando llegamos, sólo hay seis personas sentadas por ahí platicando. Pusieron una grabadora microscópica que está tocando alguna tonada tibia a un volumen tan bajo que casi no se alcanza a escuchar. Los regalos están acumulados en el rincón y un gran pastel blanco de Walmart descansa en el buró. Tienen dos hieleras, una con cervezas y la otra con cocas.

Escucharon bien: ¡*cocas*!

Lo bueno es que traigo mi confiable botellita.

Desde el principio, me queda claro que no voy a poder socializar mucho con Ricky. Él y Bethany están perdidos el uno en el otro. Se quedan ahí platicando, mirándose a los ojos, sin más de cinco centímetros de espacio entre ellos. Están haciendo el doble agarre de manos. En poco tiempo empezarán a llamarse el uno al otro corazón y bombón. He aquí mi problema con las muestras públicas de afecto: son antidemocráticas. Es como si tuviéramos una pareja que reina sobre su propio pequeño universo y no invita a nadie más. Mi universo es demasiado vasto para eso. Cuando estoy a solas con una chica, es distinto, pero, mientras tanto, soy de los que dicen: ¡Vengan todos para acá! ¡Traigan a sus primos, traigan a sus perros! Nadie está excluido. Pero aquí tienen a mi mejor amigo, prácticamente construyendo un muro fronterizo para mantenernos fuera a los demás.

Llega más gente, en su mayoría parejas. Muchas son chicas del equipo de softbol con sus novios. Entonces llega Tara Thompson, sola, y me queda claro que aquí hay algo sospechoso. Es muy probable que juntarme con ella haya sido la razón principal por la cual me invitó Ricky a que los acompañara. Claro, me gusta Tara. Tara es maravillosa. Saldría con ella en un segundo si no hubiera sido por el fiasco de Cassidy. Pero eso es lo que me caga. Ricky sabe eso. Le he dicho que no saldré con ella jamás. Y de todas formas está conspirando en mi contra.

Ahora bien, la fiesta ya no solamente está aburrida, sino que se vuelve incómoda. Ahí me tienen platicando con un grupo de tipos que hablan de tenis, para colmo, mientras Tara platica del otro lado de la habitación con Courtney y lanza miradas en mi dirección como cada quince segundos. No hay nada que hacer salvo darle un buen buen bajón a mi botellita.

Bien, podría ir a hablar con ella. Después de todo, probablemente sea la persona más divertida del lugar. Pero entonces estaría dándole esperanzas. Cuando estuvimos juntos en los Jardines Botánicos aquella noche, todo estaba bien. Yo tenía novia. Era como tener un campo de fuerza a mi alrededor que mantenía las expectativas románticas bajo control. Tara y yo podíamos hablar de lo que fuera. Incluso podíamos abrazarnos. Pero era sólo como amigos.

Intento con la suite de al lado. Es menos incómodo pero el factor aburrimiento está por los cielos. Todos están sentados alrededor de una chava que se llama Taylor algo que está tocando la guitarra y cantando canciones cristianas contemporáneas. Nadie parece pensar que la selección de entretenimiento sea extraña para una fiesta cervecera. Y está bien por mí, en serio. Incuso Jesús a veces necesita irse de fiesta. Simplemente es aburrido.

Por supuesto, siento la obligación de inyectarle un poco de sabor a todo esto. Así que cuando termina la canción, me pongo de pie, me subo a una silla y digo:

—Eso estuvo fabuloso, Taylor —le doy una ronda de aplausos—. Ahora permíteme intentar una a mí. Taylor, a ver si puedes tocar conmigo.

Empiezo con una canción original de Sutter Keely que voy inventando sobre la marcha, algo con influencia caribeña.

Escuchen a Sutter Keely.

Escuchen al Sutterman.

Soy el rey del cuchi cuchi.

El maestro de enamorar.

—¡Vamos todos, bailen conmigo! —hago un movimiento sugerente de cadera.

A bailar la obscena rumba.

A bailar el baile cochinón.

Denme un humba-bumba

Que sea en mi calzón.

Sí, sí, sí.

Que sea en mi calzón.

Ahora bien, pensarán que todos entran en ambiente y quieren cantar mi canción, pero no. Se ponen en el plan de "Ya déjalo, Sutter. Queremos escuchar a Taylor tocar música de verdad" y "¿No se suponía que te habías ido a una clínica de adicciones?".

Ricky y Bethany observan desde el marco de la puerta entre las dos habitaciones. Ricky sonríe, pero Bethany me mira como si yo fuera el poodle que se acaba de cagar en la alfombra.

—Hey —digo—. Solamente intento ser de utilidad. No era mi intención distraerlos del funeral ni nada por el estilo.

Me bajo de la silla, me acerco a Ricky y le digo:

—Cuando estés listo para irte del mausoleo, estaré abajo en la sala de juegos.

Capítulo 37

No soy muy fanático de las maquinitas de juegos de video, pero cualquier cosa es mejor que esa fiesta. En el restaurante de abajo me compro un 7UP para llevar y, mientras me dirijo al patio interior, escucho a una chica gritar:

—¡Oye, Carmine!

Cruzando el lobby con tres amigas viene mi ex novia Shawnie Brown, de la época de cuando me volvían loco las chavas de cabello negro y ojos cafés. Carmine es el nombre que me puso para cuando hablamos como mafiosos italianos cada vez que nos encontramos. De hecho, ambos somos Carmine, así que le grito de regreso:

—¡Eh, Carmine! ¿*Come stai*?

Les dice algo a sus amigas y se dirigen a los elevadores mientras ella se acerca a mí. Tiene una manera de caminar muy sexy.

—Me ha ido *bravissimo*, Carmine. ¿Qué estás haciendo aquí?

—Nada. Solamente intento poner algo de *distantzia* con esos apretados de allá arriba y su tonta fiesta aburrida. ¿*Capisci*?

—Ah, yo iba en dirección a esa fiesta, ¿está *malítzima*?

—¡Bah! Olvídalo.

—No, tú olvídalo.

—Heey, no me *pretziones*.

—No, *tú* no me *pretziones*.

Podríamos seguir así, pero nos causa demasiada risa.

—Entonces, en serio —dice cuando termina de reír—. ¿La fiesta está aburrida?

—¿Recuerdas esa fiesta a la que fuimos en segundo en casa de Heather Simons y que resultó que sus padres estaban ahí?

—¿Así de mala?

—Tal vez no tanto, pero casi.

—Qué desperdicio. Y yo que apenas empiezo a ponerme en ambiente. ¿Qué traes en ese vaso, whisky con 7UP?

—Por supuesto, ¿quieres un trago?

—Claro —toma un trago y me devuelve el vaso.

Le explico la situación de la cerveza aguada de arriba y sugiero que vayamos a comprarle un 7UP y que luego lo fortalezcamos con un poco de mi Seagram's.

—Hay una mesa de ping-pong en el patio interior. ¿Te animas a una partida?

Me lanza una mirada socarrona.

—Sabes que te voy a dar una paliza, como en los viejos tiempos.

—De ninguna manera —le respondo—. Ahora estoy tomando esteroides. Mi cabeza ha crecido seis tallas de sombrero.

Se ríe.

—De todas formas te daré una paliza.

Resulta que la única razón por la cual Shawnie se convenció de venir a la fiesta de Courtney fue que sus amigas pensaron que podrían encontrar tipos guapos. Esto es noticia para mí, porque Shawnie estuvo saliendo con un tipo que se llama Dan Odette durante seis meses. Le pregunto qué pasó con él y me dice:

—Me desesperó. Es demasiado posesivo.

—Así resultan siempre las cosas con el chico malo y peligroso.

—¿Por qué no me lo dijiste antes de que saliéramos?

—¿Me habrías escuchado?

—No, probablemente no.

—Supongo que somos un par de solteros de fiesta por la ciudad. Fabuloso, ¿no?

—¿No extrañas a Cassidy?

—Ya la superé.

—Claro, tú trata de convencerte a ti mismo de eso.

Después de que compramos su 7UP y lo mezclamos a fondo con whisky, nos dirigimos al patio interior. Lo del ping-pong no era broma. De nuestros tres juegos, no gano ni uno. Esta chica siempre ha jugado ping-pong en serio, sin importar cuánto beba. Sin embargo, no me molesta. No soy de esos machos que piensan que es una suerte de desgracia perder ante una chica. Sugiero en broma que vayamos al gimnasio para poder vengarme y derrotarla en levantamiento de pesas, pero ella está dispuesta a intentarlo. Y me dice:

—¿Me vigilas mientras levanto cinco kilos?

—¿Bromeas? Te vigilaré si levantas veinte kilos y de todas maneras te ganaré —lo cual, por supuesto, es una exageración. Shawnie no es ninguna debilucha.

El gimnasio es bastante agradable. Como es sábado en la noche, somos los únicos raros que están ahí, pero no hay pesas, solamente caminadoras y bicicletas fijas. Está bien. Nunca me faltan ideas.

Me subo a una de las bicicletas y le digo:

—¿Qué tal una carrera?

Ella sonríe.

—Ya vas.

Es bastante chistoso. Ahí vamos, lado a lado, pedaleando como un par de Lance Armstrongs. Ambos vamos narrando el recorrido y, por supuesto, yo voy ganando en mi narración y ella va ganando en la suya. El punto es, sin embargo, que montar en bicicleta, incluso una fija, puede ser difícil después de unos cuantos buenos whiskies. Al menos para mí. Justo cuando me estoy imaginando que rebaso a toda velocidad en la recta final de la carrera, mi pie se resbala del pedal, me caigo al piso y me golpeo la cabeza con el manubrio izquierdo. No es una caída menor. Digo, me duele.

Por supuesto, Shawnie no puede parar de reír. Yo estoy revisándome la frente para ver si me salió sangre y a ella le ruedan las lágrimas por la cara de tanta risa.

Y le digo:

—Hey, estoy herido.

—Perdón, pero deberías haberte visto —sigue riendo cuando se acerca a ayudarme a levantarme.

—¿Sabes? —me dice—, eso es algo que siempre me gustó de ti. Nada te avergüenza.

—La vergüenza es una pérdida de tiempo. Pero ¿dónde está ese jacuzzi? Necesito un jacuzzi. Soy un hombre herido.

Y, claro, tienen un jacuzzi nuevo y reluciente. Parece perfecto para curar cualquier dolencia. Justo lo que necesito.

Shawnie me dice:

—¿No te vas a meter, o sí?

—Claro que sí.

—Mentira.

—Vamos —la invito—, si yo me voy a meter, tú también.

—De ninguna manera —me dice—. No me vas a convencer de quitarme la ropa.

Le hago mi viejo movimiento de ceja.

—¿Quién dijo que nos quitaríamos la ropa?

Y me meto, completamente vestido, con cuidado, en las aguas tibias y curativas que se arremolinan alrededor de mi pecho.

—Estás loco —dice Shawnie.

—Sí, pero por eso te caigo bien.

—Es cierto.

—Así que, Señorita Reina del Ping-Pong, ¿elige usted probar las aguas o elige usted ser una perdedora?

—Nunca podrás superarme, Sutter. Lo sabes —y con esas palabras se mete a mi lado—. ¿Cómo está tu frente?

—No tan mal para una trágica herida craneal.

Inspecciona mi cabeza por un segundo.

—Solamente la tienes enrojecida. Déjame ponerte un poco de estas aguas mágicas —mete la mano y toca mi piel con sus dedos mojados. Se siente bien, mucho mejor que lo que sentí cuando pateé los arbustos con Jeremy Holtz.

—¿Mejor?

—Está perfecto.

Recarga su hombro en el mío.

—¿Sabes qué, Sutter? Eres mi ex novio favorito de todos los tiempos.

Miro sus grandes ojos cafés y mi estómago empieza a derretirse. Shawnie es de esas chicas que no parecen tan guapas al principio, tiene la nariz grande y demás, pero cuando empiezas a hablar con ella es como si brotara un gigantesco espíritu brillante y divertido de sus ojos, y te quedas pensando: ¡Guau, esta chica es hermosa! Además, tiene un cuerpo estelar.

—Ciertamente nos divertimos mucho juntos —le digo—. ¿Recuerdas el concierto de los Flaming Lips?

—¿Bromeas? Fue lo más increíble que he vivido.

Intercambiamos recuerdos del show, la gente que iba vestida de maneras locas, como Santa Claus y conejos de Pascua y esqueletos de Halloween. El gigantesco plato volador que aterrizó en el escenario, el show de luces, los globos llenos de confeti, la banda alocada con Wayne

Coyne caminando sobre las manos levantadas de la multitud en su enorme pelota de hámster. Y, principalmente, la sensación de estar ahí, la gran belleza salvaje de todo. Fue casi como si nos hubiéramos convertido en la música volando a través de la galaxia.

—Fue tan chistoso cuando te pusiste a surfear sobre la gente —me dice Shawnie—. Pero no te volví a ver durante media hora.

—Sí, pero después te compensé cuando nos estacionamos junto al lago. ¿Recuerdas eso?

—Claro, eso fue bastante increíble también.

—Y aquí estamos, solteros de nuevo.

—Sí. Aquí estamos.

Y ahí nos tienen, en efecto, mirándonos a los ojos, con el agua tibia y los recuerdos tibios abrazándonos, y noto que estamos pensando lo mismo. Me acerco y ella cierra los ojos y abre la boca un poco, invitando a un beso. Es agradable. Sus labios saben a labial de fresa. Le paso los dedos por el cuello y entonces sucede, empieza a reírse en mi boca.

Me echo para atrás y su risa se convierte en una carcajada y entonces me doy cuenta y también me empiezo a reír. Tiene razón. Es ridículo. No puedes besar a alguien con quien tienes una plática siempre de mafioso italiano.

Shawnie abraza mi brazo con fuerza.

—Carmine, eres el mejor.

Yo le beso la cabeza.

—No, Carmine, *tú* eres la mejor.

Nos quedamos por un rato disfrutando estar juntos. Luego le digo:

—Entonces, ¿tú crees que esta cosa de Cassidy y Marcus va a durar?

—Pensé que ya lo habías superado.

—Ya. Sólo me pregunto cuánto tiempo durarán, es todo.

—¿Sabes qué? —me dice—. Yo no perdería mi tiempo pensando en eso. Ambos necesitamos encontrar a alguien totalmente nuevo.

—Bueno, tú no tendrás problema. Excepto que no hay ningún tipo que te merezca.

—Sí, claro.

—Lo digo en serio. Tienes la diversión, tienes el cuerpo, tienes la fortaleza de alma profunda. ¿Quién sería suficientemente bueno para ti?

—Tienes razón —ríe—. Pero de todas maneras mejor le doy la oportunidad a alguien.

—¿Qué pasó entre nosotros? Digo, nos llevábamos muy bien. ¿Por qué no pudimos ser pareja?

—Oh, no quieres recordar eso, ¿o sí?

—Solamente me estoy preguntando. O sea, aquí me tienes, solo como dedo, otra vez sin novia. Podría ser educativo saber qué pasó con nosotros. ¿Qué cambió?

Lo considera por un momento.

—No creo que sea que algo haya cambiado sino que nada cambió. Seguíamos estando igual que cuando empezamos, ¿me entiendes?

—En realidad, no.

—Es como si siempre hubiéramos sido amigos en lugar de novios. Incluso cuando nos acostábamos, era como si fuéramos dos buenos amigos portándose mal.

—¿Y eso no es bueno?

—Era bueno. Era divertido. Y conozco chicas que dicen que quieren un novio que sea como su mejor amigo, pero en algún momento nos damos cuenta de que en realidad queremos algo más.

—¿Más? Ves, ése es el problema. Esa parte de *más* es donde me atoro.

—Aprenderás un día de éstos. Nada más necesitas a una chica que lo saque de ti. Alguien completamente diferente a Cassidy.

—Ya lo intenté. Invité a Whitney Stowe a salir.

—No inventes —se hace hacia atrás y me mira a la cara—. ¿*Tú* invitaste a Whitney Stowe a salir?

—Me pareció buena idea en ese momento. Tiene buenas piernas.

—Pero es una de esas chicas que tiene un horario para cada segundo del día. ¿Cómo podrías entrar en eso? Serías como un perrito con correa.

—Sí, supongo que era bastante estúpido.

—Sólo espera. Alguien llegará, alguien que no esperabas, alguien que te necesite porque tú eres tú.

—¿Tú crees?

—Claro. Y además, necesitas a alguien que puedas derrotar en ping-pong de vez en cuando.

—Carmine, insultas a la *famiglia*.

—No, tú insultas a la *famiglia*.

—Olvídalo.

—No, tú olvídalo.

Estoy seguro de que la gente se cansa un poco de nuestra plática de mafiosos italianos, pero no nosotros.

—Entonces —le digo—, ¿Carmine, iremos de regreso a esa *celebrazzione* a sorprender a esos *cadaveri* con nuestra ropa de noche empapada?

Me aprieta la rodilla bajo el agua.

—Vamos, Carmine.

—Bada bing, bada bum.

Capítulo 38

Tengo un encuentro con la mala suerte. Ya terminó mi última clase del día y estoy a medio estacionamiento, a dos filas de alcanzar la seguridad de mi coche, cuando de pronto llega Krystal Krittenbrink, acercándose directamente hacia mí. ¿Qué puedo hacer, correr? Eso sería demasiado raro, incluso para mí.

—Sutter Keely, quiero hablar contigo —sus pequeños ojos negros se entrecierran y su boca de moneda de diez centavos se retuerce hasta hacerse del tamaño de la cabeza de un tornillo. Su blusa tiene un extraño cuello de pelo, aparentemente de alce—. Sólo quiero saber quién te crees que eres.

—Eh... ¿el rey de México?

Se detiene como a dos centímetros de mí.

—Aimee me contó sobre su fiestecita junto al lago.

—Sí, fue divertida.

—Y ahora la estás evitando.

—No estoy evitando a nadie. He estado en cama con un caso de elefantiasis de setenta y dos horas.

—No creas que con bromas te vas a librar de ésta.

—Oye, no intento librarme de nada con bromas. No la estoy evadiendo. Y, además, a ti no te incumbe, así que déjame en paz.

—Ja, lo sabía.

—¿Sabías qué?

—Le estaba diciendo a Aimee lo que debería hacer contigo y me dijo lo mismo, que la dejara en paz. Sabía que había sacado eso de ti.

—¿Lo dijo? Bien por ella —debo admitir que me hace sentir un poco orgulloso escuchar que Aimee tomó mi consejo sobre hacerse respetar con la gente.

Pero Krystal arremete:

—No, eso no estuvo bien. Aimee no es mala de esa manera. Es una chica dulce y no te necesita a ti olisqueando a su alrededor como hiena para que luego te desaparezcas cuando no te da lo que tú quieres.

—¿Como hiena? Creo que has visto demasiado Animal Planet.

—No sé de qué otra forma llamarlo. Han pasado casi dos semanas desde esa estúpida fiesta, y ¿le has hablado o la has invitado a almorzar? No. Ni siquiera has hablado con ella una sola vez.

—¿Y? ¿Tengo cara de ser el Señor del Tiempo o algo así? No soy responsable de cuánto tiempo ha pasado. El único problema que tiene Aimee es que tú la vayas mangoneando por la vida como si fuera tu robot personal. Ciertamente yo no soy el problema.

Con eso, me doy la media vuelta y me apresuro a llegar a mi coche. Estoy seguro de que sigue ahí comparándome con la vida silvestre de África, pero ya no puedo escucharla.

Lo curioso, sin embargo, es que esa noche en el trabajo, mientras estoy trapeando la loseta, la voz de Krystal me llega de nuevo, fuerte y clara. Seguro, probablemente esté celosa de que Aimee haya recibido un poco de atención masculina pero, aunque odie admitirlo, también tiene razón. He descuidado el proyecto Aimee. Bueno, la idea era aumentar su confianza y darle una oportunidad de ser independiente, pero ahora no dudo de que tenga que sentarse durante horas a escuchar a Krystal decirle lo estúpida que fue por ir a esa fiesta conmigo, en primer lugar.

Y la verdad es que extraño a Aimee. Tiene algo que se te queda prendido. No es nada grande o audaz. Es pequeño y fresco, como el primer trago de cerveza en una tarde caliente. Si siguiera el consejo de Shawnie y buscara alguien completamente distinto de Cassidy, no tendría que buscar más allá de Aimee Finecky. Definitivamente es distinta. Pero me tengo que reír de la idea de salir con ella. Si Shawnie pensaba que era ridículo que saliera con Whitney Stowe, ¿qué pensaría si saliera con Aimee Finecky?

Aunque, me digo, no estaría mal darme una vuelta por su casa después del trabajo y visitarla amistosamente; tomarla por sorpresa antes de que tenga oportunidad de ponerse labial. Estaremos juntos un rato. Nada que sugiera que le estoy dando falsas esperanzas. Tan sólo será otra de mis amigas. Salir con ella, de hecho, es más de lo que estoy obligado a hacer.

Eso es lo que me digo.

Cuando llego a su casa, la pickup de la familia Finecky está estacionada en la entrada y casi todas las luces de la casa están encendidas. De todas maneras, pasa un rato antes de que alguien abra la puerta. Es su hermano menor y, en cuanto me ve, inclina la cabeza hacia atrás, le grita a Aimee y luego desaparece dejándome parado en la entrada.

Desde alguna parte se escucha que Aimee grita de regreso, preguntándole qué quiere y él le contesta:

—¡Tu novio está en la puerta!

Y entonces ella dice:

—¿Quién?

—No sé cómo se llama. El tipo que vino hace un par de semanas.

—¡Oh, Dios!, eh... dile que espere un segundo, voy para allá.

—Tú dile —contesta Shane y alguien más, supongo que es la madre, agrega:

—Bueno, pero no lo hagas esperar en la entrada. Dile que pase.

—Pasa —grita Shane.

¿Quién hubiera pensado que Aimee podría ser pariente de estas personas que gritan así? Es realmente una producción. Y la escena en el interior es fabulosa. Mamá y Randy, el novio empresario de eBay, están desparramados en el sofá con los pies elevados sobre la mesa de centro. La madre tiene un cuerpo de huevo con brazos y piernas de palo y su corte de cabello es corto al frente y largo atrás. Randy-el-novio es básicamente una morsa en pants demasiado ceñidos. Tiene un tazón de cereal de chocolate balanceándose en su barriga.

—¿Ves CSI? —pregunta la madre, estudiándome como si debiera estar defectuoso para visitar a su hija—. Tenemos trece episodios grabados. Éste es bueno. Bastante morboso.

—Sacaron una cabeza cortada —agrega Shane.

—Bueno, puedo ver que eres un hombre que disfruta de una buena decapitación. Tal vez alguien haga una vivisección después. Eso sí que sería interesante.

Randy no dice nada, pero deja saber con su mirada adolorida que toda esta plática lo obliga a concentrarse en el programa más de lo que quisiera.

Empiezo una conversación macabra sobre desmembrados, pero nadie me está prestando ya nada de atención.

Finalmente, Aimee emerge de una habitación trasera. Trae un bonito suéter blanco de Walmart que la gente no suele ponerse para andar en la casa y su cabello está lleno de electricidad estática provocada por un cepillado rápido de sesenta segundos. Por suerte no trae labial.

—Sutter —me dice—, no sabía que vendrías.

—Bueno, he estado muy ocupado preparándome para el gran rodeo de cocodrilos.

—¿En serio? ¿Hay un rodeo de cocodrilos?

—No —esta chava de verdad necesita ayuda en la sección de humor—. La verdad es que he tenido mucho que hacer estos últimos días. Pero acabo de salir de trabajar hace un rato y pensé: "¿Sabes qué? No importa qué tan ocupado esté. Voy a ir a ver a Aimee".

—Oigan —dice Randy—, intentamos ver televisión aquí.

—Queremos hablar con tu amigo —dice la mamá—, pero vamos a esperar a que termine el programa. Faltan unos cuantos minutos.

La mirada de Aimee se llena de angustia. Creo que piensa que el prospecto de una examinación de su madre será suficiente para hacerme salir huyendo a mi coche y que no regrese jamás. Pero ya estoy en esto, me voy a quedar.

Así que ahí estamos, bajo la sombra de la planta de plástico colgante, sin que nadie diga nada salvo el equipo de csi. Pasan cinco minutos. Todos, salvo Aimee, parecen haberme olvidado. Le sonrío. Ella se encoje de hombros. Finalmente, le sugiero:

—¿Por qué no vamos por una Coca y unas papas o algo?

—Eh... está bien, déjame ir por mi chamarra.

Visualizo la resurrección de la morada monstruosidad esponjosa y le comento que afuera no hace tanto frío como para necesitar chamarra. Aimee le dice a su madre a dónde vamos y la mamá sólo asiente. Apuesto a que podría haber dicho que saldríamos a cometer una ola de asesinatos por todo el país y el resultado hubiera sido el mismo.

No importa. Yo soy un buen matador y he esquivado la entrevista de la madre y, aún mejor, la posibilidad de tener que buscar algo que decirle a Randy-la-morsa-deportista. La libertad nos aguarda en el Mitsubishi junto con un 7UP grande.

Capítulo 39

Aimee me pregunta a dónde vamos y sugiero un sitio que se llama Marvin's Diner. Ahora bien, que Marvin's no sea un sitio popular para la gente del bachillerato como SONIC no significa que me avergüence de que me vean con ella. Simplemente no estoy de humor para encontrarme con alguien como Jason Doyle y que empiece con sus bromitas.

Marvin's está un poco alejado, del lado suroeste del pueblo, bajo unas torres radiofónicas. Se alcanzan a ver las luces de las torres a kilómetros de distancia.

—¿Sabes qué es lo que me recuerdan? —le digo a Aimee—. Me recuerdan el sitio donde trabaja mi papá, el edificio Chase en el centro. Apuesto a que tienen la misma altura. Mi papá trabaja en el piso más alto. Es un ejecutivo de negocios.

—Recuerdo que me lo contaste antes. Pero, ¿sabes?, pensé que hasta arriba había un restaurante o un club o algo así.

—Ah, sí, claro. Hay un club muy exclusivo hasta *mero* arriba. Me refiero al piso más alto con oficinas. Ahí es donde se hacen los grandes negocios.

En Marvin's, elegimos uno de los gabinetes de la esquina. Éste es uno de mis lugares favoritos para comer y, créanme, como casi nunca comemos juntos en mi casa, he probado casi todos los restaurantes de la ciudad. A nadie le importa quién seas en Marvin's. Sería el sitio perfecto para los adúlteros, excepto por lo grasoso de la comida. Ordenamos un plato grande de papas a la francesa con chili y dos 7UP y, con la débil luz de Marvin's, no hay ningún problema con que le ponga un poco de whisky a nuestras bebidas.

Aimee da un trago y dice:

—¡Guau, está fuerte!

—¿Quieres que te pida otra cosa?

—No —le lloran un poco los ojos—. No hay problema. Está bien.

Lo mejor de Marvin's es que tienen una rocola con muchas canciones de Dean Martin, así que pongo algunas y nos sentamos a platicar. Para echar a andar la conversación, invento historias sobre la gente que está ahí, la mesera, el tipo gordo sentado frente al mostrador donde está la caja registradora (quien podría o no ser Marvin), el vendedor solitario en una mesa individual y, lo mejor de todo, la pareja horrenda en el gabinete del otro lado de nosotros.

Le explico a Aimee que me imagino que su relación ya está desgastada. En realidad, prácticamente se odian, pero tienen que permanecer juntos porque asesinaron al ex esposo por su seguro de vida de trescientos dólares. Actualmente, cuando ella se enoja con él, le azota los omóplatos con un limpiaparabrisas y él es demasiado cobarde para defenderse, pero la está envenenando poco a poco poniéndole arena para gatos en su avena de las mañanas.

En vez de reírse un poquito con eso, Aimee me dice:

—Parece que no tienes una opinión muy buena sobre el matrimonio, ¿no?

—No es tanto la idea del matrimonio —le respondo—, sino la idea de para siempre. Ése es un concepto que simplemente no puedo comprender.

—Yo sí.

—¿En serio? Bueno, tus papás no permanecieron casados para siempre, ¿no?

Ella coloca su bebida sobre la mesa y se queda mirando al vendedor solitario.

—Mi padre murió.

—Lo siento.

—No hay problema. Fue hace bastante tiempo.

—¿Qué pasó? —a veces mi tacto se va de vacaciones. Hoy creo que se debe haber ido a Kuwait u otro lado.

—Mi papá era un muy buen tipo. Era un gran amante de los animales, prácticamente un activista. Y era inteligente. Por diversión, leía libros de física y Aristóteles y demás. Le encantaba Van Gogh. Solía leerme en voz alta y yo pensaba que era lo más maravilloso del mundo. Pero tenía un problema.

Hace una pausa y yo le digo:

—Puedes contármelo. Yo no juzgo a nadie.

Empieza a retorcer nerviosamente un mechón de su pelo alrededor de su dedo índice, pero continúa:

—Bueno, la cosa es que era adicto a inhalar vapores de gasolina. Tenía grandes contenedores de gasolina en el cobertizo detrás de nuestra vieja casa.

Y yo me imagino: ¡Dios mío, el tipo voló en pedazos! Puedo verlo sorbiendo los vapores de la gasolina, luego encendiendo un cigarrillo y ¡kabum! Pero no fue así.

Lo que sucedió en realidad fue que la gasolina empezó a carcomerle los vasos sanguíneos del cerebro hasta que un día, la hermana mayor de Aimee, Ambith, llegó a la casa y lo encontró tirado en la puerta del cobertizo, tieso como rastrillo. Aneurisma.

—Dios. Es una manera horrible de irse. Lo vi en la televisión. No lo de la gasolina, sino lo de la aneurisma.

—Sí —le da un buen trago a su bebida y esta vez ni siquiera parpadea por lo fuerte que está—. Pero va a ser distinto cuando yo me case. Lo tengo todo planeado. Eso es lo que tienes que hacer. No puedes embarcarte en algo así sin planearlo.

Bueno, me queda claro que no debo darle cuerda a una chica que está hablando del tema del matrimonio, pero estoy dispuesto a poner toda la distancia posible con el tema del papá muerto inhalador de gasolina, así que le pido que me cuente sobre esta visión que tiene respecto al matrimonio.

—Bueno, cuando me case, viviremos en un racho de caballos.

—Sí. Y trabajarás para la NASA.

—Así es —sonríe porque he recordado eso.

—¿Él también trabajará en la NASA, como un astronauta o un contador?

—Dios, no. No tendremos los mismos intereses para nada. No creo en eso, que el esposo y la esposa tengan que ser iguales. Creo que es mejor si se contrarrestan. Como si cada quien tuviera distintas dimensiones que pudiera brindarle al otro.

—Me gusta esa idea. Es buena.

Este esposo potencial, no sé, parece como una cruza entre Peter Parker de *Spider Man* y Han Solo de *Star Wars*, con un poquito de esos antiguos poetas románticos sólo para redondear.

El rancho es igual de improbable, como un país de las maravillas en un fantástico planeta lejano. Puestas de sol púrpuras, campánulas, narcisos, zanahorias silvestres, un arroyo cristalino que serpentea por el valle, un enorme granero rojo del tamaño de un cohete. Y caballos. Manadas de caballos: rojos, negros, plateados, con pecas, con manchas, galopando por todas partes, como si los caballos nunca se cansaran.

Todo suena como el sueño de una niña de nueve años, pero ¿qué le voy a decir, que no es factible? Tal vez: "Mira, no existen las cosas como los platillos voladores o los marcianos o Santa Claus, y no hay ninguna posibilidad de que alguna vez consigas un rancho o un esposo como ése". No soy un destrozador de sueños. El mundo real ya se dedica a eso sin que yo tenga que intervenir.

Además, no importa si es real. Los sueños nunca lo son. No son nada sino salvavidas a los cuales nos aferramos para no ahogarnos. La vida es un océano, y casi todos estamos colgados de alguna especie de sueño para mantenernos a flote. Yo, yo voy nadando de perrito sin asirme a nada, pero el salvavidas de Aimee es una belleza. Lo amo. Cualquiera lo haría si pudiera ver la manera en que su rostro se ilumina mientras se aferra a esto con todas sus fuerzas.

Capítulo 40

Cuando nos damos cuenta, Marvin's ya está cerrando. Pedimos un par de 7UP para llevar y cuando llegamos al coche, ella me permite volver a ponerle whisky al suyo. Ninguno de los dos está realmente listo para ir a casa, pero no tenemos ningún otro lugar a donde ir en una noche entre semana. Además, hay un toque de queda para los adolescentes en la ciudad, si eres el tipo de persona que le presta atención a esas cosas.

Así que terminamos estacionados frente a su casa, platicando y bebiendo. Las luces de adentro ahora están todas apagadas. Le cuento la historia del divorcio de mis padres, la llegada de Geech, de cómo mi hermana se operó los senos y atrapó a Kevin-pronunciado-Kivin. Nunca había visto a alguien escuchar con tanta atención. Es como si yo estuviera sirviendo un vino carísimo y exclusivo, y ella no quisiera que una sola gota cayera fuera de su copa.

Cassidy nunca fue así. Siempre escuchó con una media sonrisa en la cara y la ceja un poco alzada como si pensara que el chiste estaba a punto de salir de la siguiente esquina.

Finalmente, hay una pausa en la conversación, lo cual puede ser peligroso si estás hablando con una chica.

—Entonces —dice Aimee con la mirada como si fuera a echarse un clavado desde la plataforma más alta por primera vez en la vida—, ¿fue en serio lo que dijiste la semana pasada cuando veníamos en el coche después de la fiesta?

Oh-oh.

—No sé —le respondo—. Hablamos de muchas cosas y yo estaba un poco borracho. Para serte sincero, no recuerdo muy bien todo lo que dije.

—¿No te acuerdas?

—No de todo. Pero estoy seguro de que lo que dije, lo dije en serio. Soy muy honesto cuando estoy borracho.

Ella le da un trago al whisky.

—¿Recuerdas que me invitaste a la fiesta de graduación?

—Ah, eso. Claro que lo recuerdo. ¿Bromeas? Eso no lo olvidaría.

Hace una pausa y agrega:

—Entonces, ¿todavía quieres que vayamos juntos? Bueno, sé que estábamos ebrios y demás, así que si no quieres lo entenderé.

No puede mirarme a los ojos. Su salvavidas se está alejando y está perdida y sola en el mar.

—No —le digo—. ¿De qué estás hablando? Por supuesto que sí quiero ir. No te lo hubiera pedido si no quisiera.

—¿En serio? —cuando levanta la vista con esa sonrisita, no me arrepiento.

—Por supuesto. Ven acá —coloco mi mano detrás de su cuello y me acerco para besarla. Me imagino que será un beso pequeño, uno que le muestre que lo de la fiesta de graduación es en serio, pero ella está lista para más que eso.

No sé. La siento extraña entre mis brazos. Muy confiada. Como si estuviera completamente convencida de que yo tengo algo importante que ella necesita.

Le quito los lentes y los coloco en el tablero y para cuando me doy cuenta mis manos ya están bajo su suéter, subiendo por su espalda. Ella suspira cuando le beso el cuello y, cuando lamo el interior de su oreja, todo su cuerpo se estremece.

Ella se hace para atrás y anticipo que voy a escuchar eso de que vamos demasiado rápido, pero no es así.

—Sutter... —no logra levantar la vista más allá de mi barbilla.

—¿Qué pasa?

—Nada. Tan sólo me pregunto, ¿esto significa que somos como novios?

Eso me toma por sorpresa.

—¿Tú qué piensas? —le pregunto para ganar algo de tiempo. Después de todo, esto es exactamente lo que me prometí evitar.

—No sé —responde—. Nunca he tenido novio.

—Bueno, pues ahora lo tienes —las palabras salen directamente de mi lengua, como si las hubiera planeado decir desde hace un mes, pero ¿qué puedo hacer? Esta chica necesitaba escuchar eso y, a decir verdad, se sintió bastante bien decirlo.

—¿En serio? ¿Quieres que sea tu novia *de verdad*?

Podría bromear sobre las novias falsas, muñecas inflables con cabello de plástico y bocas succionadoras, pero éste no es el momento.

—Claro que sí. Mi novia cien por ciento auténtica y real. Si tú quieres.

—Sí —dice—. Sí quiero —y su boca se vuelve a engarzar con la mía.

No hay duda de que podría desabrocharle los jeans y hacerlo todo con ella en este preciso instante y lugar, pero no sería correcto, no con Aimee.

Además, cuando cambiamos de posición, accidentalmente toco el claxon y como cinco segundos después se enciende una luz en la casa. Diez segundos más tarde, su madre está parada en la entrada con las manos en la cadera.

Aimee se arregla el cabello. Parece una chica que acaba de despertar de un hermoso sueño.

—¿Comemos mañana? —pregunta.

—Ahí estaré.

Capítulo 41

¿Saben una cosa? Ahí estoy al día siguiente. Justo a tiempo. Y también llego a tiempo a mi cita del viernes por la noche. Y luego para la película del domingo por la tarde. Por supuesto, Ricky está anonadado con esta novedad. Me dice:

—Hermano, ¿qué haces? Te dije que esa chica se iba a enamorar de ti. ¿No tienes fuerza de voluntad? ¿No pudiste enfrentarla y decirle que solamente eres su amigo o benefactor o lo que sea que seas?

—Oye, ¿alguna vez te cruzó por la mente que tal vez sí me atrajera?

—No.

—Bueno, pues no te has fijado bien en ella. Tienes que hablar con ella un rato para poder ver cómo es en realidad. Exuda una pureza de corazón, hermano. Además, lo único que hago es proporcionarle un poco de experiencia de novio. O sea, mira, le doy un mes para que se canse de mí y se dé cuenta de que puede irle mucho mejor con un tipo que toque el primer trombón en la banda o algo así.

—¿Y qué pasará si no se cansa de ti?

—Oye, soy yo. ¿Has conocido a una chica que no se haya cansado de salir conmigo?

Asiente.

—Debo admitir que tienes un punto a tu favor. Y, quién sabe, a lo mejor es buena influencia para ti.

—Sí, claro.

No sé de qué se queja Ricky. La verdad, no es que nos hayamos visto mucho desde que empezó a salir con a Bethany. A excepción de la patética fiesta del motel, no ha salido conmigo ni una sola vez desde entonces. Claro, tengo a mis otros amigos, y en estas semanas he alternado: los viernes con Aimee y los sábados de fiesta con tipos como Cody Dennis y Brody Moore. Incluso salí otra vez con Jeremy Holtz y sus amigos pendencieros, pero tuve que escabullirme de la escena cuando se les ocurrió robar una iglesia episcopal.

Después de eso, me pregunto por qué no mejor paso el tiempo con Aimee. De vez en cuando podría verme con ella ambas noches del fin de semana. Es divertido verla aprender cómo ser espontánea. Lo cierto es que la chica es mucho más que sus novelas de ciencia ficción, la NASA y los ranchos de caballos. De hecho tenemos varias cosas en común.

Para empezar, a ambos nos gusta más la música vieja que las porquerías que actualmente pasan como música en la radio. Yo soy un gran fanático de Dean Martin y a Aimee le encanta la música hippy de la década de los sesenta. Tiene el soundtrack de la película *Woodstock* y todo. Me canta una canción de esa época que se llama "Where Have All the Flowers Gone". Digo, su voz es un poco débil pero, de todas maneras, la chica cierra los ojos y la escupe directo del ventrículo izquierdo. Eso merece respeto. De hecho, durante un par de minutos me siento como un verdadero hippy.

Es distinta a las otras chicas con quienes salí. No se cansa de mis historias o mis chistes ni espera que le lea la mente. No quiere que me vista mejor o me haga rayos en el cabello o que sea más serio. No soy un accesorio en su estilo de vida. Soy una necesidad. Soy el tipo que va a abrir su capullo. No necesita cambiarme, necesita que yo la cambie a ella. Al menos hasta que sus pequeñas alas de mariposa sean suficientemente fuertes para salir volando.

Y nadie pensaría que una pequeña chica de 1.57 de alto, con anteojos, pudiera beber como lo hace ella. Resulta que el whisky no es su favorito, pero vaya que les entra a los licores dulces. Así que tomo la iniciativa y le compro una botella de vodka de cítricos Grey Goose y lo mezclo con jugo de arándano y manzana, y me dice:

—¡Guau! ¡Ésta es la mejor bebida de todos los tiempos!

Es tan gracioso: un día estábamos en el supermercado por la tarde después de beber una gran cantidad de alcohol y ¿con quién nos venimos a encontrar?, pues con la mismísima Krystal Krittenbrink. Estábamos en el pasillo de la comida chatarra, un corredor de twinkies y bolitas de coco, y Krystal le dice:

—Oye, Aimee, ¿no viste el letrero en la puerta? Se supone que no puedes entrar con mascotas a la tienda.

Por supuesto, se refiere a mí. Es un viejo chiste y no es algo en lo que yo hubiera pensado dos veces, pero Aimee interviene y le contesta:

—Oye, Krystal, ¿nadie te ha dicho que si te comes otra caja de pastelillos tu gordo traserote va a explotar?

De acuerdo, tampoco es lo más original del mundo pero es bastante sorprendente considerando la historia de Aimee con Krystal.

—¿Estás borracha? —pregunta Krystal después de que se le pasa la sorpresa de ver defenderse a la pequeña y tímida Aimee.

—Sí lo estoy —le dice Aimee orgullosa—. Estoy espectacularmente borracha.

Krystal me mira a los ojos.

—Muy bonito. Espero que estés orgulloso. Si sigues así, tal vez logres transformarla en una idiota tan grande como tú.

Se da la media vuelta y sale de la tienda dando grandes pasos. Aimee empieza a reírse.

—Mira cómo le tiembla ese gran trasero. Apuesto a que llegaría a un 7.8 en la escala de Richter. Tal vez un 9 en la escala modificada de Mercalli.

Me toma del brazo y se dobla casi en dos de la risa. Yo me río con ella, pero la verdad es que no puedo evitar sentir un poco de pena por Krystal. A nadie le gusta ver a alguien perder a un amigo. Y está equivocada sobre mi intención de cambiar a Aimee. Si intentara cambiarla, la convencería de que se quitara los anteojos y se pusiera unos lentes de contacto. O la convencería de que dejara de usar esas playeras con impresiones de cabezas de caballo al frente.

Pero una cosa es segura: nunca la he obligado a emborracharse. ¿Puedo evitar que le guste? Digo, ¿a quién no le va a gustar?

Capítulo 42

Que esté saliendo con Aimee no significa que no pueda juntarme con otras chicas. Siempre me pueden encontrar en el pasillo entre clases hablando con Ángela Díaz o Mandy Stansberry u otra. Y, por supuesto, continúo con mi plática de mafioso y mis juegos con Shawnie. No tiene nada de malo. Somos amigos.

Aimee no tiene problema con eso, pero no estoy tan seguro de que le parezca bien que me reúna con Cassidy para tomar unos tragos los jueves en la tarde como hemos venido haciendo. No hacemos nada, pero debo aceptar que tengo una conexión más complicada con ella que con las otras chicas. Esos sentimientos que tuvimos el uno por el otro siguen ahí justo bajo la superficie.

Como lo único que hacemos es sentarnos a platicar, podrían pensar que debería decírselo a Aimee, pero me imagino que su confianza todavía no está para aguantar algo así. No tiene caso provocar problemas innecesarios. Supongo que Cassidy tampoco le ha dicho a Marcus, pero con las chicas no se puede confiar mucho en las suposiciones.

Una tarde de viernes, después de mi última clase, apenas salgo por la puerta cuando me llama Derrick Ransom.

—Sutter... Oye, Sutter, Marcus te está buscando.

—¿Marcus? ¿Para qué?

—Dejaré que él te diga.

No me gusta la expresión en el rostro de Derrick. Parece demasiado contento, de una manera algo maliciosa.

—Bueno —le digo alejándome hacia el estacionamiento—, probablemente le cueste trabajo encontrarme.

—¿Por qué?

—Porque me fui a Liechtenstein ayer.

Y bueno, yo no soy de ésos que se quedan pensando en que algo potencialmente maligno va a descender volando de los cielos con unas garras oscuras y encorvadas, pero esa noche en el trabajo no puedo evitar pensar qué será lo que Marcus tiene en mente. ¿Se habrá enterado de alguna manera sobre mis tardes de jueves de tragos con Cassidy? O, peor aún, ¿habrá tenido Cassidy un problema cerebral y le contó sobre ese día que salimos y casi nos acostamos? Ninguna de las opciones suena bien para el Sutterman.

He visto lo que sucede cuando los celos envenenan el torrente sanguíneo. Me viene Denver Quigley a la mente.

Le basta ver a un tipo hablando con Alisa Norman y ya está puestísimo para ir a patearle el trasero. Antes de Alisa, el año pasado, prácticamente asesinó a Curtis Fields por conducir con Dawn Wamsley por la Calle 12. Quigley había terminado con Dawn una semana antes. Digo, esa chica cambiaba de hombres como si fueran tampones usados. De todas maneras, Quigley se puso todo gorila espalda plateada contra alguien que solía ser su amigo.

Voy doblando camisas al mismo tiempo que me imagino una película donde yo soy el protagonista: Sutter "el Salvaje" Keely, campeón mundial de kick boxing. Y ahí estoy bailando y esquivando, moviéndome con rapidez de guepardo, tumbando a Marcus con una brutal patada voladora a la barbilla: ¡craaaaac!

Pero no me sirve de mucho. No he tomado ni una sola lección de kick boxing en la vida y, además, Marcus es tan alto que probablemente me desgarraría toda la ingle tratando de patearlo en cualquier sitio por arriba de la hebilla del cinturón.

Esto es suficiente para deprimirme incluso a mí, que no suelo hacerlo. Eso era algo que siempre me enorgullecía. Lo portaba como si fuera una Medalla de Honor del Congreso. Pero últimamente, no sé, es raro, a veces siento que una grieta negra desciende por mi estómago, la misma que apareció cuando Cassidy me dijo lo que quería que hiciera por ella y no le presté atención. Sólo que en esta ocasión es más bien como si hubiera soñado despierto cuando el Ser Supremo me dijo lo que debía hacer con mi vida y ahora ya es demasiado tarde para preguntar qué era.

De vez en cuando, la campana sobre la puerta se mueve y no puedo evitar voltear bruscamente para ver si mi muerte se acerca caminando. Después de la tercera vez, Bob me pregunta si espero a alguien, así que me sincero y le explico la situación.

—Entonces, ¿yo soy el malo por querer juntarme con mi ex novia? —le pregunto—. ¿Por algo así me merezco un puño en el ojo?

Bob piensa por un segundo. Es adorable. Te trata como si tu vida significara algo, como si valiera la pena poner a trabajar la vena de su frente por ti.

—No —me responde—. No eres el malo, Sutter. Eres un buen chico. Lo que pasa es que no tienes una buena noción sobre el concepto de las consecuencias.

Debo admitir que tiene razón. Pero eso también lo suelo portar como una Medalla de Honor del Congreso.

Después de las siete y media, la campana sobre la puerta ya deja de sonar, es otra noche con poco movimiento, pero un poco antes de que llegue la hora de cerrar, un coche se estaciona frente a la tienda. Las luces se apagan pero nadie se baja. No alcanzo a distinguir si es el Taurus de Marcus.

A las ocho, cerramos las puertas y apagamos la mayoría de las luces. El coche sigue ahí. Por lo general, yo me voy y dejo a Bob que termine con el papeleo, pero hoy no tengo ninguna prisa. Por lo que Bob me dice:

—Te acompaño al coche, si quieres —lo cual me suena demasiado a niño de primaria. No es tan mala idea, sin embargo, que se quede mirando por la ventana para que pueda separarnos antes de que Marcus empiece a lanzar puñetazos con esos brazos largos que tiene.

—De acuerdo —me dice—. Hazme una seña con la mano por debajo si quieres que salga. Hazme una seña alta, por encima de la cabeza, si todo está bien.

Capítulo 43

No sucede nada hasta que casi llego a mi coche, y entonces veo a Marcus desdoblarse para salir de su Taurus.

—¡Oye, Sutter, hombre! Quiero hablar contigo.

—Eh, claro, si no es muy tardado. Se supone que tengo que estar en un banquete de la policía como en treinta segundos. Probablemente enviarán una patrulla a buscarme si se me hace tarde.

No sonríe.

Me recargo desenfadado contra mi auto, tratando de agregarle algo de relajación al momento. Pero él no sigue mi ejemplo y se para justo frente a mí, a unos cinco incómodos centímetros dentro de mi espacio personal.

—¿Qué está pasando entre tú y Cassidy? —nada de andarse por las ramas con Marcus.

—¿De qué hablas? —y pienso, Maldita sea, Cassidy y yo ni siquiera nos acostamos y de todas maneras me metí en problemas.

—Supe que la ves los jueves por la tarde a mis espaldas.

Cuestionar la fuente no parece ser una buena táctica en este momento, así que le digo:

—Sí, a veces nos vemos. Somos amigos, ¿sabes?

—Lo sé, solamente me pregunto qué tan amigos.

Bob sigue asomado por la ventana pero no logro leer bien la situación como para decidirme qué señal hacerle. Miro a Marcus a los ojos.

—Verás, ella y yo somos buenos amigos. Cercanos. Aunque ya no salgamos juntos, eso no cambiará.

Sus ojos dejan de mirarme y entonces es cuando me doy cuenta. No está aquí para asesinarme. Está aquí porque está herido. La duda ha carcomido al poderoso Marcus West hasta los huesos. Repentinamente, cualquier sensación de celos que yo tuviera se evapora, y me doy cuenta de que yo soy el que tiene el poder en esta situación. Puedo retorcerle el cuchillo y metérselo más profundamente en el corazón o lo puedo sacar. Yo, siendo yo, opto por la segunda alternativa.

—Oye, Marcus, hermano, Cassidy y yo siempre seremos amigos. Pero la cosa es así: ella y yo seremos amigos y yo estoy saliendo con alguien más.

—Sí, pero todos saben que dejarías a Aimee Finecky en un segundo si pudieras volver con Cassidy.

—Tal vez eso piensa la gente —respondo algo molesto—. Pero eso es porque no conocen a Aimee. Es mi novia ahora y Cassidy la tuya. Caso cerrado.

—No sé si eso sea tan cierto —su voz de barítono se quiebra a media oración. No puedo creerlo, está al borde del llanto.

—Así es como es —le confirmo. ¿Cómo puedo seguir molesto con semejante expresión lastimera viéndome a la cara?—. Mira, no hay nada entre Cassidy y yo excepto que nos divertimos y nos relajamos un poco —obviamente no le menciono nada sobre los sentimientos residuales de cuando salíamos juntos.

Marcus se mira las manos. Está nervioso, retorciendo su llavero.

—Sí, bueno, ése es el problema. No debería buscar a otro tipo para divertirse. Yo quiero ser ese tipo. Quiero ser el que la hace reír.

Miro en dirección a Bob y le doy la señal de que todo está bien.

—Mira, Marcus, tú *puedes* ser ese tipo. Digo, no hay ningún motivo para que no se divierta conmigo y contigo también, sólo que de maneras diferentes.

Sacude la cabeza.

—No, hermano, yo sé que yo no soy tan divertido. Y ella necesita diversión, lo noto por cómo habla de ti. Pero no sé cómo hacerla reír ni nada por el estilo. No soy gracioso como tú.

Esto es demasiado extraño. Marcus siempre me pareció seguro y confiado. Ahora está aquí autoflagelándose porque no es gracioso. Lo que hace el amor.

—Oye, eres Marcus West. Tienes la confianza, el estilo. Eres un hacedor, hermano. No te limitas a soñar las cosas, las haces. Si toda nuestra generación fuera como tú, tal vez realmente lograríamos cambiar el mundo.

—Sí, pero sería un mundo aburrido.

—No eres aburrido, Marcus. Eres un tipo interesante. Tienes opiniones y proyectos y demás. Y yo noto que estás loco por Cassidy, ¿no?

—Sí, hombre. En verdad que sí.

Mi corazón se desangra por este tipo, pero también lo hago por Cassidy. Ella tiene otro novio en este momento, y pudo escoger a alguien mucho peor que Marcus West.

—Mira, Marcus —le daría una palmada en el hombro pero sería incómodo con lo alto que es—. Permíteme darte un consejo. Para empezar, tú le gustas. Me dijo que le gustas, así que puedes creerlo, cien por ciento.

—¿Te dijo eso?

—Lo juro —bueno, he de admitir que esto me duele más de lo que pensé, pero es por una causa noble—. Y otra cosa —ahora no hay quien me pare—: también me dijo que está convencida de todas tus ideas y demás. La chica solía agotarme con esas cosas. Tal vez podrías relajarte una fracción de segundo con eso de salvar el mundo. Digo, a pesar de lo jodido que está, con la guerra y los campos de tortura y los edificios que explotan y toda esa mierda, el tema puede terminar por hacerte polvo sólo de pensarlo.

—Oye, eso no es lo que intento hacer —nunca he visto a nadie tan sincero. De hecho, no he visto mucha gente mayor de nueve años abrirse tanto—. Nadie puede salvar el mundo solo. Lo único que intento es hacer mi parte. Eso me viene de mi mamá, mis hermanos y de la iglesia a la que vamos. ¿Sabes? Empiezas con las cosas pequeñas en tu propio mundo y te sigues desde ahí. Eso es lo que intento hacer.

—Sí, bueno, pues eso puede ser demasiado para alguien como Cassidy que está más acostumbrada a hablar sobre hacer las cosas que a hacerlas de verdad.

—Pensé que le gustaba hacerlas. Pero, bueno, no tiene que hacer todo lo que yo hago. Todos somos diferentes. Para serte sincero, a veces yo también me estreso. Estoy bajo mucha presión. A veces siento como si tuviera un alambre estirado dentro de mí a punto de reventar, pero no creo que eso sea razón para darse por vencido.

—Bueno, pues dile eso. No vayas por ahí haciéndote el macho que no le cuenta sus problemas a su novia. Siéntate con ella y habla de esto, sácalo todo. Y, hermano, no planees tanto las cosas, deja que sucedan. Además, no te haría mal beberte una cerveza de vez en cuando. Tal vez algo de whisky.

—Yo no hago eso.

—Era sólo una sugerencia.

Me estudia por un segundo.

—En verdad aprecio que hables conmigo de esto, Sutter. Es muy loable de tu parte. Supongo que yo siempre pensé como los demás, que eras solamente un hazmerreír, pero no lo eres. No lo eres para nada.

—Espera, ¿quién dice que soy un hazmerreír?

—Sólo estoy diciendo que tienes mucho más dentro de ti de lo que aparentas. Tienes corazón.

—Ah, claro, eso sí que tengo. Tengo un corazón del tamaño de una tuba.

—¿Sabes qué? Apuesto a que si te aplicaras, tú también podrías mejorar el mundo.

—Te dejaré eso a ti, Marcus. Tú tienes todo bajo control —extiendo la mano y me da un buen y cálido apretón. Ya se convirtió de vuelta en Marcus West.

—¿Por qué no vas a ver a Cassidy? —le digo—. Estoy seguro de que le encantaría verte.

Sonríe.

—Creo que eso haré. Gracias de nuevo. Eres un buen tipo.

Camina hacia su auto y se vuelve a doblar para entrar en su Taurus. Bob está de nuevo en la ventana. Qué buen tipo. Le hago otra seña con la mano para que sepa que todo está bien. La amenaza ya pasó por el momento.

Pero al arrancar y salir del lugar, no puedo evitar repasar la conversación. No hay de dos sopas. Le di las llaves del corazón de Cassidy, sin duda. Al menos por un par de meses. Eso es lo que le aporto a la relación antes de que se colapse bajo el peso de la inmensa sinceridad de Marcus.

Capítulo 44

Aimee todavía no se cansa de mí y no puedo decir que eso sea malo. De verdad disfruto estar con ella. Es materia dispuesta para lo que sea que se me ocurra. El punto es que, ahora que ya se hizo público el secreto sobre mis tardes con Cassidy, tengo que explicárselo a Aimee antes de que le llegue de alguien más. A Krystal Krittenbrink le encantaría transmitirle ese chismecillo.

El almuerzo me parece buen momento para darle la noticia. Es más difícil que una discusión se salga de control dentro del McDonald's que si estamos los dos solos en casa. Por supuesto, Aimee nunca me ha dado motivo para pensar que sea de las que hacen escándalos, pero nunca se sabe lo que puede suceder.

Pero resulta que soy un genio. Empiezo platicándole cómo le aclaré a Marcus lo mucho que le gusta a Cassidy. Luego menciono, como si no fuera importante, todas las cosas buenas que Cassidy dice sobre ella cada vez que nos vemos para tomar algo los jueves por la tarde. Y es cierto,

Cassidy me ha dicho que piensa que Aimee es una verdadera dulzura. De todas formas, eso de "los jueves por la tarde" no pasa desapercibido para Aimee.

—Pensé que tenías que trabajar los jueves por la tarde —me dice.

—Sí, pero entro más tarde. No hace daño fortalecerse un poco antes de trabajar, ¿sabes?

Se queda viendo su hamburguesa.

—¿Dónde van a tomar?

—A ninguna parte. Nos quedamos casi siempre en su patio.

—¿En su casa?

—Sí. De hecho, platicamos sobre salir los cuatro juntos: yo, tú, Cassidy y Marcus.

Tal vez no estoy diciendo exactamente la verdad, pero algo así podría organizarse en algún momento del futuro y hace que el tema tenga un tono positivo.

—¿Qué opinas? ¿Crees que debamos hacerlo en algún momento?

—Eh... claro, está bien, supongo.

—Qué bien. ¿Quieres de mis papas?

—Gracias.

Y eso es todo. Nada de acusaciones, nada de lágrimas, ninguna escena. Todo está bien. Por el momento.

Claro, la situación podría haberse tornado más emocional si ya nos hubieeramos acostado, pero sabiamente he evitado que suceda eso para que las cosas no se compliquen demasiado cuando llegue el final. Hasta ahora, lo único que hemos hecho es el ya acostumbrado beso y faje en el coche afuera de su casa. Me imagino que no llegaremos muy lejos siempre que exista la amenaza de que se aparezcan la madre de Aimee o Randy-la-morsa.

Verán, estoy de acuerdo con lo que dice Cassidy: ya que has tenido sexo, siempre estarás unido a esa persona por un hilo astral. Yo no soy ningún experto en temas astrales, pero en definitiva ahí hay algo de cierto, y la verdad no quiero que Aimee se quede toda enredada en un hilo pegajoso cuando llegue el momento de decirle adiós al Sutterman.

Pero no es sencillo. He contado hasta el millón, he hecho una lista de la mayoría de los presidentes y me he imaginado escenas de mi vieja película favorita, *Dumb and Dumber*, solamente para mantener la calentura bajo control cuando la beso. Sé que le dije a Ricky que no había manera de que ella se convirtiera en una chica sexy, pero el cuerpo no miente. La cabeza sí, pero el cuerpo no. Mis huevos hinchados son prueba de esto cada vez que regreso de su casa.

Aunque el mayor reto todavía está por llegar. Un par de días después de mi plática con Aimee sobre Cassidy en el McDonald's, Aimee me plantea la gran pregunta de si quiero pasar la noche en su casa y ayudarla con la distribución del periódico al día siguiente. Shane va a dormir en casa de un amigo y su mamá y Randy se van de fiesta toda la noche a los casinos indios.

Tal vez el momento sea una simple coincidencia, pero no eludo preguntarme si Aimee planea que nuestra relación avance a la recámara para poder competir con Cassidy. Por supuesto, pasar la noche juntos no significa que debamos tener sexo, pero ciertamente será mucho más difícil evitarlo. Sólo que ya me conocen, yo siempre estoy dispuesto a aceptar un reto.

Cuando llega la gran noche, hago lo que siempre hago, le digo a mi mamá que voy a pasarla con Ricky. Entonces, consigo películas, pizza, papas, salsa, twinkies, whisky, 7UP, vodka y jugo de arándano y manzana. Claro, cuando llego a casa de Aimee, ya tiene música suave de los sesenta y velas colocadas por toda la sala, así que mi súper reto empieza ya con diez grados adicionales de dificultad.

Tenemos tres películas para escoger: dos comedias y una tristona de ciencia ficción. Nada demasiado romántico. Definitivamente nada con desnudos. Empezamos con la película de ciencia ficción, lo cual funciona muy bien porque Aimee me la está explicando y no queda mucho tiempo en la conversación para pensar en asuntos pasionales. Ése es mi gran temor, quedar atrapado en una de esas conversaciones de "¿hacia dónde se dirige nuestra relación?".

Lo extraño es que la película y sus comentarios en realidad me parecen interesantes, en especial después de que ella se toma un par de vodkas y empieza a meterle velocidad. Es una de esas películas situadas en una sociedad disfuncional en el futuro cercano. Reina el totalitarismo. La mitad de los personajes parecen refugiados de un club de punk-rock de los setenta y la otra mitad parecen nazis espaciales. Una de las mujeres es bastante sexy para ser calva.

Aimee dice que los temas son simples: adiós a la individualidad, adiós a la originalidad. El futuro uniforme y desalmado se acerca y las semillas ya fueron plantadas. Ha escuchado o leído billones de historias similares. Eso es lo que teme la gente, dice, porque piensan que es como la muerte, y la muerte es la ladrona de identidad por excelencia.

—¿*Tú* piensas que así es la muerte? —le pregunto.

—No —me dice—. Creo que cuando morimos no perdemos nuestra identidad sino que adquirimos una mucho mucho más grande. Tan grande como el universo.

—Ésa es la mejor noticia que he escuchado en todo el día —le digo y chocamos los vasos para brindar por nuestros grandes seres universales.

Hay una chica punketa en la película con un viejo padre punketo. Creo que el actor que hace de papá solía ser una gran estrella. Es triste, de cierta forma, ver cómo envejecen las estrellas de cine bajo su fabuloso cabello. Pero ésta es la única parte de la película que le parece novedosa a Aimee. Cuando termina, admite que el papá le recuerda a su propio padre porque ellos se entendían mutuamente como nadie más.

Su papá fue quien le heredó el gusto por la música sesentera. Solía cantarle las canciones. También le leía, incluso cuando ella ya sabía leer. Le encantaba un tipo llamado Kurt Vonnegut y otro que se llama Isaac Asimov. Estoy seguro de que escribían cosas de ciencia ficción. En las noches, le leía capítulos enteros y, sobre la marcha, le explicaba la filosofía que había detrás.

—Solía colocar un pequeño cenicero rojo en el marco de la ventana y echar el humo hacia afuera para que yo no tuviera que respirarlo. Y se ponía inclinada hacia atrás una vieja gorra de los Cardenales de San Luis. A veces se reía tanto mientras leía que casi no podía continuar.

—Me cae bien —le dije.

—Era un soñador.

—Eso está bien. Me gusta escuchar los sueños de los demás. Mi papá no creo que tuviera sueños. Era como yo, cada segundo es un sueño para los tipos como nosotros.

—Bueno, tuvo que tener ambiciones para terminar trabajando en el piso superior del edificio Chase haciendo todos esos negocios.

—¿Qué?

—¿Recuerdas que me contaste que trabaja en el edificio Chase en el centro?

—Ah, sí, claro, claro, claro. Supongo que me distraje pensando cómo era antes. Era divertido. Pero ahora es un adicto al trabajo.

Se acerca y pone la mano sobre mi pierna.

—Tal vez deberíamos visitarlo algún día. Me encantaría conocerlo. Después de todo, tú ya conociste a toda mi familia y yo no conozco a nadie de la tuya.

—Sí, hagámoslo algún día.

—¿Cuándo?

—No sé, algún día.

—¿Qué tal mañana? Digo, si no es muy precipitado.

Tim Tharp

—No es buena idea —me quedo viendo hacia la televisión aunque la película ya terminó—. Además, probablemente trabaje hasta muy tarde.

—¿En domingo?

—Ya te dije, es adicto al trabajo.

—Entonces qué tal si lo sorprendemos en la oficina. Podemos llevarle un poco de la pizza que quedó.

—No es buena idea.

—Siempre he querido saber cómo se ve todo desde la punta de uno de esos edificios.

—Carajo —le quito la mano y la miro a la cara—. ¿Podrías callarte sobre visitar a mi papá? No va a suceder, ¿está bien?

Se sonroja intensamente y se encoge retrocediendo. Parece como si la hubiera abofeteado o algo parecido. Pero, en serio, esta chica no sabe cuándo parar.

—Lo siento —me dice con la voz quebrada.

—Bueno, es que insistías e insistías. No me gusta que me fastidien así, ¿sabes?

—Ya sé, ya sé, fue muy estúpido. No sé qué me pasa.

Juro que parece que, de encogerse tanto, va a desaparecer entre los cojines del sofá.

—Oye —le digo dándole una palmada en la pierna—. No hay problema. Sólo me molestó un poco.

—No, lo sé. Estoy actuando como mi mamá y dije que nunca lo haría. Pero supongo que cuando tu familia está dañada, tú también lo estás —ahora ya está llorando.

—No estás dañada. Ven acá—la abrazo—. Nada más que el tema de mi papá es un tema sensible para mí, ¿sabes?, pasa más tiempo trabajando que conmigo.

—Lo siento mucho —se seca las lágrimas en mi hombro—. Soy tan tonta, debería haberlo imaginado.

Esta chica no puede dejar de disculparse, así que hago lo que tengo que hacer. La beso. Y la beso y la beso hasta que las lágrimas se secan y para entonces ya estamos pegados el uno al otro en el sofá con las manos bajo la camisa del otro y ella me dice:

—Me alegra mucho haberte conocido.

—A mí también me alegra haberte conocido —y las palabras se pierden en más besos.

Capítulo 45

Le beso la boca, los párpados, las cejas, la frente, las orejas, el cuello, incluso los senos por encima de la tela de su playera. Rodamos hacia un lado y hacia el otro. Yo estoy arriba, luego ella, y luego estamos de lado, y el sofá es tan pequeño que Aimee casi se cae al suelo. La abrazo con fuerza y le digo:

—No te preocupes, no te dejaré caer.

Y ella me dice suavemente:

—¿Podemos ir a mi recámara? Hay más espacio en la cama.

—Claro que podemos —le respondo tratando de imaginarme la edición completa y extendida de *Dumb and Dumber*, contar hasta un billón e incluso visualizar la disección de una rana. Lo que sea con tal de no llegar demasiado lejos con esta chava. Digo, si se puso a llorar porque le dije que se callara, ¿qué va a pasar cuando tenga que terminar con alguien con quien se haya acostado por primera vez?

Es extraño estar en su cama en medio de una habitación llena de novelas de ciencia ficción y dibujos de la comandante Amanda Gallico a caballo. Pensarán que es el sitio menos sexy del mundo, pero no es así. Por el contrario, es megaíntimo, como si estuviéramos solos en nuestra peculiar capsulita espacial, viajando por el universo.

—Te quiero tanto —me dice entre besos. Y noto que quiere decir *te amo* en vez de *te quiero*, pero no porque me ame, sino porque quiere decirlo así. Claro, no puede. No si yo no lo digo antes.

—O sea, en serio, en serio, te quiero.

—Eres espectacular —le digo—. De verdad lo eres.

—¿Podemos quitarnos la ropa? —me pregunta.

¿Qué le voy a responder? ¿Que *no*? Digo, no hay una película lo suficientemente graciosa ni un número tan grande ni una rana muerta tan horrenda como para detener las cosas ahora.

—Claro que podemos —mi boca está tan cerca de la suya que parece como si mis palabras cayeran dentro de ella como monedas en un pozo de los deseos.

Ésta siempre es la parte incómoda. ¿Yo le voy a quitar la ropa a ella? ¿Ella a mí? ¿O cada quien se quita la suya? Es decir, ¿quién quiere batallar con los calcetines de alguien más? Así que hacemos un poco de ambas cosas.

Debo retirar todo lo que dije de que esta chica no era sexy. Sin sus playeras ridículas con caras de caballo y sus jeans de supermercado holgados de las nalgas, su cuerpo es absolutamente fabuloso. No es un cuerpo de curvas peligrosas. Más bien es la pureza de su piel. Alabastro bajo el brillo del reloj digital.

—La desnudez —le digo— te va de maravilla.

No le da pena dónde pone las manos, así que a mí tampoco. Ya vamos a toda velocidad cuando, de pronto, se sienta y me dice:

—Espera un momento. Regreso en un segundo.

Y yo pienso: ¡Carajo! ¿Se asustó después de hacerme llegar al punto donde no hay vuelta atrás? Pero entonces regresa a la habitación alegremente y se mete a la cama con un condón que ha tomado del buró de su mamá.

—Estemos seguros —dice. Esta chica pensó en todo.

A Cassidy siempre le gustaba estar arriba, y es espléndido de esa manera, pero con Aimee me imagino que el método tradicional será mejor. Podemos ponernos creativos en otra ocasión. Ahora, lo que me toca es facilitarle las cosas. Me imagino que probablemente sea mejor que ya lo hagamos. Así puede adquirir un poco de experiencia con alguien que en realidad sólo busca su bienestar. Ninguna preocupación. Puras cosas positivas.

A medio camino, me fijo en su rostro. Su expresión es sublime, tiene los ojos cerrados y su boca se abre ligeramente haciendo pequeños sonidos con cada uno de mis movimientos. Parece una santa rezando. De pronto, siento cómo todas las capas que han cubierto mi propia pureza empiezan a desaparecer. Mientras más rápido vamos, más capas se van quemando, hasta que llega el momento mágico y no queda nada salvo el yo original, tan puro como el cuerpo de ella, brillante y glorioso.

Capítulo 46

Nos quedamos ahí tendidos en silencio durante un largo rato y le acaricio el cabello hasta que ella dice:

—Eres increíble. Fue como si fuéramos un alma fusionada.

Le beso la frente y le digo:

—Gracias. Supongo que es bastante fácil parecerle increíble a alguien en su primera vez.

No me responde nada, así que le digo:

—¿Fue tu primera vez, verdad?

No hay respuesta.

—¿Aimee?

Finalmente, me responde.

—No exactamente.

—¿Qué quieres decir? Creí que me habías dicho que nunca habías tenido novio.

Ella vuelve a dudar, mantiene los ojos cerrados y la barbilla inclinada. Es raro, pero percibo una extraña corriente eléctrica negativa en mi estómago mientras aguardo la respuesta. Como si en realidad temiera lo que me va a decir.

—No quiero que me odies.

Le beso la frente.

—Eso no sucederá nunca. No eres odiable.

—¿Lo prometes?

—Te lo juro por un montón de Seres Supremos.

—Es en serio...

—De verdad. Te prometo que no te odiaré.

Deja escapar un fuerte suspiro.

—Es algo que pasó —me dice—. Digo, no lo planeé.

—Oye, te comprendo. Yo prácticamente no planeo nada.

—La cosa es que yo tenía catorce años y, ya sabes, no sabía nada sobre los chicos, y el hijo de Randy se quedó a dormir.

—Dios, ¿el hijo de Randy-la-morsa?

—Sí —me dice como disculpándose—. Mamá le preparó el sofá para que se durmiera ahí, pero en algún momento, después de que todos se fueron a dormir, entró a mi habitación y me preguntó si podía dormirse conmigo. Me dijo que el sofá estaba muy pequeño y que le dolía la espalda.

—Dios, qué pretexto de mierda.

—Y yo pensé que no habría problema. Es más, casi éramos parientes de cierta manera. Así que se metió bajo las mantas y se deslizó hasta quedar pegado a mí. Y empezó a decirme lo cómoda que estaba mi cama y lo cálido que estaba mi cuerpo y luego me dijo cómo me había estado observando durante toda la cena y que le gustaba la manera en que yo comía.

—¿Dijo que le gustaba cómo comías?

—Sí. Y ahí estaba yo, acostada boca arriba. Entonces me puso la mano en el estómago y empezó a acercar su nariz a mi cabello y a decirme lo bonita que era. Yo sólo cerré los ojos e intenté hacer que mi corazón latiera menos rápido, pero no podía. En realidad nadie se había interesado antes en mí y él parecía realmente interesado.

—Apuesto que sí.

Su rostro se compunge.

—No, no lo estaba. Tal vez sólo en *eso*, pero no en mí. Debí haberlo sospechado. Digo, ¿qué tipo de veinte años se interesaría en una niña de catorce?

—¡Carajo! ¿Bromeas! ¿Tenía veinte? Qué pervertido.

—El caso es que yo sentí que un tipo más grande veía algo en mí que ninguno de los chicos de la escuela veía. Algo que nadie más alcanzaba a ver. Incluso me dijo que me amaba, y yo no había escuchado eso desde mi papá, así que me sentí muy especial. Era como si yo fuera la Bella Durmiente despertando con sus besos. Pero realmente no sabía qué hacer, así que me quedé ahí dejando que lo hiciera y entonces empecé a llorar y me colocó la mano sobre la boca. Y luego, cuando terminó, regresó al sofá. Después, durante el desayuno, ni siquiera me volteó a ver. No ha regresado desde entonces. Creo que ahora vive en Colorado.

—Ese tipo es el rey de los pervertidos. No puedo creer que tu mamá se haya quedado con Randy después de eso.

—Nunca se lo dije.

—¿Qué? Deberías haberle dicho. Eso es estupro.

—Nunca se lo había dicho a nadie. Hasta hoy.

—¿Ni siquiera a Krystal Krittenbrink?

—Sólo a ti.

Nos quedamos en silencio. Es difícil pensar en algo que decir después de eso. Pasado un rato, siento sus lágrimas en mi hombro.

—No llores —le digo.

—Debes pensar que soy terrible —dice ella.

—No pienso que seas terrible. ¿Por qué dices eso?

—Ya ni siquiera puedes hablarme.

Le acaricio el cabello.

—Solamente estoy pensando. Hay algo que no te he dicho sobre mí tampoco, algo que nunca le he dicho a nadie. Pero tienes que prometerme que no me odiarás así como yo te lo prometí.

Lo promete.

—¿Recuerdas que te dije que mi papá trabaja en el piso superior del edificio Chase?

—Sí.

—Bueno, pues es mentira. Les he mentido a todos desde la primaria. Incluso a Ricky. La verdad es que ni siquiera sé dónde esté mi papá. Después de que mamá lo corrió de la casa, desapareció. Así que inventé que era un gran ejecutivo. Lo fingí con tanta intensidad que casi empecé a creérmelo yo mismo, de modo que en realidad sólo es una mentira a medias.

—¿Nunca supiste más de él?

—Creo que me llegó una tarjeta de cumpleaños de su parte hace mucho. Pero básicamente mamá lo echó de la casa como quisiera hacerlo conmigo ahora. Así es el mundo, ¿sabes? Todo es desechable.

Me abraza por la cintura y recarga la cabeza en mi pecho.

—No te preocupes —me dice—. Yo nunca te echaré.

Capítulo 47

Las chicas están equivocadas sobre cómo somos los hombres con nuestros amigos. Creen que lo único que hacemos es hablar de deportes y pornografía, contar chistes indecentes y presumir sobre nuestras aventuras sexuales. O mentir sobre ellas. Y, de acuerdo, sí hacemos un poco de todo eso, pero si tienes un mejor amigo, puedes ir más allá. Puedes abrir todas las habitaciones. Bueno, excepto una. No puedo contarle a nadie la historia de Aimee y el hijo de Randy-la-morsa.

Pero créanme, cuando le cuento a Ricky sobre el sexo con Aimee, no estoy presumiendo. Presumir es sólo para tipos que nunca van en serio. Es decepcionante, sin embargo, porque Ricky no me entiende como suele hacerlo. Me reclama:

—Hermano, pensé que me habías dicho que no ibas en serio con esta chava. Pensé que ibas a mantener todo en un nivel superficial. ¿Ahora te la estás tirando?

—No es así —le digo—. No me la estoy *tirando*.

—¿En serio? Bueno, te diré cómo lo veo. Es como si fueras uno de esos estafadores que va por ahí buscando víctimas débiles. Ya sabes, los tipos que prometen ponerle un nuevo techo a la casa de una ancianita ciega de ciento dos años y luego se escapan con todo el dinero. Lo mismo contigo. Te robas un poco de miel de esta chica y, en menos de lo que lo cuento, ya te escapaste. Eso no está bien, hermano.

Le digo que el asunto no es así. Le explico todo el asunto de la pureza y cómo parecía santa en oración, y me responde:

—Sí, sí, seguro. Eso es lo que quieres creer que parecía. Así que estás fingiendo para creer que todo es puro e inocente.

—¿Y qué? ¿A quién no le hace falta un poco de pureza en su vida? O sea, eso es lo que estoy diciendo. Es cuestión de almas.

—Sí, claro —me responde—. El reverendo Sutter Keely, el hombre que puede salvar el alma de todos, excepto la suya.

—Como sea, hermano —me pregunto si la razón por la cual no puede entenderme es porque todavía no lo hace con Bethany. No lo dudaría. Probablemente todavía está en la etapa de darse la manita en el sofá. Lo cual es bastante patético, por cierto. Miren, si hay que ir a la iglesia el domingo en la mañana con una chica, más vale haberse acostado con ella el sábado en la noche.

Lo que realmente me sorprende es el punto de vista de Cassidy sobre todo esto. Ahí nos tienen, disfrutando de una tarde espectacular de jueves tomando nuestras tradicionales copas. Marcus y Aimee parecen haber aceptado nuestras reuniones amistosas, o al menos eso dicen. Entonces, le planteo mi teoría de la pureza. Temía que me fuera a hacer pedazos por aprovecharme de Aimee, pero es básicamente lo opuesto. En vez de eso, me dice:

—Sabes, te admiro por salir con Aimee.

—¿Admirar? Elegiste una palabra extraña.

—No, espera. Lo que digo es que al principio pensé que era un despecho un poco raro, pero ahora ya lo puedo ver. Tomé francés con ella el año pasado. Es tímida y demás, pero es profunda. Supongo que me sorprendió que vieras eso en ella, pero mientras más lo pienso más sentido tiene. Creo que hacen buena pareja.

—¿Qué quieres decir con eso de que es profunda pero no pensabas que yo vería eso en ella? ¿No crees que yo pueda ser profundo?

—No, sabes que no me refiero a eso. Solamente pensé que tal vez no lo verías en una chica que va por la vida con una chamarra morada que parece una gigantesca esfera navideña.

—Oye, esa chamarra ya se fue al fondo del clóset.

—Bueno, sabes a qué me refiero. Una chica que es algo sutil en su apariencia.

Y bueno, probablemente Cassidy no quiera decir nada negativo con su comentario de "sutil", pero por alguna razón siento la obligación de defender a Aimee, y empiezo a hablar sobre su cuerpo alabastrino bajo la luz del reloj digital.

Cassidy se queda viendo hacia el jardín como si de repente la fuente para pájaros se hubiera convertido en algo digno de estudio.

—Bien, muy bien —me dice, aunque me parece que ella tiene tantas ganas de escuchar sobre mi vida sexual con Aimee como yo sobre la suya con Marcus—. El punto es que me alegra que estén juntos. Será buena pareja para ti.

¿Qué sucede con la gente que piensa que necesito algún tipo de buena influencia en mi vida?

—¿Quién sabe? —me lanza una sonrisa socarrona—. Tal vez llegues a ser alguien, después de todo.

—Oye —le guiño el ojo—. Ya soy alguien. Soy una maravilla absolutamente milagrosa.

Se ríe.

Es extraño. Nuestra relación experimenta una metamorfosis surrealista justo frente a nuestros ojos. Esos sentimientos que teníamos antes no han desaparecido del todo, pero parecen estarse alejando más y más. Está bien, me digo. Ahora estoy con Aimee. Cassidy ya no es más que una ex novia. De acuerdo, tal vez ahora sea un nuevo tipo de amiga jamás visto, pero es sólo una amiga.

Eso es bueno, me digo. Es algo muy muy bueno. Podemos hablar de lo que sea y no hay por qué preocuparse de todas las trampas que existen cuando eres novio de alguien. Sí, me digo, esto funcionará de maravilla.

Pero de alguna manera, al salir de su casa esa tarde, me entra una ansiedad irresistible por ponerme una borrachera gloriosa y panorámica.

Capítulo 48

El asunto es que la fiesta de graduación se precipita hacia mí a toda velocidad, fuera de control y con las luces altas encendidas. Sin embargo, no hay de qué preocuparse. Tengo un plan. Me imagino una réplica exacta de un esmoquin de Dean Martin y una gran limosina blanca. Claro, alguien tendrá que ayudarme a pagar la limosina, así que me dirijo a Ricky.

—Lo siento, amigo —me dice—. No puedo. Bethany ya hizo planes para que nos dividiéramos la limo con Tara y Brian Roush.

—¿Roush? ¿Vas a compartir la limosina con Roush?

—Sí, invitó a Tara a la fiesta y ya sabes lo cercanas que son ella y Bethany. ¿Ves?, ése podrías haber sido tú acompañándonos en la limosina si hubieras salido con Tara como te dije.

—Bueno, pero, de todas maneras, si conseguimos una limosina grande, estoy seguro de que pueden caber tres parejas fácilmente.

Hace un gesto extraño.

—¿Qué?

—Sí, bueno, es que no eres precisamente el tipo favorito de Bethany.

—¿Yo? ¿Qué tiene en mi contra? ¿No me acabas de decir que yo estaría en esa limosina si hubiera salido con Tara?

—Así es. *Si hubieras salido* con Tara. Así como están las cosas, creo que ella piensa que eres demasiado, eh, salvaje para su gusto.

—¿Salvaje? No soy salvaje, soy divertido.

—Está bien. Entonces piensa que eres demasiado divertido para su gusto.

Y eso es todo. No iré en la limosina con Ricky. ¿Qué pasó con la lealtad en este mundo? Al fin y al cabo, ¿quién juntó a Ricky y Bethany, para empezar?

Pero no me doy por vencido fácilmente, así que llamo a Cody Dennis para proponerle la idea, pero por supuesto le da demasiado miedo invitar a una chica a la fiesta. De hecho, le da demasiado miedo que *yo* invite a una chica a la fiesta por él.

Entonces se me ocurre una solución fabulosa: ¿por qué no poner en práctica esa idea de que salgamos en parejas con Cassidy y Marcus? Probablemente les hará falta una chispa de diversión en su noche. Esto requiere de tacto, eso sí. Está bien que Marcus no tenga problema con que Cassidy y yo ahora nos veamos como amigos, pero eso no quiere decir que le vaya a encantar que yo vaya a la fiesta de graduación con ellos. No, la manera de demostrarles la belleza de esta propuesta es primero proponer la simple idea de salir juntos al cine. Ya que vean lo divertidos que somos los cuatro, entonces será sencillo convencerlos de la fiesta de graduación.

Cassidy piensa que lo del cine es una idea genial y Marcus le sigue la corriente, pero se nota que no es precisamente un tsunami de entusiasmo. Así que ese sábado vamos a un restaurante y después a ver *Lovestruck Fool* en el cine en Bricktown. Para mí, todo va requetebién excepto tal vez porque, después de la película, a Aimee se le cae de su bolso por accidente la botella de vodka y se hace pedazos en la entrada de los cines. Esta clase de situación para mí es simplemente graciosa, pero no todos tienen el mismo tipo de sentido del humor completamente desarrollado. Marcus nos mira de reojo. Así es, de *reojo*.

Así que al día siguiente llamo a Cassidy y me contesta en su celular porque está repartiendo comida a los ancianos con Marcus. Le propongo mi idea para el baile de graduación y me entero de que ya tienen planes para rentar una limosina con algunos de sus amigos y sus novias.

—Pero nos divertimos tanto en el cine. Somos un grupo estelar.

—Lo siento, pero ya habíamos hecho planes. ¿Qué esperabas, Sutter? La fiesta de graduación es este fin de semana. Todos ya tienen planes. Probablemente ya no puedas conseguir una limosina a estas alturas.

—Bueno, entonces supongo que tendré que ir a conseguir mi esmoquin mañana.

—¿Qué? ¿Ni siquiera has rentado tu esmoquin?

—Oye, yo pensaba esperarme hasta el día de la fiesta.

—Sutter, más te vale no echar a perder esta graduación. Es algo importante para Aimee.

—No te preocupes —le digo con desenfado—. Todo está en orden. Las estrellas están perfectamente alineadas para que tengamos una noche superfabulosa. Lo único que debo hacer es dejar que todo se acomode en su sitio.

Capítulo 49

Las cosas sí se acomodan. En su mayoría. No tengo ningún problema en encontrar el esmoquin perfecto de Dean Martin. Rentar una limosina por mi cuenta es demasiado costoso, pero ¿qué tiene de malo ir en mi propio auto? ¿Creen que le voy a pedir su Cadillac prestado a Geech? Nunca en un millón de años. No, el Mitsubishi bastará.

Sólo queda un pendiente: Aimee tiene que buscar la manera de librarse de la distribución de periódico a la mañana siguiente a la fiesta de graduación. Me pide que esté con ella cuando confronte a su mamá, pero le digo:

—No, imposible. Esto es algo que tienes que hacer tú sola. Tienes que hacerle frente. ¿De qué otra manera vas a lograr escaparte e ir a la escuela en St. Louis?

A decir verdad, no sé cómo ha continuado con la distribución del periódico todo este tiempo. Hemos salido de fiesta en serio pero ella sigue levantándose en la mañana a repartir sus periódicos. Realmente tengo la intención de acompañarla más seguido, no sólo esa vez que pasé la noche en su casa, pero se me olvida poner la alarma, lo cual le sucede a cualquiera. No me pueden culpar por eso.

Pero bueno, finalmente, cuando falta apenas un par de días para la fiesta de graduación, Aimee llega a mi casa después de la escuela toda emocionada. Lo hizo. Le dejó claras las cosas a su mamá.

—Le dije que era mi baile de graduación, que era una experiencia única en la vida y que no la iba a echar a perder por tener que entregar periódicos.

—¡Estoy orgulloso de ti!

—¡Yo estoy orgullosa de mí!

Salta a mis brazos y, para celebrar, nos tomamos la jarra de martinis que acababa de preparar y nos vamos directo a la cama. Después del sexo celebratorio, acostados con nuestros martinis, me cuenta la historia a detalle, cómo entró, apagó la televisión y les expuso todo el plan antes de que su madre o Randy pudieran abrir la boca. No levantó la voz ni se puso siquiera emocional. Se los dijo tal cual.

Cuando la mamá intentó usar el pretexto de que tal vez ella y Randy acudirían a los casinos esa noche, Aimee estaba preparada con los datos en la mano. En el último año, ella había repartido los periódicos sola en más de treinta ocasiones y nunca se había tomado un día libre. Por lo tanto, lo tomaría ahora y tomaría otro para el día de la graduación y no habría ninguna discusión al respecto.

Por supuesto, no le dijo exactamente a su madre que planeábamos conseguir una habitación en un motel. En vez de eso, le explicó que la escuela estaba organizando varias actividades para después de la fiesta, con mucha vigilancia de adultos, que durarían hasta el amanecer. Lo cual es cierto, pero solamente los mortalmente despistados asisten a esas cosas. Tampoco les voy a negar que me llaman la atención los juegos con láser que hay en esas fiestas. Sería divertidísimo jugarlos si estás hasta atrás.

—No le mentí en realidad —me cuenta—. Solamente le dije que la escuela organizaría las actividades. Nunca dije que fuéramos a ir.

—Está perfecto —le respondo. En verdad estoy orgulloso de ella—. Eres mi heroína. Tal vez te pida que vengas a veces y me ayudes a aclarar cosas con mi mamá.

Guarda silencio por un segundo y luego me sale con:

—Tal vez sea hora de que tú también le hagas frente a tu mamá.

—¿De qué hablas? A mi mamá no le importa si el día de la fiesta no regreso en toda la noche. Ella apenas se daría cuenta si no regreso en una semana.

—No me refiero a eso. Digo que deberías hablar con ella sobre tu papá. ¿Le has preguntado qué fue lo que en realidad sucedió entre ellos?

—No tuve que hacerlo. Siempre estuvo más que dispuesta a darme su versión falsa sobre cómo él era un miserable infiel.

—Tal vez deberías preguntarle a él.

—¿Cómo haría eso? ¿Subiéndome al elevador del edificio Chase y preguntándole? Ah, es cierto, en realidad no está ahí.

—Entonces, pregúntale a tu mamá dónde está. Es hora de que hables con él y averigües cuál es su versión de la historia. Yo te acompañaría.

Veamos, está muy bien que Aimee se vuelva más asertiva, pero ya empieza a desesperarme un poco con esto.

—Dios, Aimee, ¿por qué todo este interés en mi papá?

—Simplemente es que, ya sabes, yo perdí al mío antes de poderle decir todo lo que quería.

—Mira, me da gusto que le hayas hecho frente a tu mamá. Eso estuvo de maravilla. Pero no significa que puedas arreglar por mí la situación con mis papás.

—Podría ser útil si lográramos hablar con él.

—No, pero sé lo que sí sería útil. Una gran celebración —me doy la vuelta y tomo mis pantalones del respaldo de la silla—. Yo digo que adelante con la fiesta de graduación. Todas las soluciones aparecerán en el país de la borrachera que dura toda la noche.

Capítulo 50

Mi corbata de moño, mi faja y mi pañuelo rojo de bolsillo están al perfecto estilo deanmartinesco. Estupendo. La mamá de Aimee abre la puerta luciendo su fabuloso corte de pelo que brilla bajo la luz de la televisión.

—Vaya, sí que pareces un sofisticado caballero —me dice y voltea a gritar—, ¡Aimee, llegó tu acompañante!

Aimee no sale inmediatamente, así que me quedo atrapado en la sala intercambiando miradas incómodas con la madre y Randy-la-morsa.

Entonces Aimee aparece en el pasillo y me da la impresión de que pospuso su gran entrada a propósito para darle un efecto dramático. Deben saber que pasó un mes entero frente al espejo para que todo saliera perfecto, pero Aimee es Aimee y la elegancia no es su especialidad.

Por supuesto, se puso labial de nuevo e incluso algo de sombra en los ojos para la ocasión. Encima de todo, y quiero decir literalmente encima, se hizo un peinado alto que le quedó un poco chueco, como la torre inclinada de

Pisa. Su vestido es de un impreciso tono amarillento que no va muy bien con su tono de piel. La falsa sedosidad le da a sus caderas un aspecto sexy y elegante, pero el escote es prácticamente inexistente.

El efecto que surte todo el conjunto en mí es que me dan ganas de tomarla entre mis brazos, acariciarla y decirle que es la cosa más hermosa que he visto en toda la galaxia. También le quiero decir que no haga caso de los comentarios de los tipos como Jason Doyle. Pero la verdad es que ni siquiera entendería por qué podría provocar comentarios.

Hacemos el intercambio de la flor en el ojal y el *corsage*, su mamá nos toma un par de fotos con una de esas camaritas amarillas desechables y salimos. Ya sé que todos van a ir a restaurantes elegantes como The Mantel o Nikz at the Top, pero Aimee y yo no somos todos los demás.

—Entonces —me pregunta—, ¿cuál es la sorpresa? ¿Dónde vamos a cenar?

—Espera, ya lo verás.

Unos diez minutos después, las torres radiofónicas entran a nuestro campo visual y me dice:

—¿Vamos a cenar en Marvin's?

—¡Correcto! —le digo como anfitrión de programa de concurso—. ¡Denle a la dama un nuevo refrigerador y un galgo de cerámica!

—¿No venimos vestidos demasiado elegantes?

—Da igual. Lo que importa es la historia sentimental del lugar: donde tuvimos nuestra primera cita.

—Pensaba que nuestra primera cita había sido en la fiesta del lago.

—Digo, nuestra primera cita de sentarnos a comer.

—Sólo comimos papas con chili.

—¿Qué pasa? ¿No te gusta la idea?

—No, no es eso.

—Digo, este sitio es especial, es *nuestro sitio*.

—¿En serio? ¿Nuestro sitio?

—Por supuesto.

—Entonces está perfecto —contesta sonriendo.

Ya que llegamos a Marvin's, yo esperaba que al personal le hiciera gracia que nos presentáramos con nuestra ropa de la fiesta de graduación, pero el tipo del mostrador, que puede o no ser Marvin, nos mira como si estuviéramos locos.

—Vamos a la fiesta de graduación —le digo—, y no pudimos pensar en un establecimiento más espléndido que Marvin's para nuestra ocasión especial.

—¿En serio? —dice el tipo sin emoción. Mira a Aimee—. ¿Y tú estuviste de acuerdo con eso?

—Claro —responde—, es *nuestro sitio*.

El tipo inclina la cabeza de lado.

—Muy bien. Trata de no manchar tu vestido de chili.

Nos vamos a nuestro gabinete favorito y cuando se acerca la mesera está más animada:

—Qué lindos se ven los dos —dice—. Tendremos que traerles algo especial. ¿Qué tal un filete empanizado?

—¿Podemos ordenarlo con papas con chili?

—Puedes ordenarlo como quieras, corazón.

Después de que ordenamos y la mesera desaparece en la parte de atrás, saco un pequeño paquete de mi bolsillo. Está envuelto en papel rojo y verde y el moño es de color rojo brillante. De acuerdo, es papel para envolver que sobró de Navidad, pero de todas maneras se ve bien.

—Toma —le digo y le doy el paquete—. Te estuve buscando algo para hoy en la noche.

Sus ojos se iluminan y acaricia la caja.

—No tenías que comprarme nada.

—Lo sé. Pero quise hacerlo.

Con mucho cuidado intenta quitarle el papel como si no quisiera romperlo para conservarlo como recuerdo. Finalmente, le quita la envoltura, abre la caja y mira al interior.

—Es una botellita —me dice.

—Sí, eso es. Es justo como la mía.

Deja la caja sobre la mesa.

—Me encanta.

—Y, como verás, ya viene llena.

Todo está perfecto. Agregamos un chorrito a nuestras bebidas, Dean Martin canta desde la rocola y la carne y las papas no podrían estar mejor. La mesera incluso nos coloca una vela en la mesa para darle un efecto romántico. Si Aimee tenía antes cualquier duda sobre Marvin's, no veo cómo podría quedarle alguna para cuando salimos hacia la fiesta de graduación.

La siguiente parada es el parque Remington, donde se celebrará la fiesta. Sí, es un hipódromo, pero también tiene unas instalaciones realmente elegantes con una sala de banquetes increíble. El edificio en sí parece un palacio, iluminado con un fulgor dorado y con banderas ondeando en el techo. Además, la entrada tiene una gran marquesina que te hace sentir como si estuvieras entrando a los Oscar o algo parecido. Muy distinguido.

Adentro, la sala de banquetes está llena de sillas acolchadas y mesas con manteles blancos: fila tras fila de ellas en cinco niveles distintos. En uno de los costados hay grandes ventanas, de hecho es una pared de vidrio con vista a la pista de carreras iluminada para nuestro deleite. Por supuesto, no hay carrera esta noche, pero la vista es magnífica con las luces brillando sobre la pista color café y los dos estanques en el lado interior.

He de notificar al comité de planeación que el sitio es genial, pero que las decoraciones son exactamente lo que me esperaba del tema de la fiesta, el musical *Puttin' on the Ritz*: recortes baratos de sombreros de copa, bastones y tiaras, junto con estrellas y lunas con brillantina. Son horrendas de la manera más gloriosa. Vaya que sí nos dimos nuestros aires de elegancia. Aquí nos encontramos, los reyes y reinas de lo patético. ¡Es nuestra noche!

Aimee y yo llegamos un poco tarde porque me perdí un par de veces en el camino, pero por suerte Cassidy nos reservó un lugar en su mesa. Es lo menos que pudo hacer después de rechazar mi idea de la limosina. La mesa de Ricky está del otro lado del salón y lo veo rodeado por los amigos de Bethany y Tara. No puedo imaginarme de qué habla con esas personas. Por cómo se le ve la sonrisa incómoda y dos tallas más apretada, diría que él tampoco tiene mucha idea.

El ponche se combina perfectamente con el Grey Goose de Aimee, pero no mucho con mi whisky, así que debo darle unos tragos directos de mi botellita cuando tengo oportunidad, lo cual no me molesta, excepto porque ésta es nuestra noche especial, se supone. ¿No podría haber un poco de 7UP en algún lado?

Además, pensé que íbamos a tener música en vivo, pero contrataron a un DJ. El idiota piensa que es un genio, para colmo. Trae la gorra de lado. Lentes de sol que le dan la vuelta a su cabeza. Digo, amigo, estamos en un interior y es de noche. ¿Para qué necesitas los lentes de sol? Sus ritmos son una versión blanca, nacida y criada en Oklahoma, con algo de influencia del hip de la costa oeste; su selección de canciones es lo mismo que vomita la radio todo el día. Pero está bien. Yo traje mi arma secreta: *The Essential Dean Martin.* Estoy esperando el momento adecuado para introducirlo en la mezcla.

A pesar de la música horrenda, la pista de baile está llena y después de un rato de entretener a nuestra mesa con algunas de mis historias cómicas, Cassidy y Marcus se pierden en la multitud. Créanme, Marcus tal vez tenga un aspecto muy pulido, con su esmoquin blanco inmaculado y su camisa y corbata negras, pero en la pista de baile parece una grulla, las piernas largas y tiesas y un movimiento torpe de la cabeza hacia adelante y hacia atrás. Quizá podrían pensar que el cuerpo de Cassidy, por otro lado, temblaría demasiado, pero no es así. Se mueve como gracia líquida.

Ya sé que vine aquí con Aimee, y estoy contento de estar con ella, pero ¿cómo puedo no mirar a Cassidy? Trae un vestido deslumbrante color turquesa que abraza cada opulenta curva. El turquesa le da luz a sus ojos que relucen como diamantes azules, y su piel perfecta brilla como leche pulida. Mientras Aimee tiene que estar ajustando los tirantes de su vestido para mantenerlo sobre sus hombros, el vestido de Cassidy carece de tirantes. Su maravilloso busto lo sostiene todo por sí solo como un increíble milagro de ingeniería anatómica.

—Es buena bailarina —dice Aimee.

—¿Qué?

—Cassidy. Es buena bailarina.

—Ah, sí. Supongo que sí. No me había fijado.

Cuando termina la canción, Cassidy regresa a la mesa jalando a Marcus de la mano.

—¿Por qué no están bailando ustedes? —me pregunta.

—Ya sabes que odio este tipo de música.

—¿Y qué? Yo también la odio. Pero ¿no eres tú el que siempre está diciendo que hay que aceptar lo raro? Simplemente salgan a la pista y diviértanse.

Tiene razón. No soy de esas personas que se preocupan por el cociente de popularidad de su música. Solamente me gusta lo que me gusta. Además, soy un gran bailarín.

—Vamos —tomo a Aimee de la mano cuando empieza otra terrible canción—. *Realmente* odio esta canción. ¡Nos divertiremos!

Pero mi mano se topa con una resistencia inesperada.

—No sé —me dice—. No soy muy buena bailando.

—Oye, con mis movimientos puedo hacer que cualquiera se vea bien.

—Tal vez luego —levanta su vaso como para decirme: "Necesitaría unos tragos más para que me anime a salir".

Del otro lado, Cassidy me toma del brazo.

—¿No te importa entonces si lo tomo prestado para bailar una canción?

—Eh... claro —dice Aimee—. No importa, me parece muy bien.

En la pista de baile, al principio es un poco incómodo. Cassidy y yo nunca hemos bailado como amigos.

—Pues —levanta la voz para competir con la música— Aimee se ve linda.

—Sí.

—Tú te ves bastante bien también.

—Tú te ves maravillosa.

Sonríe y desvía la mirada.

Ahora ya me siento cómodo. No tiene caso intentar ocultar el hecho de que todavía hay una chispa entre nosotros.

La hago girar y luego nos acercamos, luego volvemos a separarnos y nos volvemos a juntar, moviéndonos juntos tan bien como siempre. Sólo en una ocasión me pongo demasiado efusivo y accidentalmente choco con Derrick Ransom, por lo que me dice:

—Fíjate en lo que haces, Sutter.

—Hey, sólo hay una pista de baile. Es demasiado pequeña para contener mis fabulosos pasos.

—Sí, claro.

La canción termina y empieza una lenta.

—¿Quieres bailar una más? —pregunta Cassidy.

—Claro, una más suena bien.

Hace tiempo que no la abrazaba así. Hay tanto de donde sostenerse. Su calidez es casi abrumadora. Su perfume huele como ella se ve: azul y blanca y dorada. Éste no es el momento de que se me pare, pero la canción apenas va a la mitad y mis defensas se están debilitando.

—Espero que a Aimee no le importe que bailemos una canción lenta —me dice.

—¿Por qué le importaría?

—No sé, a mí tal vez me importaría si fuera ella.

—¿Qué hay de Marcus? ¿Crees que él tenga algún problema?

—Más le vale que no.

—Para ti es fácil decirlo.

—¿Cómo van las cosas contigo y Aimee? —sus labios ahora están justo junto a mi oreja.

—Estamos bien.

—¿La estás tratando bien, verdad?

—Sir Galahad no podría competir conmigo en la sección de caballerosidad.

Se ríe y siento su aliento cálido en mi cuello.

—Vi que sacó una botellita para echarle algo a su ponche. No la estás convirtiendo en una borrachina, ¿o sí?

Me alejo para verla a la cara.

—¿Qué es esto? ¿Querías bailar conmigo o sermonearme sobre Aimee?

Recarga su mejilla en la mía.

—Baila —me dice.

Cuando la canción termina, me da unas palmaditas en la mejilla y nos dirigimos de regreso a la mesa. Parece que Marcus no nos ha prestado atención. Está muy interesado en una conversación con Darius Carter y Jimmy McManus. Aimee está sentada a un lado con el tipo de expresión tensa que adquiere la gente cuando intenta fingir que no le importa estar sola en medio de la multitud.

Le beso la mejilla y le pregunto cómo va su botellita.

—Todavía me queda un poco.

—¿Un poco? —le doy un trago a su ponche—. ¡Guau! Ésa es una bebida de alto octanaje —le doy otro trago—. Pero no está mal. No está nada mal.

La fiesta gira a nuestro alrededor. Es una etapa espectacular de la borrachera, esa etapa en la que te sientes conectado a todos y a todo. Los recuerdos que tengo de estas personas son demasiados para contarlos. Tantos amigos y tantas historias graciosas sobre ellos. A veces puedo imaginarme sus caras y me da risa.

Y luego están las ex novias. Se ven increíbles, todas y cada una de ellas. Después de Cassidy, Shawnie es tal vez la más hermosa, me gusta la manera en que su vestido rojo combina con su cabello negro, su bronceado intenso y sus ojos brillantes. Me da gusto verla tan contenta. Me preocupé un poco cuando supe que estaba saliendo con Jeremy Holtz, pero en realidad se ven bien juntos. Nunca pensé que Jeremy quisiera ir a la fiesta de graduación, pero aquí está, y nunca lo había visto sonreír tanto.

Ésta es mi gente. Estamos vestidos elegantes celebrando nuestro vínculo común, la juventud. Eso es la fiesta de graduación, es el día de san Patricio para la gente joven. Sólo que no estamos brindando por los tréboles ni echando a las serpientes de Irlanda. Estamos brindando por la clorofila que se eleva en nuestros cuerpos, atrapando la energía del universo. Nadie ha sido tan joven como nosotros en este momento. Somos la Generación Más Rápida que la Velocidad de la Luz.

Al rato empieza otra canción lenta, y en esta ocasión Aimee no se resiste. Prácticamente se funde en mi pecho mientras nos mecemos al ritmo de la música. Es muy diferente tenerla a ella entre mis brazos en comparación con Cassidy. Cassidy me muestra algo hermoso del exterior. Aimee extrae algo hermoso de las profundidades de mi interior.

—No puedo bailar como Cassidy —me dice.

—Sí, pero bailas como Aimee. Y eso es perfecto.

Capítulo 51

Finalmente, llega la parte de la fiesta de graduación que no me interesa para nada, la coronación del rey y la reina. Desde mi punto de vista, todos somos reyes y reinas. ¿Por qué echar a perder nuestra sensación de unidad distinguiendo a dos personas por encima de los demás?

Para evitar presenciar ese asunto escabroso, me llevo a Aimee a dar una vuelta caminando. El edificio es un sitio interesante, en especial para una amante de los caballos como ella. Las paredes están decoradas con fotografías de caballos de carreras y los colores de los *jockeys*. Además, en el vestíbulo hay una estatua asombrosa de un caballo. También hay clubs, restaurantes y un casino. Todo está cerrado esta noche, pero se pueden percibir los fantasmas de los apostadores recorriendo los pasillos embrujados. Yo he venido un par de veces a las carreras y le explico a Aimee cómo funcionan las apuestas.

—Probablemente yo perdería todo mi dinero —me dice.

—Es cierto. Pero es parte del precio por venir aquí. Digo, yo tampoco sé nada de caballos, pero eso no importa. Elijo a los que tienen el nombre que suene más patético, como Gato Gordo o Caramelín Caramelo, y les apuesto a ésos. Siento que les caería bien el apoyo.

—¿Qué pasaría si hubiera un caballo llamado Cassidy?

—¿Qué quieres decir? Cassidy no es un nombre patético.

—Pero ¿le apostarías?

—¿Por qué me haces una pregunta así?

—Es que, ya sabes, vi cómo estabas bailando esa canción lenta con ella.

—Oye, ella me sacó a bailar, no al revés. Y tú dijiste que no había problema.

—Pero deberías saber que no era muy buena idea.

Oh-oh. Aquí vamos. Finalmente ya llegamos a la etapa de "deberías haberme leído la mente".

—¿Cómo se supone que debo saber eso? —le pregunto—. Tienes que decirme esas cosas. La percepción extrasensorial no es uno de mis muchos talentos, ¿de acuerdo?

Caminamos al exterior donde la luna y las grandes lámparas alumbran los jardines perfectamente cuidados. Ninguno de los dos dice nada por un rato. Por fin rompo el silencio.

—Mira, estoy aquí contigo. Cassidy está con Marcus. Ella y yo sólo somos buenos amigos. ¿Qué debo hacer para que tengas un poco de fe en el Sutterman?

Nos sentamos en una banca de piedra y ella se queda observando el jardín perfecto frente a nosotros y responde:

—Pensaba en algo que puedes hacer.

—¿Qué? Haré lo que sea.

—¿Recuerdas cómo me insistes en que debo hacerle frente a mi mamá y renunciar a la distribución del periódico y mudarme a St. Louis con mi hermana? Bueno, creo que sí lo voy a hacer. Mis calificaciones han bajado un poco últimamente, pero no hay problema. Ya es demasiado tarde para solicitar el ingreso para el semestre de otoño, así que el primer año iré a la universidad técnica allá. Ya hablé con Ambith y me dijo que puede conseguirme empleo en la librería donde ella es subgerente.

—¿Un empleo en una librería? Eso es perfecto para ti.

—En verdad lo es. Después de trabajar en la NASA, es el segundo empleo de mis sueños.

—Y podrás controlar tu propio dinero.

—¡Lo sé!

Es extraño. Esto es exactamente lo que quería que lograra desde el principio, pero ahora que ya planea hacerlo, no quiero que se vaya. Pero no se lo puedo decir. Debe irse.

—Es maravilloso —le digo forzando una sonrisa—. No puedo pensar en nada mejor. La situación en la que te encuentras ahora es, no sé, asfixiante. Es inaceptable. St. Louis será *très fantastique*. Si quieres que te ayude con la mudanza, no te preocupes, con todo gusto.

—Eso no es precisamente lo que tenía en mente —respira hondo—. Tenía la esperanza de que me dijeras que te mudarías conmigo.

—¿Mudarme allá?

—Puedes ir también a la universidad técnica; conseguiríamos empleos y podríamos rentar un departamento juntos.

Esto no es, ni remotamente, lo que yo esperaba. De acuerdo, me he apegado mucho más a Aimee de lo que pensaba, pero ya me conocen. Estoy comprometido por completo a evadir el tema de cómo viviré en el futuro. Claro, siempre he creído que terminaré mudándome con una chica, tal vez incluso me case, pero es algo así como el plan de un niño que algún día quiere llegar a ser el capitán de un barco. Es decir, nunca representó una realidad concreta para mí. Ahora, Aimee está aquí golpeándome en la cara con este tema como si fuera un gran pescado congelado.

—¡Guau! ¿Mudarnos juntos, eh?

—Mi hermana me dijo que podía mudarme con ella, pero estoy segura de que si vienes conmigo podremos conseguir un sitio en el mismo complejo de departamentos donde ella vive. No es tan caro.

—Has hecho muchos planes.

—Ni siquiera quiero pasar aquí el verano. Quiero irme en cuanto termine la escuela.

—Eso ya es muy pronto.

Se queda mirando sus dedos.

—¿No quieres ir? Digo, siempre me insistes en que tengo que separarme de mi mamá y marcharme, pero no quiero hacerlo sin ti.

—Sí, pero ¿mudarnos juntos? Es algo grande. Si consideramos el fracaso monumental que fueron mis padres en ese aspecto, no estoy seguro de que sea tan buena idea.

—Pero tal vez lo sea —me toma de la mano y finalmente me mira a los ojos—. Tal vez sea justo lo que necesitas para superar lo que sucedió con tus padres.

—Hace mucho que superé eso.

—¿En serio? —me aprieta más la mano—. Entonces ¿por qué te molestas tanto siempre que saco el tema de tu papá? Siempre te cierras cuando hablo de que intentemos encontrarlo. Pero yo creo que eso es exactamente lo que necesitas hacer, encontrarlo y hablar con él. Cuando sepas lo que de verdad sucedió, entonces podrás asegurarte de que no nos pase a nosotros.

—¿Tú crees? —debo admitir que el tema de buscar a mi papá todavía me molesta, pero no puedo seguir reaccionando así ahora que ya me descubrió.

—Sí, lo creo —ya no hay nada de "síes" de dos sílabas. Su voz ahora tiene el tanque lleno de certezas—. Creo que vale la pena intentar lo que sea para permanecer juntos.

—Pero ¿qué pasará si descubrimos algo terrible: que es un asesino en serie o es un participante en los programas de concursos? ¿Querrías que me fuera contigo a St. Louis de todas maneras?

—Querré que vayas conmigo sin importar lo que suceda. La pregunta es ¿tú quieres venir?

Por supuesto, lo que debería hacer es lo que Ricky me dijo: armarme de valor y decirle que no, que de ninguna manera voy a ir a buscar a mi papá, que de ninguna manera me mudaré a St. Louis con ella y que de ninguna manera lograremos que lo nuestro funcione a largo plazo. Pero Ricky no está aquí, sentado frente a la suplicante mirada que surge de los ojos azul pálido de esta chica.

Así que me decido por lo benévolo, le paso el brazo por el hombro, la acerco a mí y le digo:

—Sí, sí quiero. En verdad podría funcionar. Tienes toda la razón. Mudarnos juntos sería espectacular. De hecho, suena como la mejor idea en la historia del universo.

Capítulo 52

Cuando regresamos a la sala de banquetes, el estado de ánimo ya cambió. O quizá lo que pasa es que yo estoy hundiéndome hacia la siguiente etapa de la borrachera: la zona tranquila, el valle entre las montañas. Es algo que me ha pasado últimamente. Antes eran casi puras montañas, pero supongo que, en una relación a largo plazo con la bebida, es de esperarse que de vez en cuando aparezcan los valles.

Miro hacia el otro lado de la habitación y me siento arrastrado por una sensación de pesadumbre, es casi agridulce pero con mucho mayor predominio de lo agrio. La belleza de las tristes decoraciones ya se desgastó y ahora simplemente lucen patéticas. La brillantina se está desmoronando. La desesperanza permea la habitación. Las sonrisas de la gente son tan falsas como las lunas de cartón.

Se me ocurre la idea de que todos somos hierbas de pasto en el mismo jardín. Hemos crecido juntos, hombro con hombro, bajo el mismo sol, bebiendo de la misma lluvia. Pero ya saben lo que le sucede al pasto: alguien lo poda justo cuando alcanza su mejor momento.

Muchos chicos ya se fueron a otras fiestas. Cassidy y Marcus no están por ninguna parte. Tampoco Ricky. Pero la pista de baile sigue medio llena y eso tal vez es lo peor de todo. ¿Qué tiene esta música mediocre que hace que la gente al menos levante un pie? Suena como si la estuviera escupiendo la máquina des-alma-tizadora de los vampiros atómicos. Pero ahí siguen, girando y sonriendo e, incluso, intentan ocasionalmente imitar el gesto sexy que aprendieron de la televisión. Zach Waldrop opta por un baile cómico para compensar su falta de ritmo. Mandy Stansberry, mi salvaje ex novia de los años de la secundaria, hace movimientos insinuantes como si fuera la siguiente diva pop adolescente recién salida de la fábrica. ¿O es la diva porno adolescente? ¿Cuál es la diferencia?

Ya no somos la Generación más Rápida que la Velocidad de la Luz. Ni siquiera somos la Generación de la Siguiente Cosa Nueva. Somos los Chicos Próximos a Hacerse Obsoletos y nos arremolinamos aquí para ocultarnos del pasado y del futuro. Sabemos lo que nos espera: el futuro nos aguarda justo enfrente, como una reja de hierro forjado, y el pasado nos ataca desde la retaguardia como un dóberman perverso, sólo que éste no se da por vencido.

Está bien. No hay que temer. Sutter Keely es un veterano de la vida de la borrachera. Conozco las etapas tan bien como conozco los meses del verano. Y lo único que me queda por hacer ahora es continuar avanzando a través del valle hasta llegar a la siguiente etapa: la etapa de me da absolutamente lo mismo pero que empiece ya.

Cuando el DJ toma un descanso, le doy un codazo suave a Aimee y le digo:

—¿Sabes qué? Esta fiesta de graduación ya se está convirtiendo en polvo dentro de su propio ataúd. Lo que necesita es que le transformemos la personalidad en serio y yo soy el indicado para ese trabajo —sin mayor explicación, me lanzo a la cabina del DJ, listo para inyectarle un poco de esencia de Dean al abismo.

Pero surge un problema; el equipo es un poco complicado y yo ya he bebido de más, así que aborto la misión original y opto por una nueva y mejorada: el Sutterman en persona cantando los éxitos de Dino directo desde sus propias vísceras.

Golpeo suavemente el micrófono un par de veces.

—¿Me podrían permitir todos su atención?

Desde alguna parte del centro del salón, alguien grita:

—¡Eeeh! ¡Sutter!

—Sólo quiero cambiar un poquito el ambiente —digo con mi mejor voz de micrófono, garbosa y profunda—. Agregarle un poco de clase a la noche. Un poco de estilo.

Empiezo con "You're Nobody 'Til Somebody Loves You" canturreando con mi mejor estilo de Dino. Arrugo los ojos igual que Dean, me balanceo y mezo mi vaso por todas partes como él.

—¡Au! —alguien grita a unas cuantas mesas de distancia.

Desafortunadamente, no recuerdo la letra completa de la canción, así que me veo en la necesidad de fusionarla con "Ain't That a Kick in the Head" después de unas cuantas estrofas. Incluso eso es una muestra de mi genialidad. Es el popurrí perfecto. Esas dos canciones resumen bastante bien el estado del mundo. De hecho, no son sólo canciones. Son revelaciones. De pronto, la fiesta de graduación pierde su cualidad de ordinaria y una sorprendente dosis de *profundidad* arrasa con el salón.

Pero siempre hay alguien que no entiende. Como el señor Asnoter.

Asnoter está presente como parte de la unidad Gestapo del baile, listo para saltar sobre cualquiera que se desvíe siquiera un poco de la autopista de lo soso. Apenas voy a repetir la segunda parte del coro de "You're Nobody

'Til Somebody Loves You" cuando siento su garra apretando mi brazo.

—Muy bien, ya es suficiente, señor Keely. Es hora de regresar a la mesa.

—Pero si estamos en lo más importante —le digo con perfecta sinceridad—. Es el evangelio según Dino.

—¡Siéntate! —grita alguien del público, probablemente la misma persona que propuso el tema de *Puttin' on the Ritz* para la fiesta.

—Vete al carajo —entono en mi profunda voz de micrófono.

—Eso es suficiente —dice el señor Asnoter jalándome del brazo.

—Pero, señor Asnoter —le digo todavía con mi tono grave y sensual—, ésta es nuestra última noche para ser jóvenes, ¿acaso ya olvidó cómo se siente?

Debo señalar que toda esa parte de "señor Asnoter" y demás resonó por el micrófono. Se escuchan un par de "¡huuu!", además de unos "¡siéntate!", y los ojos del señor Aster se abren como platos.

—Muy bien, hasta aquí —dice—. Tu fiesta de graduación se terminó.

Juro que la cabeza se le calienta tanto que parece que su cabello va a estallar en llamas en cualquier momento, pero yo sólo le respondo:

—Muy bien. De todas maneras este cadáver está listo para la morgue.

—Fuera, señor Keely. No lo voy a repetir.

Conservo mi perfecta dignidad mientras camino de regreso a la mesa para recoger a Aimee. Claro, no falta el par de personas que gritan: "¡Vete a tu casa, tarado!", pero ¿a quién le importa? Los que entienden están de mi lado. "¡Bien hecho, Sutter!", me dicen, "¡Nos vemos al rato en la otra fiesta, hermano!".

Aimee no se decepciona por tener que salir temprano. Ya recogió todas sus cosas para cuando yo llego a la mesa. Tan pronto salimos al aire fresco del exterior, ambos damos grandes tragos a nuestras bebidas. Sí, la siguiente etapa de la borrachera está por empezar.

Capítulo 53

Hay varias fiestas después del baile, pero la mayoría de mis amigos estará en la casa de la mejor amiga de Cassidy, Kendra. La fiesta probablemente durará toda la noche, así que tenemos suficiente tiempo para detenernos en nuestra habitación del motel. El plan es cambiarnos de ropa, rellenar nuestras botellitas e irnos, pero Aimee tiene otra cosa en mente.

Antes de que me pueda poner los jeans, sale del baño vestida solamente con sus calzones. Se acerca caminando y me besa en el pecho.

—No tenemos que ir a ninguna otra fiesta —me dice.

—Pero es la noche de la fiesta de graduación.

Recorre mi estómago con uno de sus dedos.

—Podemos hacerlo especial aquí mismo.

Esta chica es novata, como notarán. No comprende las etapas de la vida de la borrachera. La beso larga e intensamente y luego me aparto.

—Podemos hacerlo especial *después* de la fiesta. Ahora, anda, vístete. Queremos estar ahí cuando salga volando el corcho de la champaña.

—Pero ¿tenemos que ir a una fiesta donde va a estar Cassidy?

—¿No sigues preocupada por ella, o sí? Mira, es mi amiga. Tendrás que acostumbrarte a estar cerca de ella. Vamos. Ten un poco de fe en el Sutterman. La mejor parte de la noche apenas empieza.

—¿En serio?

—En serio. Ahora ve a vestirte.

Esta etapa de la vida de la borrachera es verdaderamente fabulosa. Ya ni siquiera es borrachera. Es un rugido. El mundo entero se abre y todo te pertenece, en este preciso lugar, en este preciso momento. Probablemente han escuchado la expresión "todo lo bueno se acaba". Bueno, pues esta etapa de la vida de la borrachera jamás escuchó esa frase. Esta etapa dice: "Nunca terminaré. Soy indestructible. Duraré fabulosamente para siempre". Y, por supuesto, le crees. Al diablo con el mañana. Al diablo con todos los problemas y las barreras. Nada importa salvo el Increíble Ahora.

No cualquiera puede llegar hasta esta etapa. Requiere de práctica y dedicación. Es como aprender a pilotar un avión: tienes que invertir tu tiempo en millas de vuelo antes de poder volar solo.

Y, créanme, para cuando llegamos a la casa de Kendra, ya voy volando. La gente está reunida en grupos y yo invento chistes, platico como de costumbre como mafioso italiano con Shawnie Brown, bebo copas de champaña parado de cabeza, en fin, me encargo de la alocada diversión. Un par de personas me insisten en que me suba a la mesa de centro y cante un poco más de Dino y pueden estar seguros de que no me insisten demasiado. Así es como debe ser una fiesta. No hay un solo adulto cerca que nos limite. Los padres de Kendra son unos genios. Le dejaron la casa y le dijeron: "Confiamos en ti, corazón, solamente no dejes que nadie se meta a la alberca."

Claro. Buena suerte con eso.

El único aspecto negativo es que Ricky no está. El tipo prometió que llegaría, pero ¿dónde está? Es capaz de estar con Bethany jugando con los láseres en la fiesta organizada por la escuela. Pero, por supuesto, Cassidy sí está con Marcus, y de vez en cuando la descubro mirando en mi dirección, con su sonrisita de Mona Lisa y sacudiendo la cabeza. Sé lo que piensa: "¿Por qué se me ocurrió cambiar a alguien tan sorprendentemente divertido por este Señor Sobriedad de Piedra que está en la cocina discutiendo de política?".

¿Qué puedo decir? Todos cometemos errores.

En cierto momento, perdí la noción de dónde estaba Aimee. La última vez que supe de ella, estaba sentada en la orilla de un sofá con su bebida en la mano y sonriendo incómoda, así que me alegra ver que ya se paró a hablar con la gente. En realidad tengo la intención de buscarla para saber cómo está, en caso de que esté atrapada en la plática insulsa de alguien horrendo como Courtney Skinner o, peor, Jason Doyle, pero termino distrayéndome.

El asunto es que, justo cuando empiezo a buscarla, Brody Moore me toma del brazo y me susurra una hermosa sugerencia al oído.

—La piscina está gritando —me dice—. Sólo hace falta que una persona se aviente primero.

Brody sabe perfectamente bien que estoy más que dispuesto a cumplir con mi obligación de ser esa primera persona.

—A la puerta del patio —digo—. ¡A toda velocidad y al diablo con las papas!

Para cuando Brody y yo llegamos a la piscina, detrás de nosotros ya venía un buen grupo, así que levanto las manos al aire para invitar a que empiecen una porra: "¡Al agua, Sutter, al agua! ¡Al agua, Sutter, al agua!".

El trampolín es demasiado bajo para el dramatismo que requiere la situación, así que naturalmente le pido a un par de amigos que me suban al techo de la pequeña cabaña que está del lado profundo de la piscina. Está suficientemente lejos del agua por lo que tengo que tomar vuelo antes de saltar, pero eso sólo aumenta la emoción.

Las porras se hacen más fuertes. "¡Al agua, Sutter, al agua! ¡Al agua, Sutter, al agua!"

Me queda claro que podría resbalarme y terminar abriéndome la cabeza en el concreto a unos centímetros de la alberca, pero si siempre se van a preocupar por esos pequeños detalles, entonces nunca lograrán nada. Así que, sin pensarlo dos veces, doy tres grandes pasos y salgo volando, completamente vestido, aspiro el aire sabroso, me hago bola y empiezo a girar. Me falta poco para completar una vuelta cuando caigo al agua. Cuando salgo a respirar, todos aplauden y gritan. Un par de personas al frente de la multitud están totalmente salpicadas, pero no les preocupa.

—¡Marco! —grito.

—¡Polo! —responde Brody justo antes de echarse al agua como bala de cañón.

Después de eso, todos se animan. Debe haber unas veinte personas en el agua, hombres y mujeres, algunos todavía con su ropa formal. El agua se agita, la gente se turna para sumergir a los otros, las blusas y los vestidos de las chavas se adhieren soberbiamente a sus senos. Los gritos y las risas resuenan por todas partes. Yo estoy observando todo desde la orilla de la piscina; mis piernas, todavía enfundadas en los calcetines, pantalones y zapatos, cuelgan dentro del agua. Mi sonrisa es formidable, clásica, digna del libro *Guinness World Records*, y absorbo la enormidad de lo que he logrado. No escucho a Cassidy llamarme hasta que está justo detrás de mí.

Capítulo 54

—Sutter, tienes que entrar.

Miro hacia arriba y encuentro a Cassidy, parada a mi lado, su cabello brilla bajo las luces del patio. Es hermosa.

—No puedo entrar. Estoy todo mojado.

—Te traeré una toalla.

—¿Cuál es la emergencia? —me pongo de pie y empiezo a acompañarla hacia la puerta del patio.

—Es Aimee. Se siente mal. Kelsey la encontró tirada en el piso del baño. Vomitó en la bañera.

—Dios. Tal vez no debimos comer tantas papas en Marvin's.

—¿O tal vez tanto licor?

—Mira, te propongo algo. ¿Por qué no vas por ella y la traes acá afuera? Tal vez si se mete un rato a nadar se sentirá mejor.

—¿Nadar? Sutter, no puede nadar. Se hundiría como piedra.

—Oye, yo estaría con ella. No la dejaría hundirse.

—Seguro, así como has estado con ella toda la fiesta. No has pasado ni un minuto con ella desde que llegaron.

—¿Y eso qué tiene que ver contigo? ¿No te bastó con indicarme cómo debía comportarse un novio cuando estábamos juntos? ¿Ahora pretendes explicarme cómo ser el novio de alguien más?

—Esto no tiene que ver con nosotros —se detiene frente a mí y me toma del brazo como si quisiera sacudirme para hacerme entender—. Sabes que te quiero y que siempre te querré, pero esto es sobre...

No tiene oportunidad de terminar. Aimee la interrumpe. Estamos junto a los muebles del patio, como a diez metros de la puerta, y ahí viene Aimee, caminando un poco chueco pero con la mirada decidida.

—A él le importa un carajo si tú lo quieres o no —dice como cincuenta decibeles más fuerte—. No eres su novio. Digo, él no es tu novia. Digo... Ya sabes qué quiero decir.

Cassidy dice:

—Aimee, solamente intentaba que él entrara y te ayudara.

Pero Aimee responde:

—Ya sé lo que intentabas hacer —su rostro está muy pálido, más de lo normal. Incluso el labial ya desapareció. Tiene un poco de vómito en la mejilla—. Lo has intentado toda la noche. Prácticamente te lo estabas cogiendo en la pista de baile.

—No es cierto —aclaro completamente sorprendido. Es decir, es cierto, yo le enseñé el valor de decir malas palabras en ciertas situaciones, pero ¿quién hubiera pensado que la palabra *cogiendo* saldría de su boca con tal facilidad?—. Fue sólo un baile amistoso —le digo e intento tocarla, pero me arrebata el brazo y se dirige a Cassidy.

—No te quiero volver a ver cerca de él —le dice—. Pinche perra gorda.

Entonces, en menos de lo que lo cuento, levanta el brazo y le da una bofetada a Cassidy en la mejilla. La fuerza del golpe hace que Aimee pierda el equilibrio y caiga sobre la mesita de vidrio del patio, rompiéndola en mil pedazos puntiagudos.

Así que ahora tengo a una chica con una gran marca roja en la cara y otra tirada en los restos de una mesa. ¿A quién ayudo? No sé si esto dice algo sobre mi persona, pero ayudo a Aimee.

Le coloco la mano detrás del cuello.

—¿Puedes sentarte? ¿Te cortaste?

—¿Me veo horrenda? —me dice—. Apuesto a que me veo horrenda.

—Vamos, siéntate en esta silla.

La coloco en la silla y la examino para buscar corta-
duras. Tiene apenas un rasguño en la parte de atrás del
brazo, nada grave.

—Parece que estás bien —le digo, y ella entierra la
cara en mi camisa mojada y dice:

—No, no estoy bien. Soy una estúpida. Hice algo en
el baño. ¿Tengo vómito en el pelo?

—No, tu pelo huele a dulce —le respondo, pero la
verdad es que su olor de *eau du vomitée* es bastante fuerte.

Tras nosotros escucho el alarido de Kendra:

—¡Sutter Keely! Cuando me contaron sobre lo que
sucedía acá afuera debí suponer que tú estarías involucrado. Espero que sepas que vas a pagar la mesa, Sutter.

—Está bien —le respondo totalmente tranquilo y digno—. Mándame la cuenta.

Pero no ha terminado.

—Y quiero que tú y tu novia borracha se vayan de
aquí. ¡Ahora! —está que hierve, llena de una ira mojigata
digna de la madre de alguien.

—¿Por qué debería irme? Ya te dije que te pagaré tu
estúpida mesa.

—¿Por qué deberías irte? —evalúa el patio y la piscina como si fuera un perito de seguros tras el huracán Ka-
trina—. Hay un par de razones. Primero, hiciste que to-

dos se metieran a la alberca a pesar de que yo dije que no debían hacerlo y, segundo, la señorita alcohólica provoca una estúpida escena, abofetea a mi mejor amiga sin razón y rompe una mesa de doscientos dólares.

—Tranquila, es una fiesta. Pasan cosas.

—No, Sutter. Una fiesta es para divertirse. Tú no sabes cómo divertirte como persona normal.

—¿Yo? ¿Bromeas? Mira a todos en la alberca. ¿Crees que no se están divirtiendo? ¿Qué crees que van a recordar: jugar en el comedor contigo o nadar con la ropa puesta?

Antes de que Kendra responda alguna tontería, Cassidy interviene y me toma del brazo.

—Sutter —me mira directo a los ojos con su expresión más seria. La conozco muy bien. Su mirada no es mala, reprobatoria ni nada similar. Simplemente me deja claro que no es hora de hacer chistes—, es hora de que te lleves a Aimee a casa. No quiere estar aquí en este estado.

Y, por supuesto, tiene razón. Aimee está sentada, totalmente pálida, y parece que vomitará de nuevo en cualquier momento. Así no es como quiere que la gente la conozca y no es como yo quiero que la conozcan.

—Por lo general no es así —digo—. No está acostumbrada a tanta fiesta. Supongo que necesita un poco más de práctica, ¿no?

Cassidy me da unas palmadas en la espalda.

—Llévala a su casa.

Aimee está muy inclinada hacia delante en la silla, como si fuera a caerse de boca, pero no. Vomita otra vez.

—Dios —dice alguien—, miren a la máquina de vómito.

Me arrodillo a su lado y le retiro el cabello de la cara.

—Vamos, linda —digo con suavidad—. Es hora de irse. Vas a estar bien. Todo va a estar bien.

Capítulo 55

Así que, en resumen, diría que a pesar de la resaca de dos días, la fiesta de graduación fue un éxito rotundo. Varios días después, la gente todavía se acerca para felicitarme por mi popurrí de Dean Martin y mi salto mortal casi perfecto y totalmente vestido en la alberca de Kendra.

Por otro lado, unos cuantos idiotas empezaron a llamar a Aimee *Vomitina*. Algunos tipos, como Chad Lammel, pasan a mi lado en el pasillo y me dicen: "Oye, Sutter, ¿dónde dejaste a Vomitina?" o "¿No ha roto Vomitina más muebles de jardín últimamente?". Aimee dice que en la clase de Inglés, cuando se iba a sentar, alguien le dijo: "Oye, Vomitina, no vayas a romper el pupitre".

—No te preocupes —le digo—. Que se vaya al diablo ese tipo. Ya veremos lo que dice cuando tú seas una estrella de la NASA y él tenga que trabajar en una planta de pollos, cortándoles la cabeza para sobrevivir.

Aimee ya no está tan interesada en la NASA últimamente. Ahora insiste, todo el tiempo, en cómo vamos a localizar a mi papá y mudarnos a St. Louis, como si todo fuera parte del mismo paquete. Yo tenía la esperanza de que todo esto hubiera sido solamente el efecto del vodka, pero la suerte no lo quiso así. Ya le dijo a su hermana que iremos para allá.

Un día, nos sentamos a almorzar en McDonald's y lo primero que me dice es:

—¿Ya hablaste con tu mamá para averiguar dónde encontrar a tu papá? —es el segundo día seguido que me pregunta eso.

—No. Decidí que mejor le voy a preguntar a mi hermana. Sólo que tengo que encontrar la mejor manera de hacerlo. Mi hermana y yo no nos llevamos muy bien.

—Qué ganas tengo de conocerlo —me comenta—. Creo que esto será muy muy bueno para ti. Pero no tenemos mucho tiempo. Ambith espera que lleguemos prácticamente saliendo de la graduación.

—No te preocupes. Te dije que lo haría y ya me conoces, si digo que lo haré, lo haré.

Por supuesto, la verdad es que, independientemente de los sentimientos que tengo por ella, sigo esperando que Aimee termine conmigo. Las señales empiezan a acumularse. Al igual que el resto de mis novias, empieza a buscar cierta cosa de *más* que no parezco tener, no sé bien qué será.

Pero el tiempo se está agotando si pretende terminar conmigo antes del día de la supuesta mudanza a St. Louis. De hecho, ahora que ya pasó la fiesta de graduación, parece como si el año escolar prácticamente hubiera terminado. Nada más vamos por ir, haciendo tiempo hasta que llegue el día de graduarnos.

Desgraciadamente, para algunos de nosotros la graduación tal vez se posponga un poco. No le he dicho a Aimee, pero el señor Asnoter ahora la trae en mi contra. Según él, *parece* que tengo que sacar al menos una C en su último examen para aprobar su clase.

—Y, si no lo logras —me dice muy estricto y dándose importancia— parece que te tendré que ver en los cursos de verano, jovencito.

Ahí va de nuevo con lo de "jovencito".

Supongo que podría pedirle a Aimee que me hiciera las tareas, pero no quiero correr el riesgo de que piense que ésa es la única razón por la cual estoy con ella.

De cualquier forma, realmente me digo a mí mismo que voy a llamar a mi hermana, Holly, y preguntarle por mi padre. Tal vez mudarme a St. Louis no sea tan realista, pero la idea de localizar a mi padre empieza a agradarme. Apuesto a que de veras podría hablar de cosas con él. Seríamos los hombres Keely, uniéndonos por fin. Incluso puedo vernos asistiendo a un partido de beisbol juntos de nuevo. Esta vez tendré mi propia cerveza helada.

Sin embargo, es fácil encontrar excusas para no llamar a Holly, en especial porque en realidad nunca me perdonó por el incidente del traje quemado. Pero hoy tengo una razón legítima. Bob, mi gerente de la tienda de ropa, me pidió que llegara al trabajo un par de horas antes. Digo, no puedo iniciar una conversación importante y densa sobre el padre perdido y luego interrumpirla:

—Mira, Holly, te llamo más tarde. Tengo que ir a trabajar.

En Mr. Leon's, saco a relucir el tema de nuevo con Bob, pero lo noto distraído y no me ayuda con su sabiduría como en otras ocasiones. Más tarde, cuando va a terminar el turno, averiguo por qué. Me llama a su oficina y me pide que me siente.

—Sutter —me dice juntando las manos—, ¿sabes por qué te pedí que llegaras temprano hoy? —no me da oportunidad de responderle antes de continuar—. Obviamente, no fue porque tengamos mucho trabajo. De hecho, ya nunca tenemos mucho trabajo. Ése es el problema. La oficina central lo sabe y me pidieron que reduzca las horas después de la semana entrante. Así que quería que trabajaras unas cuantas horas más antes de que tengamos que hacer eso.

—¿Cuántas horas tienes que cortar? —pregunto—. Ya estoy trabajando sólo tres días a la semana, y ni siquiera turnos de ocho horas. Esperaba que me volvieras a dar cinco días en el verano.

Supongo que eso demuestra dónde está mi mente. Sigo pensando en términos de vivir aquí y no en St. Louis.

Bob baja la mirada y recorre el borde de su escritorio con el pulgar.

—Y a mí me gustaría darte esos cinco días, Sutter. De verdad. Pero la cosa es..., lo que quiere la oficina central es que me quede con un solo ayudante. Ambos sabemos que me agradas y le agradas a los clientes, a la mayoría al menos, así que si fuera mi decisión te conservaría a ti.

—Está perfecto, Bob. No te arrepentirás.

—Espera un segundo, Sutter. Eso no es todo. Lo he pensado mucho y la única manera en que puedo permitirte que te quedes es que me prometas, al cien por ciento, que no volverás a presentarte ni siquiera con una copa encima. Ni una sola vez. De lo contrario, no tendré más alternativa que despedirte.

Bob ahora me mira directamente a los ojos. Una pesada tristeza ensombrece su actitud, como si supiera que no importa si miento o digo la verdad, de todas maneras lo decepcionaré. Y, claro está, no puedo mentirle. Es Bob Lewis. Es un muy buen tipo.

—Bueno, Bob —le respondo—, ahí sí me atrapaste. Sabes que no te puedo prometer eso. Desearía poder, pero no puedo.

Continúa mirándome a los ojos por un largo rato y luego asiente.

—Agradezco tu honestidad, Sutter. Supongo que si fuera tu padre intentaría sermonearte o algo parecido sobre lo que te estás haciendo, pero realmente no me corresponde.

Extiendo la mano y le doy un apretón a la suya.

—Bob, si tú fueras mi padre, probablemente no tendrías que sermonearme así. Ha sido maravilloso trabajar contigo.

—Todavía tenemos dos semanas más para trabajar juntos —juro que parece como si estuviera a punto de llorar—. Y después de eso, si decides poner tu vida en orden, puedes regresar conmigo y veremos si tengo un puesto para ti.

—Cuenta con eso.

Después de esa conversación las cosas son bastante incómodas, así que me salgo temprano en vez de quedarme a platicar con Bob mientras él hace el corte de caja. Claro, me siento mal de que me despidieran, pero me hubiera sentido peor si hubiera mentido. De hecho, me siento bastante orgulloso de mí mismo al salir de la tienda y el aire tiene un toque de dulzura. Hasta que veo el auto de Marcus estacionado junto al mío.

Capítulo 56

Lo primero que cruza mi mente es: "¡Maravilloso! ¿Ahora qué? ¿Acaban de despedirme y Marcus está celoso de nuevo por algún motivo?".

Pero cuando me acerco al coche, no se baja Marcus. Es Cassidy. Le pregunto qué sucede y me responde:

—Solamente queremos hablar contigo durante un minuto.

—¿Quiénes "queremos"?

—Marcus, Ricky y yo.

Tiene una expresión seria en el rostro, así que me pregunto qué habré hecho ahora. Recorro mis recuerdos más cercanos, pero no se me ocurre nada. De hecho, parece que, salvo por el despido, he sido un ciudadano modelo.

Me siento al lado de Ricky en el asiento trasero, Cassidy y Marcus están adelante. Todos me miran así que pregunto:

—¿Qué pasa? ¿Qué hice ahora?

Intercambian miradas y luego Ricky empieza:

—No es nada que hayas hecho —me dice—. Es algo que queremos que consideres hacer.

Paso mi mirada de un rostro al otro. Todos están muy serios así que digo:

—Dios mío, ésta no es una de esas intervenciones de "estamos tan preocupados por tu problema con la bebida", ¿o sí?

—No, amigo —responde Ricky—. Es más una intervención por Aimee Finecky.

Eso me consuela un poco. Detestaría pensar que este par de personas, con quienes me he ido tan monumentalmente de fiesta, de pronto pretendieran transformarse en consejeros estudiantiles.

—Miren —les explico—, ya les dije que voy a pagar esa mesa de jardín.

—Hermano, no es la mesa lo que nos preocupa. Es Aimee.

Miro a Cassidy. Sus ojos azules casi me engullen.

—Vamos —digo—, Cassidy, tú sabes que Aimee en realidad no quiso decir lo que te dijo en la fiesta. Solamente estaba un poco pasada de copas. Se siente muy mal por abofetearte.

—Sé que sí —me dice Cassidy—. Ya se disculpó conmigo. Eso no es lo que me preocupa.

—¿Entonces de qué se trata todo esto?

Después de un largo tiempo de silencio incómodo, Ricky dice:

—Es que simplemente nos parece que no está funcionando.

—¿Qué?

—Lo tuyo con Aimee, hermano. Su relación no está funcionando.

—¡Ah!, ¿no me digas? A ver, permíteme preguntarte algo, ¿desde cuándo tú tienes derecho a opinar sobre si mis relaciones están funcionando? Digo, mírense. En primer lugar tenemos al Señor Una Novia en Toda su Vida, después, a la chica que terminó conmigo cuando yo le ayudaba al susodicho señor a conseguir esa novia y, para terminar, al tipo que se robó a *mi* novia. Discúlpenme si sus opiniones sobre mis relaciones me importan un carajo.

—Espera un momento, hermano —dice Marcus—, yo no te robé a tu novia.

—Claro. ¿Entonces qué, la tomaste prestada, como libro de biblioteca?

—No —dice Cassidy—. Lo que quiere decir es que yo lo invité a él a salir *después* de que tú y yo terminamos.

—Muy bien. Perfecto. ¿Cuándo lo hiciste, como quince minutos después? ¡Ah!, por supuesto, ya me quedó claro. Eso les da el derecho a terminar mis relaciones con cualquier novia que pueda tener. Supongo que debí leer la letra pequeña.

—Espera, hermano —Ricky se inclina hacia mí—. Deja de pensar que esto tiene que ver contigo. Es por Aimee. Es por lo que le está sucediendo a ella. Digo, a todos ya nos quedó claro que no podemos sugerirte que bebas menos, pero esto es demasiado para ella. Bueno, nunca antes la vi beber. Ahora es una verdadera alcohólica.

—Es cierto, nunca la viste beber, ¿sabes por qué? Porque nunca estaba en ninguna fiesta. No tenía amigos, excepto por una que la trataba como perro.

—Y ahora va por la vida rompiendo botellas de vodka en el cine —dice Marcus—. Ella no es ese tipo de persona.

—¿Ah, sí? ¿Qué *tipo* de persona es? ¿Cuando la ves crees que sólo es una pequeña nerd que debería quedarse escondida en su rincón y nunca salir? Porque yo veo mucho más que eso. Veo a alguien que tiene grandes sueños, tan grandes como todos los de ustedes juntos. Y veo a alguien que ya puede defenderse sola. Antes de que saliera conmigo, dejaba que cualquier persona en su vida la pisoteara como si fuera la capa de Sir Walter Raleigh.

—Y lo que yo veo —interviene Ricky— es alguien a quien ahora todos llaman Vomitina en la escuela. ¿Crees que eres el salvador de esta chica, hermano? Ya bájate de tu nube. Vas por la vida actuando como si estuvieras salvando a los demás para no tener que lidiar con tus propios problemas.

—¿Sí? ¿Cuáles problemas? ¿Los hipócritas mojigatos como tú?

—Espera un segundo —dice Cassidy. Es más una súplica que una orden—. No nos metamos en una gran discusión. Chicos, ¿por qué no me dejan hablar con Sutter a solas un momento?

Están de acuerdo y empiezan a bajarse del auto, pero ella considera que será mejor si nosotros nos bajamos. Lo cual me parece perfecto. La atmósfera del coche empieza a sentirse un poco sofocante.

Nos dirigimos a mi coche y nos recargamos en él.

—Es una linda noche —dice ella y yo le respondo:

—He visto mejores.

—Esto fue idea mía —me dice—. Así que no les eches la culpa a ellos. Tal vez fue estúpido, pero sabes que realmente quiero lo mejor para Aimee.

—Pero no crees que yo podría ser lo mejor para ella, ¿verdad?

—No. Creo que podrías serlo si lo intentaras. Pero no creo que lo seas en este momento.

—Así que en tu infinita sabiduría proclamas que tengo que terminar con ella.

—No lo proclamo. Solamente es mi consejo. Eso es todo.

—¿Porque la estoy convirtiendo en una alcohólica como yo?

—No lo plantees así. No es como tú, Sutter. No tiene que ser extrovertida y andar de fiesta con mucha gente. Además, ya sabes que te involucraste en esto a largo plazo.

—¿Qué te hace pensar eso?

—¿Cuánto tiempo salimos nosotros? ¿Ocho meses? Y en todo ese tiempo me dejaste muy claro que no tenías ningún plan a largo plazo.

—Oye, yo no tengo planes a largo plazo con nada.

—Lo sé. A eso me refiero. Sabía que no ibas a comprometerte nunca conmigo, y obviamente será igual con Aimee. Así que lo que te estoy diciendo es que le harías un gran favor si terminaras con todo antes de que se enrede en algo de lo cual no pueda salirse después.

Por un momento me quedo ahí, de pie, mirando una envoltura de hamburguesa pasar revoloteando por el estacionamiento. Hay algo importante que Cassidy y los demás no saben, algo que no puedo decirles, la historia sobre lo que ocurrió entre Aimee y el hijo de Randy-la-morsa.

Incluso si quisiera, ¿cómo podría terminar con una chica si sé que tiene ese cadáver podrido enterrado en su pasado?

Así que le respondo:

—Mira Cassidy, si en verdad tienes este vasto conocimiento enciclopédico sobre mí y mis relaciones, entonces sabrás que no necesito terminar nada. Aimee lo hará cuando esté lista. Ya se cansará de mí, igual que tú.

—No lo entiendes, ¿verdad? Esta chica te ama. No va a terminar contigo, no a menos que algo realmente malo suceda.

—Vamos. Claro que me *quiere*, pero no está *enamorada* de mí.

—Eso es tan típico de ti. No sé qué sucedió, pero por algún motivo nunca crees que alguien te pueda amar. Tu mamá, tu hermana. *Yo*. Bueno, si no puedes creer que alguien te ame, ¿cómo vas a lograr romper esta fachada de "todo es tan pero tan fabuloso" y comprometerte de verdad con alguien?

—Oye, no es una fachada. Y, por cierto, me quedó clarísimo cuánto me amabas tú al ver cómo me botaste a la calle con tanta facilidad.

—¿Crees que fue fácil? ¿Crees que no lloré por eso? A veces todavía me hace llorar. Pero tengo que seguir adelante con mi vida y tú también. También Aimee. Ella sencillamente no puede verlo porque te convertiste en todo su mundo. No puede verse a sí misma yendo a ninguna parte sin ti. Pero yo no puedo imaginármelos moviéndose en una misma dirección. ¿Tú sí?

—Sí, sí puedo. De hecho, nos mudaremos juntos a St. Louis después de la graduación —de acuerdo, este comentario ya fue un poco visceral, pero no voy a permitir que Cassidy se ponga a predecir mi vida delante de mí—. Ya tenemos todo planeado. Su hermana vive allá y nos está buscando departamento. Ambos tendremos empleos e iremos a la universidad. Acabo de avisarle a Bob que sólo trabajaré dos semanas más.

Me toma del brazo.

—No estás hablando en serio.

—Espera y verás —le retiro el brazo y abro la puerta de mi coche—. Diles a esos güeyes que me la pelan. Nos vemos en la escuela.

Capítulo 57

Es media tarde y Holly está totalmente engalanada con su sedosa blusa dorada, pantalones negros tipo gaucho y sandalias de correas que suben por encima de sus tobillos. Pareciera que va a salir a almorzar con algunas de sus amigas de la alta sociedad y no que va a ver a su hermano descarriado, la oveja negra de la familia. Pero supongo que, como es muy raro que nos reunamos, quiere que sea una ocasión especial.

Estamos en la terraza que da a la piscina. Tal vez crea que si nos quedamos dentro de la casa incendiaré algo. En la mesa puso un platón de fruta y una jarra de té helado que, por supuesto, no me hace falta porque traigo mi 7UP grande.

Cuando nos sentamos, me dice:

—¿Te gusta cómo redecoramos acá afuera? —no espera mi respuesta—. Al principio, tuvimos muchas dificultades con la gente que contratamos, pero, ya sabes, les dejé muy claro qué era lo que quería que hicieran y que, si no les parecía bien, simplemente contrataría a alguien más. Refunfuñaron varios reclamos en voz baja, pero hicieron el trabajo. Creo que todo quedó maravilloso.

—Es fantástico —le digo en un tono falsamente alegre. Estoy seguro de que intenta posponer la conversación sobre papá lo más posible, pero yo no estoy de humor para hacerle plática.

Sin embargo, me presiona con el tema.

—Kevin quería sembrar un manzano pero tuve que ponerme firme y dejarle claro que eso no era práctico. Además, realmente no me gustan.

—Ajá —respondo mirando el jardín—. Los manzanos están taaan pasados de moda. En fin, como te dije por teléfono, quiero hablar contigo sobre papá.

Como si le hubiera cambiado de canal a la televisión, pasa de ser la anfitriona con platón de fruta y pantalones gauchos a la hermana mayor.

—Vamos, Sutter, no sé por qué quieres desenterrar ese tema.

—¿Desenterrarlo? Vamos, Holly, papá no es algo que se *desentierre*. Era buen tipo. ¿Recuerdas cómo solía contarnos historias en la tienda de campaña en el jardín de atrás?

—Eso fue casi siempre contigo. Yo ya era un poco grande para esas historias cuando consiguió la vieja tienda de campaña.

—Bueno, entonces recuerdas las vacaciones en México. Papá podía hablar un poco de español y nos hacía que nos acercáramos a la gente y le preguntáramos cosas como "¿Dónde está el museo de las hebillas de cinturón?" o "¿Por qué no hay helado de alcachofa?". Era graciosísimo. Y compramos todos esos increíbles títeres mexicanos.

—Esas preguntas me daban pena.

—¿Pena? La gente pensaba que eran graciosas. Nos amaban.

—Te amaba a ti porque eras pequeño y tierno.

—Los hombres te amaban a ti. Pensaban que eras una linda muchachita sexy.

Sonríe.

—¿Tú crees?

—Lo sé. Vi cómo te miraban cuando te alejabas —no me molesto en mencionarle que el tipo en particular que recuerdo era un hombre flacucho de unos cincuenta años de edad con más cicatrices de acné que dientes. Pero sé que Holly debe tener algunos recuerdos cálidos de papá. Solamente tengo que sacárselos.

—Una de las mejores cosas sobre papá —le digo— es que nunca se topó con un desconocido.

—Eso es verdad —responde. Da un sorbo a su té helado—. Sabía cómo hacer amigos. Tal vez no se hiciera amigo necesariamente del tipo correcto de persona, pero sí sabía cómo hacer que la gente se sintiera bien consigo misma. Al menos por un rato —una expresión melancólica atraviesa su cara—. Recuerdo que cuando era pequeña, antes de que nacieras, me llevó a pedir dulces en Halloween. Íbamos sólo los dos. Yo iba vestida de princesa, con un largo vestido plateado y brillante y una corona de plata. Papá me dijo que era la niña más hermosa que jamás había visto. Dijo que esa tarde yo sería una verdadera princesa, que podría hacer lo que quisiera y todos mis deseos se volverían realidad.

—Así era papá —le digo—. Podía ser mágico.

—Con su actitud, parecía como si conociera a cada persona de cada casa que visitamos. Platicaba con los otros niños que caminaban en la banqueta y realmente me hacía sentir especial. Pensé: *soy* una princesa y mi padre es el rey de Estados Unidos. Nos sentamos un rato bajo un árbol a comer dulces, a él le encantaban los Almond Joy, y me dijo que ningún monstruo de Halloween nos haría daño porque nos envolvía un aura mágica que convertía todas las cosas feas que la tocaban en pelusas.

—¡Sí! A mí también me dijo eso.

—Y entonces le dije cuál era mi mayor deseo. Deseaba que algún día viviéramos todos juntos en un gran castillo blanco. Lo imaginé todo: hiedra en los muros, muebles dorados con cojines de terciopelo rojo, galgos rusos como guardianes. O algún perro grande. ¿Y sabes qué dijo?

—¿Qué?

—Dijo: "Bueno, tú eres la princesa y los deseos de las princesas siempre se vuelven realidad".

—Así es papá, de verdad. Siempre positivo. Pero seguramente no esperabas conseguir ese castillo blanco, ¿o sí?

—Durante un tiempo, sí, claro —su sonrisa melancólica se extiende—. Pero más adelante me conformaba con la parte de que todos viviéramos juntos. Eso ciertamente hubiera sido suficiente.

—Sí, yo igual —de repente me siento muy cercano a Holly.

—Por eso nunca quise hablar mucho de él contigo, Sutter. No sólo porque nos decepcionó tanto, sino porque no quería que tú fueras como él.

—Pero tal vez no fue su culpa no poder cumplir su promesa. Digo, después de todo, mamá fue la que le gritó y le exigió que se mudara.

Su rostro se contrae con ese gesto constreñido que hace cuando considera estúpido mi comentario.

—Pero ¿sabes qué? Él le dio muy buenas razones para gritarle. Tú eras demasiado pequeño para entender lo que sucedía, pero ella me contó. Durante esos días fuimos casi como hermanas. Me contó cómo ella se había acercado a su auto, estacionado frente a nuestra propia casa, y lo encontró encima de una vecina de la calle. Ése es el tipo de hombre que es, y es todo lo que yo necesito saber.

Esa cercanía temporal que surgió entre nosotros se desvanece.

—¿Cómo sabes que eso es verdad? Claro que mamá lo hace parecer el malo. Habla mal de él cada que tiene oportunidad. Pensarías que es Osama bin Laden o algo parecido por cómo se refiere a él. Por una vez, me gustaría saber qué es lo que papá tiene que decir al respecto.

—¿Por qué? ¿Para que te mienta como le mintió a mamá? ¿Como nos mintió a nosotros? ¿Recuerdas que cuando estaba sacando sus cosas nos sentó en la entrada y nos dijo que no nos preocupáramos, que estaría del otro lado de la ciudad y que podríamos llamarlo siempre que lo necesitáramos? Bien, ¿dónde está?

—Eso es exactamente lo que quiero saber.

—Mi punto es...

—Sé cuál es tu punto. Pero éste es el mío: es hora de que lo encuentre. Quiero hablar con él, hablar de verdad. Un hijo quiere conocer a su verdadero padre, no a un padrastro robot. Le he preguntado a mamá dónde está, pero siempre me sale con la misma respuesta de mierda. No tengo la misma relación con ella que tú. Ella cree que tú eres una triunfadora.

—¿Bromeas? Ella piensa que tú eres su hijito estrella.

—¿Su hijito estrella? No piensa eso desde que yo tenía seis años. Ahora me da la impresión de que me considera una especie de chuchería rota o algo que no puede esperar a vender de oferta a alguien en una venta de garaje. Por eso estoy aquí. Necesito que le hables y le preguntes de mi parte dónde está papá. Tú eres la más cercana a ella. Te lo dirá a ti.

—Tú también podrías ser cercano a ella, Sutter. Podrías ser más cercano a mí. Pero siempre vas por ahí actuando como si no nos necesitaras para nada.

—Bueno, pues aquí estoy ahora, ¿no? Te estoy diciendo que necesito que le preguntes esto a mamá por mí.

Mira hacia la casa.

—No quiere hablar sobre él, Sutter. Y no la culpo. ¿Después de cómo actuó? Bueno, es como el más peorsísimo de los perdedores.

—No se dice "el más peorsísimo".

—¿Qué?

—Peorsísimo... no se dice así. Puedes decir que algo es lo peor, pero nada más.

—Como sea. Lo que digo es que, en lo que respecta a mamá, papá es sólo un mal recuerdo y yo no quiero ser quien la obligue revivir todo eso de nuevo.

—Sí, bueno, estoy seguro de que tienes razón. Estoy seguro de que todo lo que sucedió antes de que nos mudáramos a la casa grande con la alberca le trae malos recuerdos a mamá. Pero ¿qué te parece esto? ¿Podrías hablar con ella por *mí*? ¿Podrías hacer eso? Tú siempre me estás diciendo lo que crees que debería hacer. Esta vez, ¿qué tal si me ayudas con algo que me parece importante?

Se queda mirando el platón de fruta.

—Vamos —le digo—. Podrías hablarle ahorita al trabajo. Dile que Kevin está interesado en hablar con papá sobre algo. Eso la convencerá. Ama a Kevin.

Holly empieza a decir algo y luego se muerde el labio como si intentara resolver un complejo problema matemático en su mente. Después me dice:

—No tengo que hablarle.

—¿Por qué no?

Sigue viendo el platón.

—Porque yo sé dónde está papá.

—¿Qué?

Finalmente me voltea a ver.

—Sé dónde está. Está en Fort Worth, Texas. Llama a mamá un par de veces al año, borracho, pidiéndole que vuelva con él. Como si eso fuera a suceder.

—¿Y mamá te cuenta esto a ti y no a mí?

—¿Puedes culparla? Tú siempre actúas como si el divorcio hubiera sido culpa suya. Probablemente teme que te vayas a vivir con él o algo así.

—Sí, claro —me pongo de pie y tomo mi 7UP de la mesa—. O tal vez no quiere que yo averigüe la verdad sobre lo que sucedió. Pero no puede mantener eso bajo control para siempre. Voy a averiguar. No me importa si tengo que conducir hasta Fort Worth para enterarme.

Capítulo 58

Fort Worth está a sólo tres horas y media al sur, tal vez menos si conduzco tan rápido como voy. Es un día gris y nublado, pero eso está bien. Cuando vas por la carretera a ciento treinta kilómetros por hora, lejos de la escuela y el trabajo y los padres, no puedes evitar sentirte embriagado y libre. Además, debo admitir que me emociona reunirme por fin con el viejo después de todos estos años. Aimee probablemente está el doble de emocionada que yo, a pesar de que nos estamos perdiendo la graduación.

Cuando le dije que debía reunirme con papá justo el fin de semana de la graduación, no fue precisamente una mentira. Papá de verdad sugirió que nos viéramos hoy cuando hablamos por teléfono, y no sabía que la ceremonia estaba programada para el viernes en la noche. Estoy seguro de que si se lo hubiera dicho, con gusto hubiera cambiado la fecha, pero ¿qué caso tenía? A mí nadie me va a dar un diploma. El señor Asnoter cumplió su amenaza y tendré que asistir al curso de verano.

Aparentemente, la mamá de Aimee tampoco está contenta con la situación. No estoy muy seguro de cómo se lo explicó Aimee, pero la verdad es que no creo que la mamá esté encantada conmigo, en general. Todo eso de las malas influencias y demás. Pero no pasa nada. No esperaría ninguna otra cosa de una mujer cuyo control sobre su hija se está desvaneciendo. Y eso es exactamente lo que está sucediendo. Ahora que Aimee tiene algo de práctica en tomar sus decisiones y defenderse, se está haciendo una experta. Por supuesto, un par de tragos de vodka siempre le ayudan.

A mi mamá le dije simplemente que las festividades no serían sino hasta dentro de una semana, y nunca se molestó por confirmar las fechas. Habrá más que tiempo suficiente para explicar lo de los cursos de verano. Tampoco le dije nada sobre la visita a papá y le pedí a Holly que no se lo mencionara. No necesito que mamá me sermonee sobre la maldad de este señor y de cómo probablemente me infecte sólo por hablar con él.

Lo que sí odio es que Aimee se pierda su graduación. Trabajó duro por mucho tiempo para obtener ese diploma, pero, en realidad, ¿qué importancia tiene la ceremonia? ¿En realidad es necesario desfilar sobre un escenario con una fila de personas que nunca la conocieron de verdad? Además, si se enterara de que yo no me voy a graduar, le arruinaría más las cosas.

La música suena a todo volumen y el paisaje pasa volando a nuestro alrededor, las nubes bajas, los pastizales, las montañas Arbuckle del sur de Oklahoma. Aimee saca unas botanas y bebidas. Nada de alcohol. Claro, probablemente tomemos algo antes de reunirnos con papá, pero eso es todo.

—¿Estás nervioso de verlo? —me pregunta, y yo le respondo:

—Creo que será raro verlo, pero ya conoces mi política al respecto.

—¿Tú aceptas lo raro?

—Cien por ciento.

—Apuesto a que esto será el acontecimiento del año para tu papá —me dice ofreciéndome la bolsa de frituras. Tomo un puñado y le digo:

—Sonaba bastante emocionado en el teléfono. Así ha sido siempre, entusiasta frente a la vida. Recuerdo en una ocasión que lo acompañé a la tienda. Se echó en reversa y chocó con otro auto del estacionamiento. No se molestó en lo más mínimo. En vez de eso, lo manejó como si fuera una oportunidad más para hacer amigos, entró a la tienda, hizo que llamaran a la dueña del auto, le dio la información del seguro y, de pronto, ya estaban ahí platicando y riendo. Pensarías que le acababa de entregar el cheque del premio mayor de la lotería en vez de haberle chocado el auto.

—Qué ganas tengo de conocerlo.

—Él también tiene ganas de conocerte.

Bien, tal vez no le comenté a papá que venía Aimee, pero cuando contactas a tu padre que no has visto en diez años es difícil recordar todos los detalles que debes mencionar.

De hecho, la llamada estuvo muy bien. Al principio, se confundió y no entendía quién era, como si pensara que yo todavía era un niño en vez de un tipo adulto de dieciocho años, pero cuando se hizo a la idea, entonces tuvimos una muy buena conversación, un poco torpe, pero positiva.

Preguntó sobre mamá y sobre Holly, y no dijo una sola cosa negativa de ninguna de las dos. Incluso recordó que yo jugaba beisbol en la liga infantil y quiso saber si seguía jugando. Tuve que admitir que dejé de jugar al entrar a la secundaria porque cambiaron mis intereses, pero fue genial que recordara lo buen jardinero que era, incluso de pequeño.

Nunca me dijo en qué trabajaba o por qué terminó en Fort Worth, pero parecía estar a gusto allá. Seguía gustándole ir a ver el beisbol. No se había vuelto a casar. Seguía contando chistes, sólo que ahora sus carcajadas tendían a terminar con un ataque de tos. No le pregunté sobre lo que había ocurrido entre él y mamá. Ya habrá tiempo en Fort Worth.

Se acerca la hora de la cena cuando finalmente llegamos a Fort Worth y, después de unos cuantos intentos, al fin localizamos el dúplex de papá. No es una antigüedad ni nada, tal vez tendrá unos diez años, pero se ve endeble, como algo que no resistirá muy bien los vientos fuertes de Texas. El pasto luciría mejor con una podada y los arbustos están un poco secos, pero ¿y qué? Papá probablemente tenga mejores cosas que hacer que estar cuidando el jardín todo el tiempo.

—Creo que ahora sí necesito ese trago de vodka —me dice Aimee.

—Páseme el whisky, doctora.

Tomamos nuestros tragos seguidos por un par más y luego terminamos con un buche de enjuague bucal.

—Está bien —le digo—. Es ahora o nunca.

En la puerta de la casa nadie nos abre cuando tocamos el timbre un par de veces. Me imagino que podría estar descompuesto, así que toco la puerta, pero nadie sale hasta después de unas cinco veces. Al fin, la puerta se abre y ahí está papá, sólo que una versión más pequeña de lo que recuerdo. No es mucho más alto que yo, su cabello despeinado está lleno de canas y le hace falta un buen corte. Sus jeans azules están desteñidos y trae una especie de camisa hawaiana, excepto que en lugar de flores tiene dados al frente. Sigue siendo bien parecido, pero de una manera cansada y arrugada.

—Vaya, buen día tenga usted, jovencito —dice lleno del viejo carisma—. ¿En qué le puedo servir?

Al principio creo que está bromeando, pero no es así.

—Soy yo —le digo—. Sutter.

Se queda en silencio, como si esperara a que yo terminara de decir algo.

—¿Tu hijo?

—¡Sutter! Claro. Hombre, qué gusto verte. Se me olvidó que venías este fin de semana. Bueno, ¿qué tal? —sacude mi mano con un fuerte apretón—. ¿Y quién es esta hermosa dama? —le extiende la mano a Aimee.

Se la presento. Ella inclina la cabeza tímidamente cuando él le dice que la confundió con una estrella joven de Hollywood.

—Eres igual que tu viejo —me dice—. Tienes un gusto inmaculado en las damas.

Me pregunto con qué damas él ha tenido un gusto inmaculado. Ciertamente no puede referirse a mamá.

Resulta que ya tenía planes para reunirse con su amiga en turno en un sitio llamado Larry's. Insiste en que pensaba que yo no vendría sino hasta el siguiente fin de semana. Por lo general, yo aceptaría que podría ser mi error, pero estoy seguro de que acordamos esta fecha. Pero no tiene caso discutir al respecto. Ya estamos aquí y él está feliz de que vayamos con él y su amiga a comer unas costillas.

Nos sugiere que mejor vayamos en autos separados, así que Aimee y yo nos vamos en el Mitsubishi y él en su vieja Wagoneer. El ánimo está por los cielos. Salvo que no evito preguntarme si no será un poco difícil, con su novia por ahí, sacar el tema de por qué se separaron él y mamá.

—¿Otro trago de whisky, doctor? —pregunta Aimee cuando arrancamos.

—De inmediato —le respondo.

Capítulo 59

Larry's es un pequeño restaurante-bar como a diez minutos del dúplex; una pocilga por su aspecto, pero siempre se dice que las mejores costillitas se encuentran en los sitios más cochinos. Papá obviamente es un cliente asiduo. Hay unas quince personas en el lugar y todos parecen conocerlo. Están sorprendidos y encantados de conocer a su hijo. Las mujeres texanas son muy aficionadas a pellizcarte las mejillas.

Pero su amiga no se ve tan contenta. Sale del baño justo cuando estamos terminando de saludar a todo el buffet de admiradores y empieza a decirle que lleva esperándolo treinta minutos y está harta de cómo la trata. Parece que esto puede ponerse feo, pero yo debería saber que así no es como resultan las cosas con papá. Simplemente enciende su sonrisa de banda ancha y le explica que se entretuvo con un pequeño visitante.

—Quiero presentarte a mi hijo, el sorprendente Sutter Keely —hace un aspaviento exagerado en mi dirección—. Y, Sutter, ella es la señorita Gates.

En un parpadeo, la señorita Gates se pone toda radiante.

—¿Tu hijo? ¿Por qué no me dijiste que vendría a visitarte?

Se tambalea con cuidado hacia delante, me abraza con desenfado y me besa la mejilla. Parece que ya bebió un poco. Tal vez me agrade.

No es la mujer más guapa del mundo a sus cuarenta y cinco años, pero sí es un espécimen fabuloso en su estilo: magníficas pestañas postizas, un kilogramo de delineador en los ojos y, lo mejor de todo, un enorme peinado tejano, teñido de negro con una mancha blanca al frente, donde se parte su fleco. Es escultural de cierta forma, no es alta, pero se ve como si en algún momento hubiera tenido el cuerpo de Miss Universo. Sólo que ahora la estatua está regresando a la forma de su bloque de mármol original. Digo, es sustanciosa. Odiaría chocar contra ella en el Mitsubishi.

Nos sentamos alrededor de una mesa redonda al fondo y papá ordena las costillas y un par de jarras de cerveza. La comida es deliciosa, grandes porciones con mucha salsa, picante y dulce, como a mí me gusta. Pero lo mejor de todo es que a nadie parece importarle que Aimee y yo nos sirvamos cerveza. Está helada como la mañana de Navidad. ¡Cervezas con el viejo, por fin!

Se recarga en su silla, enciende un cigarrillo y empieza a contar chistes e historias haciéndonos reír a todos, incluyendo a los hippies campiranos que están en la mesa de al lado. La historia que más disfruto es una sobre la visita al lago, cuando todo estaba bien todavía entre él y mamá. Había una pequeña playa con un muelle y un tobogán, un par de trampolines y un salvavidas. Después de pasar un rato enseñándome a nadar, papá decidió hacerse el gracioso lanzándose desde el trampolín alto, así que me dijo que me quedara donde estaba y que no me moviera. Claro que, yo siendo yo, en cuanto me dio la espalda, salí corriendo a ver dónde encontraba algo con lo cual divertirme.

Así que papá se echó su clavado y regresó por mí, pero no me encontró. Inmediatamente lo invadió el pánico al pensar que su fabuloso hijo se había caído del muelle a lo profundo. Se apresuró a hablar con el salvavidas pero él sólo buscó en las aguas de la orilla, con el silbato en la boca y su estúpido sombrero salacot brillando al sol.

Es muy gracioso cómo lo cuenta papá. Hace todas las voces y las caras e incluso se pone de pie e imita el falso heroísmo del tarado del salvavidas y luego cómo reaparecí, amarrándome las cintas del traje de baño después de visitar el baño portátil, con mi cara de inocencia. Todos están a punto de explotar de risa salvo la señorita Gates.

Se pone sentimental por el asunto; los ojos se le llenan de lágrimas y las pestañas postizas le cuelgan torcidas. Tiene una gran mancha de salsa en la barbilla que nadie le ha dicho que se limpie y balbucea:

—Tienes hijos hermusos. Claro que sí, simplemente hermusos —por lo visto, piensa que Aimee es mi hermana.

Yo me siento glorioso y orgulloso porque recuerdo cuándo sucedió todo eso. Papá no cuenta la mejor parte, cuando me tomó entre sus brazos, me abrazó y me dijo que no me desapareciera así nunca más porque ¿qué hubiera hecho si yo me ahogaba? ¿Qué hubiera hecho sin su muy sorprendente hijo? Yo he cargado este recuerdo conmigo como una moneda de la buena suerte desde entonces.

Cuenta más historias del pasado, todas panorámicas y cálidas como el océano Pacífico. Cuando le recuerdo cómo solíamos escuchar canciones de Jimmy Buffet en el patio en las noches de verano, la curvatura de su sonrisa se torna melancólica.

—Fue una época maravillosa, Sutter, maravillosa —dice, y me pregunto si no detecto un poco de remordimiento en su voz. Pero su sonrisa regresa a la máxima potencia—. ¿Sabes qué? Tienen a Jimmy aquí en la rocola. Podemos escuchar todo el CD.

Después de conectar la rocola, regresa a la mesa con las manos extendidas hacia la señorita Gates.

—¿Traes tus zapatos de baile? —le pregunta con la mirada sugerente, y ella responde:

—Uuuuh, más vale que lo creas.

—Vamos, Sutter —me dice papá—. Veamos si tú y Aimee pueden seguirnos el paso a los viejos.

Ahora bien, con el tipo indicado de música, no soy mal bailarín, pero papá y la señorita Gates bailan swing tejano, lo cual no es mi especialidad y tampoco va muy bien con la música que estamos escuchando. No obstante, eso no me detiene ni por un segundo. Estoy dispuesto a todo. Y, sorprendentemente, Aimee también. Yo me pregunto, ¿quién es esta chica? ¿Qué fue de la chica a la que tuve que sacar prácticamente con una ganzúa de su asiento en el baile de graduación? Parece que el simple hecho de hacerle caso a su sugerencia de buscar a mi papá hubiera sido una inyección de esteroides a su confianza.

Así que ahí estamos los cuatro, en la diminuta pista de baile: Aimee y yo rebotamos uno con el otro en una muestra espasmódica de mala coordinación, mientras papá y la señorita Gates, a pesar de lo borracha que está, giran con la precisión de un reloj.

Se compadecen de nosotros y deciden darnos unas lecciones rápidas. Cambiamos de pareja para la segunda canción y papá ya tiene a Aimee girando como si acabara de graduarse del festival de country Grand Ole Opry o algo parecido. Yo, por mi parte, casi lanzo a la señorita Gates a las piernas de un tipo con una hebilla del tamaño de un platón de quesos. A ella no le importa.

—Eres un bailarín fabulusu —me dice—. Simplemente fabulusu.

Y entonces empieza una canción lenta y la señorita Gates me aprieta contra su considerable busto y coloca las manos en mis bolsillos traseros. Hubiera sido necesario un bomba molotov para que me soltara. Del otro lado, papá tiene a Aimee abrazada y la mueve con soltura por los bordes de la pista de baile. Intercambiamos sonrisas avergonzadas pero noto que a ella le agrada el viejo.

¿Saben qué? Ni siquiera voy a preguntarle sobre lo que sucedió con mamá. Será mejor que dejemos que la brisa nos lleve a donde quiera. No necesitamos forzar nada. Hoy todo tendrá que ver con la reconexión, no con la resolución de misterios.

Pero cuando regresamos a la mesa para relajarnos con unas cuantas cervezas más, Aimee tiene que salir con la pregunta que cambia toda la fiesta. Pero no la pueden culpar por lo que ocurre. Es una pregunta razonable. No tenía manera de saber que encendería una serie de fuegos artificiales justo en medio de Larry's Bar and Grill.

Capítulo 60

—Entonces, señor Keely —dice Aimee, todavía sonrojada por nuestras acrobacias en la pista de baile—, ¿qué ha estado usted haciendo desde que salió de Oklahoma?

¿Ven? Es una pregunta perfectamente inocente y bien intencionada.

Papá responde vagamente.

—Muchos viajes —dice—. Aquí y allá, arriba y abajo. Siempre he sido inquieto, yo creo —entonces se distingue un brillo en su mirada y sabemos que recordó algo agradable—. Uno de mis sitios favoritos fue Key West, Florida. Vaya, deberían ver las puestas de sol. Como un gran helado de caramelo con vetas de fresa derritiéndose sobre el mar. El tiempo fluye distinto por allá, es más lento, más relajado. Apuesto a que si me hubiera quedado allá sería cinco años más joven —ríe, pero creo que de cierta forma lo piensa de verdad.

—¿Y por qué se fue de ahí? —pregunta Aimee. Lleva toda la tarde escuchando con mucho interés cada palabra que él dice, como si creyera que en cualquier momento mi papá le fuera a revelar por accidente el significado de la vida.

—¿Por qué me fui? —le da un largo trago a su cerveza—. Vaya, ésa es una buena pregunta. ¿Sabes?, creo que se reduce al gran dilema americano: el salario. O la falta de él. Los poderes fácticos esperan que tengas uno si quieres comer, beber y encontrar alojamiento. Es el onceavo mandamiento, hombre. Pagarás tus deudas de manera puntual.

Termina su cerveza y se sirve otra.

—Pero apuesto a que Sutter no está tan interesado en saber por qué me fui de Key West sino por qué me fui de Oklahoma, ¿no es cierto? —me mira con una ceja levantada.

Tengo que admitir que esa pregunta cruzó por mi mente.

—Y es una pregunta justa —responde él—. No cabe duda. Permíteme empezar de esta forma: yo quería estar presente para ti y para Holly. Vaya que lo quería. Sí, ustedes dos eran más importantes para mí que cualquier otra cosa. Pero parece que yo no estaba diseñado para ser un hombre de familia, al menos no en el sentido tradicional. Tu madre ciertamente no lo creía. Y las cosas se pusieron tan feas entre ella y yo que me pareció mejor no estar cerca. Al menos por un rato. El problema es que a veces *un rato* se puede convertir en una era en un abrir y cerrar de ojos.

Esta respuesta no me termina de convencer, pero no permito que me afecte. Todavía.

—Entonces —interviene la señorita Gates—, ¿qué pasó entre tú y tu esposa? —su contribución a la conversación me sorprende. Llevaba un rato mirando fijamente la mesa, así que pensé que tal vez se había desmayado.

—La vieja historia —responde—. Diferencias irreconciliables. La cosa es que ella siempre quiso un futuro y yo no tenía ninguno que ofrecerle.

—¡Ja! —exclama la señorita Gates. Echa la cabeza hacia atrás pero es como esas muñecas de cabeza bamboleante que regresan a su posición de inmediato—. En mi experiencia las diferencias irreconocibles significan que el esposo y la esposa tuvieron un gigantesco desacuerdo. Ella piensa que él no debe ser infiel y él piensa que sí.

Papá guarda la compostura y dice:

—Para los hombres siempre será un misterio lo que piensan las mujeres.

Entonces, de la nada, me brotan estas palabras de la boca:

—Mamá nos dijo que tú fuiste infiel —las siento raras en mi boca, pero ya empecé a hablar así que tengo que terminar—. Siempre te culpó de todo. Pero yo nunca le creí. Me imagino que usaba eso para que estuviéramos de su parte.

Por un momento papá pasa el dedo alrededor de su tarro de cerveza, contemplativo.

—¿Entonces? —dice la señorita Gates—. ¿Fuiste infiel?

Sin levantar la vista, papá responde:

—Tal vez. Un poquito.

Supongo que es una de esas cosas en las cuales, ya que lo confrontan, papá no puede mentir. Claro, suena muy mal, pero intento decirme a mí mismo que, para como lo trataba mamá, era entendible que tuviera que ir a buscar consuelo en alguna parte.

—¡Demonios! —exclama la señorita Gates—. Típico de un hombre salir con una respuesta como esa. ¿Cómo puedes ser un poquito infiel?

Papá sonríe de nuevo, pero ahora no se ve tan auténtico.

—Ya sabes cómo son las cosas —explica—. Sales a beber y a divertirte y una cosa te lleva a la otra. Las chicas no significaban nada. De algunas ni siquiera recuerdo sus rostros.

Y yo pregunto:

—¿Algunas? ¿Cuántas fueron?

Papá parece como si en serio considerara contarlas, pero se da por vencido.

—No llevé la cuenta.

—Ya está. Ya tuve suficiente —la señorita Gates da una fuerte palmada a la mesa—. ¡No sabía que me estaba involucrando con un violador serial!

—¡Oh, mierda! —Papá me mira como disculpándose—. Allá va, exagerando otra vez. Esperaba que pudiéramos pasar una noche sin que pasara una cosa así.

La señorita Gates se inclina hacia delante:

—Yo no soy *una cosa*.

—No fue lo que dije. Solamente que a veces puedes ser, ¿cómo lo explico? ¿Sobreactuada?

—No soy sobreac... sobreac... sobretuada. ¿Cómo esperas que reaccione si me entero de que vas por ahí acostándote a mil por hora con mujeres que ni siquiera amas?

—Hey, yo nunca dije que no las amara. Estoy seguro de que las amé a todas, aunque fuera sólo por cuarenta y cinco minutos.

—¿Ah, sí? ¿Conque cuarenta y cinco minutos, eh? Dime entonces, ¿cuándo se van a terminar *mis* cuarenta y cinco minutos?

Papá inclina la cabeza hacia un lado.

—¿Cómo lo puedo saber? Ni siquiera uso reloj.

Hasta yo puedo percatarme de que su respuesta fue la equivocada.

Tim Tharp

Las cejas pintadas de la señorita Gates se elevan a tal velocidad que parece que se le van a salir volando de la cabeza.

—¡Bueno, ahora sí ya lo escuché todo! Perro infiel. Haciéndome creer que me querías para que dejara a mi esposo y mis dos pobres niños por ti.

—¿Tus niños? Tienen veintitantos años. Además, nunca dije que quisiera que dejaras a nadie.

El rostro de la señorita Gates está totalmente rojo, hasta las raíces de su cabello teñido.

—¿Así que ahora crees que puedes tirarme a la basura como una especie de hueso roído? Bueno, te mostraré lo que pienso de eso —toma el platón de huesos de costilla y los lanza directamente a la camisa de dados de papá.

—¿Qué diablos? —dice él mirando las oscuras manchas de salsa.

Éste sería el momento ideal para planear nuestra salida triunfal, pero la señorita Gates no ha terminado.

—Veamos qué tanto le gustas a las damas viéndote así —agita el brazo y tira su tarro lleno de cerveza al piso, donde se rompe en las baldosas de color ladrillo.

Papá interviene:

—Dios mío, tranquilízate, ¿quieres? —y, un segundo después, el dueño del lugar se acerca a toda velocidad y dice:

—Maldición, Tommy —Tommy es el nombre de pila de mi papá—, te he dicho muchas veces que no traigas a esta loca aquí cuando ha bebido tanto. Ahora sácala antes de que rompa otra cosa.

—Pero mi hijo vino a visitarme —se lamenta papá.

—No me importa. La gente no viene a mi restaurante para presenciar este tipo de pendejadas.

—Ni aunque me pagaras me quedaría aquí —declara la señorita Gates. Se pone de pie y choca con la mesa. El tarro de mi papá cae entre las ruinas del suyo.

—Espera —le dice papá. Se levanta, coloca un billete de veinte dólares en la mesa y me dice:

—Sutter, ¿podrías encargarte de pagar? Será mejor que la ayude.

Y yo le respondo:

—Claro —obviamente los veinte dólares no son suficientes para pagar todas las costillas y cervezas que consumimos, así que Aimee y yo tenemos que poner de nuestro dinero para completar el resto. Cuando estamos listos, papá y la señorita Gates ya están afuera.

Empieza a lloviznar y, bajo la luz de la calle, del otro lado del estacionamiento, ella está gritando:

—¡Aléjate de mí, lobo disfrazado de oveja!

—Vamos —dice él—. Tranquilízate. Estás interpretando esto de la manera equivocada.

Pero obviamente la señorita Gates está en la etapa torcida de la borrachera. En vez de tranquilizarse, toma vuelo con su bolso del tamaño de una bola de boliche y golpea a papá de lleno en la cara.

—¡No me digas lo que tengo que hacer! —grita y vuelve a atacar con el bolso.

Papá ahora está en posición defensiva, levantando los brazos para evitar más golpes, pero ella es una guerrera medieval con ese bolso, golpeándolo una y otra vez.

—Y no vuelvas a atreverte a pedirme prestado nunca más —dice, y ¡zape!, la bolsa le da en el hombro a papá—. Me vas a pagar cada centavo de lo que me debes. No creas que no. No me vas a utilizar y luego escaparte con mi dinero —zape, zape, zape.

Finalmente papá la agarra de los brazos y la retiene contra la cajuela de su auto. Ella está respirando fuerte y balbuceando.

—Eres un infelif hifo de puta, ¿lo sabías? Infelif.

Sugiero que tal vez deberíamos meterla al Mitsubishi y llevarla a casa, pero papá me dice:

—Gracias, Sutter, pero creo que mejor la llevaré yo. Será preferible que hable con ella a solas.

—¿Quieres que los sigamos?

—No, está bien. Pueden esperarme en la casa. Los veo allá en media hora.

—¿Vas a dejar su coche aquí?

—Estará bien —sonríe como si todo estuviera de maravilla.

—¿En tu casa en media hora?

—Media hora exacta.

Capítulo 61

Treinta minutos. Una hora. Una hora y media. Nada de papá. La llovizna se convirtió ya en una intensa lluvia que resuena en el techo del coche. Escurren gordos chorros por el parabrisas.

—No creo que vaya a venir —digo y le doy un largo trago a mi whisky con 7UP.

—Qué mal que no tienes su número de celular.

—No serviría porque yo tampoco tengo celular.

—Creí que habías conseguido uno nuevo.

—Lo perdí.

Los relámpagos alumbran la calle y el trueno se escucha tan cerca que parece que el cielo se va a partir en dos justo sobre el coche.

—Se está poniendo fea la tormenta —le digo—. Probablemente sea mejor que regresemos a casa.

—No tenemos que regresar. Podemos esperar tanto tiempo como tú quieras.

—¿Qué caso tiene? Es el mismo papá. Ya se perdió y no se despidió —enciendo el motor y me alejo sin molestarme en voltear a ver el dúplex una última vez.

Durante un rato, ambos vamos en silencio. Ni siquiera pongo música. Solamente se escuchan los truenos y los limpiaparabrisas quitando el agua. A estas alturas, ya tuve suficiente tiempo para digerir la tan esperada reunión con papá. Qué fraude. Entiendo que le haya sido infiel a mamá. Ella también se puede portar muy mal. Pero el tipo no parece preocuparse por nadie más que por él mismo. Dios, ni siquiera recordó que lo iría a visitar. Y luego ese patético asunto de cuántas ganas tenía de estar ahí para Holly y para mí. ¿Pero qué? ¿Perdió la noción del tiempo? No pierdes la noción del tiempo si realmente amas a tus hijos.

Ahora engaña a la loca de la señorita Gates. ¿Le importa haber destrozado un matrimonio y hacer que sus hijos la odien? No. No entiende nada sobre las familias. Si entendiera, no me habría dejado sentado en mi auto, en la lluvia, afuera de su miserable dúplex después de que vine de tan lejos a verlo. Pero supongo que mis cuarenta y cinco minutos de amor se terminaron hace mucho tiempo.

Todos estos años le di el beneficio de la duda. Inventé excusas sobre cómo mamá lo había ahuyentado y era su culpa que él nunca nos hablara o nos visitara. Me dije a mí mismo que en realidad era un buen hombre. Al menos, yo todavía le importaba a uno de mis padres: mi gran y majestuoso papá.

Sí, cómo no.

Nadie tuvo que ahuyentarlo. Estuvo más que dispuesto a abandonarnos. Probablemente se endeudó muchísimo antes de irse, también, y le dejó la deuda a mamá para que la pagara, o para que consiguiera un Geech que la pagara. No es de sorprenderse que mamá no me soporte. Le recuerdo demasiado al viejo.

Y eso es lo que realmente me asusta. Tal vez sí soy como él. Tal vez estoy siguiendo el mismo camino que él hacia la Villa de los Perdedores, donde terminó.

Desde atrás, escucho un claxon. Supongo que el Mitsubishi se adentró unos veinte centímetros en el otro carril y el tipo de atrás piensa que está a cargo de controlar el tráfico.

—Vete a la mierda, güey —hay tipos mucho más peligrosos que yo en la carretera: los que hablan por celular, las que se van maquillando, los que van buscando en el piso algún miserable CD que se les cayó.

La verdad es que, si tengo algún talento, éste es que soy un magnífico conductor intoxicado. Mi historial está completamente limpio, sin contar un par de rasguños en un estacionamiento y en un poste de luz. Lo que sucedió con el camión de volteo fue con el coche de mamá y no tenía licencia en ese entonces. Ni siquiera intervino la policía. Digo, no voy manejando por ahí con un niño de cuatro años atado a la parrilla del auto. Así que este güey de atrás se puede ir a la mierda con su claxon. Tiene cosas mucho peores que yo sobre las cuales preocuparse.

Finalmente, cuando vamos en la autopista al norte de la ciudad, Aimee intenta hacerme sentir mejor, hablando sobre cuánto le agradó el viejo y que fue una pena que la señorita Gates resultara ser así.

—No entiendo por qué se enojó tanto por las aventuras de tu papá cuando ella obviamente le fue infiel a su marido.

Y yo le respondo:

—Supongo que es porque la gente da asco.

No estoy de humor para esta mierda optimista. Estoy en una etapa anormalmente oscura de la borrachera. Más oscura que oscura, como si Dios hubiera abandonado a su chico borracho preferido.

—No todos dan asco —dice Aimee—. Tú no.

—¿Estás segura? Viste el tipo de persona que es mi padre: un gran mentiroso e infiel. El tipo de persona que cambia a su familia como una serpiente cambia de piel.

¿Estás segura de que no me arrastraré por el mismo camino? Dicen que de tal palo, tal astilla. ¿Realmente quieres irte a St. Louis con una serpiente-astilla podrida como yo? —No eres ni serpiente ni astilla. Y no eres tu papá. Creo que fue bueno que averiguaras la verdad. Puedes aprender de sus errores. Si no quieres ser como él, no tienes que ser como él. Todos tenemos libre albedrío.

—¿Libre? ¿Libre para elegir qué? ¿Alguna especie de nuevo futuro espectacular para mí? Ya escuchaste a mi papá. Mamá quería un futuro y él no tenía ninguno que ofrecerle. Bien, yo no tengo uno que ofrecerte a ti tampoco. Es como un defecto de nacimiento, ¿sabías? El niño que nació sin futuro.

—Eso no es cierto, Sutter. Tienes muchísimas opciones.

—No, no las tengo. Lo vi en un sueño. El mismo sueño recurrente. Estamos Ricky y yo entretenidos con un juego que teníamos en la secundaria con un perro de la zona, un gran dóberman negro. Sólo que en el sueño no nos hacemos amigos del perro como sucedió en realidad. Para nada. No, en el sueño el dóberman abre su gran boca babeante y se traga a Ricky de un bocado, y luego sólo quedamos yo y el perro que gruñe y lanza mordidas, persiguiéndome por la canaleta del drenaje hasta que me topo con una pared de concreto. No hay escapatoria. Y entonces despierto. Es demasiado brutal para que mi subsconsciente lo enfrente. Es la época del perro, de verdad, con la diferencia de que esta época es infame. Pero así es la vida. Justo así. Vas corriendo y corriendo hacia una pared frente a ti con un gran perro negro atrás intentando morderte el trasero.

Aimee me pone la mano sobre el muslo.

—Así parece en este momento. Recuerda tener esperanzas.

—¿Esperanzas? ¿Bromeas? Eso es una cosa que he aprendido sin lugar a dudas: la esperanza es absolutamente innecesaria. Qué hay en su lugar, todavía no lo sé. Hasta que lo descubra, la bebida tendrá que bastar.

Le doy un trago al whisky con 7UP pero me sabe mal. Nada me ayuda. Soy una mancha negra en las radiografías de tórax del universo.

Aimee dice:

—¿Sabes?, a lo mejor tu papá se quedó haciendo algo por la señorita Gates. Me dio la impresión de que tiene problemas mentales. Estoy segura de que quería regresar y quedarse con nosotros. Si no fuera por ella, probablemente pasaríamos la noche en su casa.

—Sí, claro. Y si no le hubiera sido infiel a mi mamá y no nos hubiera abandonado a Holly y a mí, entonces seguiríamos siendo una familia, y todo sería lindo, y yo sería presidente de mi clase de catecismo, y tú y yo nos iríamos cabalgando en corceles plateados hasta Plutón.

Se queda en silencio por un momento. Tal vez debería sentirme mal por ponerme tan sarcástico con ella, pero no me queda espacio en mi interior para sentirme peor.

Finalmente, me dice:

—Ya sé que todo se ve mal ahora, pero los padres son solamente gente. No siempre saben lo que hacen. Eso no significa que no te amen.

—No necesito que me psicoanalices, doctora Freud Junior.

Eso no la importuna.

—E incluso si no te amaran, eso no significa que tengas que darte por vencido. ¿Sabes? El punto es hacer funcionar el amor donde lo puedas hacer funcionar. Como conmigo, porque yo te amo. Eso no tienes que cuestionarlo. Así es.

—Vamos, Aimee, suenas como telenovela. No me amas. Tal vez quieras decirte eso a ti misma, pero esto no es amor. Más bien, estás borracha y agradecida. Solamente estás feliz de que alguien llegara y mostrara algo de interés en ti más allá de tratarte como una muñeca sexual por una noche.

Se aparta y se cruza de brazos.

—No digas eso, Sutter. No eches a perder lo nuestro diciendo cosas horribles.

Pero ya empecé.

—¿No te has dado cuenta todavía? No existen las comandantes Amanda Gallicos. No hay Planetas Brillantes allá afuera. Nadie vendrá con la prosperidad interior. Lo único que tenemos es a la Santísima Trinidad de vampiros atómicos: el dios del sexo, el dios del dinero y el dios del poder. El dios del alma hermosa se murió de hambre hace mucho tiempo.

Ella suelta sus brazos otra vez.

—Pero eso lo podemos cambiar.

Sacudo la cabeza.

—Es demasiado grande para cambiarlo. Es demasiado pesado y lleno de aristas afiladas y mierda.

—No, no es así. Te parece así en este momento porque estás asustado, pero todos estamos asustados.

La miro con cuidado.

—¿Asustado? ¿Asustado de qué? No estoy asustado de ninguna maldita cosa. Soy el tipo que saltó de un puente de trescientos metros de alto.

—Ya sabes a qué me refiero. Estás... ¡Oye, cuidado!

—¿Eh?

—¡Te estás metiendo al otro carril!

Capítulo 62

De nuevo, un claxon se escucha detrás de mi hombro, sólo que esta vez es el sonido furioso de un tráiler largo. Enderezo el volante hacia la derecha pero la carretera está resbalosa por tanta lluvia y nos patinamos. El Mitsubishi va derrapándose como loco por la carretera, primero en una dirección y luego en la otra. El camión, que transporta una pipa de gasolina, pasa muy cerca de nosotros, tan cerca que parece que sin duda terminaremos deslizándonos debajo de él. Aimee no trae cinturón, por lo que está resguardándose en el piso del carro y un titular de periódico me viene a la mente: IDIOTA SE CALCINA EN ACCIDENTE DE AUTO; LE ROBA UN BRILLANTE FUTURO A SU NOVIA.

La pipa parece estar a cinco centímetros de nosotros. Estamos a punto de chocar contra sus costillas cuando el coche se derrapa hacia el otro lado. Ahora lo que nos debe preocupar son los bordes de concreto de la carretera. Hay uno justo delante, a la derecha, pero sólo lo raspamos y, finalmente, retomo el control y logro detenernos entre los pastizales encharcados a la orilla de la carretera.

Aimee levanta la vista del suelo con los ojos como platos y el labio inferior temblando.

Lo único que logro decir es:

—¡Dios mío!

—No pasó nada —me dice—. ¿Estás bien?

No puedo creerlo. Esta chica debería estarme abofeteando.

—No, no estoy bien —le respondo—. ¡No puedes verlo? No estoy nada bien. ¡Soy un pinche jodido desastre al cien por ciento!

Sale de la parte de abajo del coche y me abraza.

—Me alegra que nadie se haya lastimado.

—¿Bromeas? —me desprendo de sus brazos—. Casi te mato y ¿me quieres abrazar? Necesitas alejarte lo más pronto de mí.

—No, no necesito eso —me dice llorando—. Sólo quiero abrazarte y asegurarme de que estés bien.

—Bueno, maldita sea, entonces yo me alejaré de ti —abro la puerta y me salgo a la carretera con la lluvia golpeándome como si fueran clavos—. Maneja tú de regreso —le grito mientras me alejo—. ¡Irás más segura así!

Pero, por supuesto, no hace eso. En vez de continuar en el auto, se sale a la carretera y me grita que regrese. Yo sigo caminando lo más rápido que puedo. Es como si creyera que, si me muevo lo suficientemente rápido, lograré alejarme incluso de mí mismo.

—¡Sutter! —me grita—. ¡Espera! ¡Perdóname!

Increíble. ¿Ella me pide perdón? ¿De qué? Volteo a decirle que se meta al coche y me deje irme, pero no tengo oportunidad. Un par de luces se acercan a toda velocidad justo detrás de ella. Lo único que alcanzo a decir es:

—¡Aimee! —antes de que ella se mueva hacia la izquierda. Por un segundo, las luces me ciegan y luego escucho un horrible golpe y la veo rodando por la cuneta hacia el pasto alto.

Siento como si mi piel estuviera en llamas cuando corro hacia ella. La lluvia prácticamente me ciega. Mi estómago se siente como un animal enloquecido que intenta salir a través de mi pecho y mi boca. Sólo pienso: ¿Qué hice? ¿Qué hice? Ni siquiera sé si lo estoy diciendo en voz alta o no. Ella está acostada en el pasto, con el cabello empapado y lodo en la mejilla. ¿O es sangre? Me arrodillo a su lado.

—Aimee, Dios mío, Aimee, soy un verdadero idiota, Aimee.

—Sutter —dice sin abrir los ojos—. Creo que me atropelló un auto.

—Ya sé, corazón, ya sé —en alguna parte escuché que se supone que no debes mover a una persona que sufrió un accidente automovilístico, algo acerca de no dañarles la columna, así que me arrodillo junto a ella, temeroso siquiera de tocarle la cara.

—No te preocupes, conseguiré ayuda —le digo, pero soy tan inútil que ya perdí mi celular y no tengo manera de llamar a una ambulancia.

Ella abre los ojos e intenta sentarse.

—Espera —le digo—. Creo que es mejor que no te muevas.

—Estoy bien —se recarga en mi pecho—. Creo que estoy bien. Sólo me dio en el brazo.

La miro más de cerca y veo que sólo tiene lodo en la mejilla y se lo limpio con cuidado.

—¿Puedes ayudarme a regresar al coche? —me pregunta—. Nos estamos empapando aquí.

—Claro, claro que puedo, nena, claro que puedo —coloco mi mano bajo su brazo para ayudarla a pararse pero hace una mueca de dolor y me pide que me detenga.

—¿Qué pasa?

—Es mi brazo. Creo que me lo rompí.

—¿Te duele mucho?

Escuchamos una voz detrás de nosotros.

—Dios mío, ¿está bien?

Es una pareja, un par de años mayor que nosotros, estudiantes de la universidad por lo que parece.

El tipo dice:

—Se atravesó frente a nosotros. No pude hacer nada.

—Solo la golpeó el espejo lateral —dice la chica. Trae una revista abierta sobre la cabeza para mantener su cabello seco, pero no está sirviendo de mucho—. El espejo quedó arruinado. Es que iba caminando por la carretera.

—Lo siento —dice Aimee.

El tipo le dice:

—No, no te preocupes. Sólo espero que estés bien.

—Estoy bien —responde. Pero yo les digo:

—Creo que se rompió el brazo.

—Tiene suerte de que no haya sido peor —dice la chica—. ¿Qué estaban haciendo?

Empiezo a responderle que eso no es asunto de su incumbencia, pero Aimee interviene.

—Estábamos buscando algo. Algo se cayó de nuestro auto.

El tipo quiere saber si necesitamos que nos lleve al hospital, pero le digo que estamos bien, que podemos resolverlo por nuestra cuenta. Eso parece tranquilizarlo y su novia nos dice:

—Tienen que ser más cuidadosos.

Ayudo a Aimee a levantarse y todo parece estar bien salvo su brazo izquierdo, pero no tiene el hueso salido ni nada. El tipo nos acompaña al carro y abre la puerta del copiloto para Aimee. Su novia ya va de regreso a su auto.

—¿Estás seguro de que estás bien para manejar? —dice cuando ya tenemos a Aimee dentro del coche.

—Estaremos bien —le digo—. No me importa si tengo que manejar a quince kilómetros por hora. No permitiré que le pase nada más.

Cuando me siento detrás del volante, le digo a Aimee que la voy a llevar a la sala de urgencias, pero se niega. Tiene miedo de que llamen a la policía y me acusen, y también de que llamen a sus padres.

—Puedo esperar a mañana y entonces iré al doctor. Le inventaré algo a mi mamá.

—¿Pero no te duele?

—Un poco.

—Por eso, vamos a urgencias.

Tim Tharp

—No, Sutter, no iremos —está sentada sosteniendo su brazo, pero noto determinación en su mirada en vez de dolor—. Ya te dije. Iré mañana. No quiero que nada se interponga entre nosotros y St. Louis.

—¿Estás segura?

—Estoy segura.

Está empapada y desaliñada, pero nunca había amado a alguien tanto como la amo a ella en este momento. Es así como entiendo que debo dejarla ir.

Capítulo 63

Ricky está metiendo playeras a su mochila, preparándose para irse de vacaciones a Galveston con Bethany y su familia. Planea irse a surfear y, por supuesto, el obligado recorrido en lancha con la novia por el golfo de México.

—Entonces —me dice doblando otra playera—. Parece que tu padre se consiguió una mujer bastante loca.

—Más que bastante, creo.

—Bueno, supongo que es de esperarse cuando sigues buscando novia a los cuarenta y tantos años.

Me imagino que el comentario va dirigido a mí y mi historial con las chavas, pero está bien, me lo merezco.

Mete más playeras a la mochila.

—Pero lo que no puedo creer es que me hicieras tragar todo ese cuento del papá-alto-ejecutivo-del-edificio-Chase. Bueno, me contaste esa historia durante años.

—No es mi culpa que seas tan ingenuo. Digo, ¿nunca te preguntaste por qué no lo veía jamás?

—Oye, yo no conozco a ningún alto ejecutivo. Simplemente me imaginé que siempre estaba trabajando.

—Sí. Era una historia estúpida. Pero ya que empiezas con algo así, no puedes salirte.

—Supongo.

Puedo ver que está bastante decepcionado de mí y no lo culpo. Pero los hombres no vamos a andarnos disculpando. Hay que pensar en otra forma de compensar lo que hice, así que le digo:

—Sabes, toda esta situación con mi papá, y lo que sucedió con Aimee y demás, me hizo pensar que tal vez tengas razón.

—Hermano, yo siempre tengo razón. Lo sabes.

—Digo, sobre bajarle a la bebida. Será más divertido si lo hago solamente los fines de semana.

—Si puedes.

—¿Qué se supone que quieres decir con eso?

—Nada. Tan sólo me pregunto quién tiene más control sobre la situación, si tú o el whisky.

—Amigo, yo siempre tengo el control. Ya me conoces, soy un músico virtuoso. El whisky solamente es mi violín de un millón de dólares.

—Claro —cierra la mochila—. Mira, tengo que irme a casa de Bethany. Si no te veo antes de que nos vayamos, espera una postal de mi parte. O tal vez te envíe una fotografía por correo electrónico para que me veas surfeando en olas gigantes.

Y eso es todo: él se va por su camino y yo por el mío. Antes hubiéramos discutido todo este asunto sobre la historia de mi padre hasta que encontráramos la verdad de la verdad de todo, pero ahora nos limitamos a "Hasta luego, nos vemos después".

Pero está bien. De todas maneras tengo que ir a casa de Aimee pronto. Iremos a cenar a Marvin's hoy en la noche. Lo he estado posponiendo pero ya no queda más tiempo. Es hora de la Gran Plática.

Así como están las cosas, me transformé de semivillano a un verdadero héroe en la casa Finecky. Parece ser que Aimee le dijo a su mamá que se nos había ponchado una llanta en el camino, bajo la lluvia, y que, mientras me ayudaba a cambiarlo, un auto se salió de la carretera y la hubiera matado de no haber sido porque yo arriesgué mi vida para quitarla del paso. Lo único que la golpeó fue el espejo lateral, explicó, y que ni siquiera pensó que se había roto el brazo hasta que despertó con tanto dolor al día siguiente.

Así que es raro ir a su casa y que todos, incluyendo a Randy-la-morsa, me sonrían como si fuera James Bond o algo así. En realidad, me siento como un doble agente infiltrándome fraudulentamente en sus filas. No sólo por la onda del héroe, sino por lo que tengo que decirle a Aimee.

En Marvin's nada ha cambiado: la iluminación sigue siendo tenue, la clientela escasa y Dean Martin sigue disponible en la rocola. Supongo que lo único que es distinto es que no hay whisky en mi 7UP. Tal vez Ricky no tenga mucha fe, pero no he bebido desde el viaje a Fort Worth, es decir, en cinco días enteros.

Aimee se está divirtiendo de lo lindo, incluso con el brazo cubierto por un yeso aparatoso que me hace preguntarme cómo logra ponerse una blusa. Por suerte, es diestra, así que no le cuesta tanto trabajo usar el tenedor. Sólo tiene que asegurarse de no pedir nada que requiera usar un cuchillo.

La primera vez que vi el yeso, me pregunté si podría mudarse a St. Louis, pero dijo que nada se interpondría en su camino a estas alturas. Le pregunté si podría empezar a trabajar en la librería y dijo que por supuesto que sí. Lo único que tendrá que hacer es manejar la caja registradora y ayudar a los clientes a encontrar lo que buscan.

—Piénsalo —me dijo—, será mucho más fácil que doblar los periódicos.

—Supongo que tienes razón —le respondí.

—Claro que la tengo —sonrió—. Estoy espectacularmente en lo correcto.

De cualquier forma, para Aimee nuestra visita a Marvin's es una linda ceremonia, una buena manera de despedirnos de nuestras vidas en Oklahoma. Y sí es una ceremonia, pero para un tipo distinto de despedida.

Aunque esto no es un tema al que te lances de lleno desde el principio. Hay que ir lentamente, así que empiezo con la respuesta a la pregunta que Aimee es demasiado prudente para hacer: ¿ya llamó mi papá para explicar lo que sucedió?

—No ha llamado, hasta donde yo sé. Pero si lo hizo y le contestó mi mamá, entonces estoy seguro de que no me lo dirá.

—Tal vez se siente avergonzado o culpable o algo. Deberías llamarle tú.

—No creo.

—¿Le dijiste a tu mamá o a tu hermana que fuiste para allá?

—No. Mamá probablemente se cagaría en un Cadillac si se enterara de que fui. Holly me llamó pero le dije que tuve que posponer el viaje. No quiero escuchar que me digan, "Te lo advertí". Ya es suficientemente malo que el viejo resultara ser como es. No necesito que además ellas se regodeen. Estoy seguro de que ya piensan que tengo el gen jodido de los hombres Keely. Solamente no quiero que ellas sepan que *yo sé*. Pero en fin, ya fue suficiente de mi supuesta familia. Son demasiado deprimentes.

—No te preocupes —me agarra los dedos con su mano buena—. Yo seré tu familia.

Capítulo 64

Estar sobria no parece costarle ningún trabajo a Aimee. De hecho parece sentirse algo aliviada. Es maravilloso verla tan segura. Incluso toma la iniciativa y me cuenta algunas historias. Antes tenía que beber unos cuatro tragos para atreverse a confesar algo personal, pero ahora está perfectamente cómoda haciéndolo.

Esta noche tiene otra buena historia de cuando repartía el periódico, sobre la vez que se topó con un par de chicas rudas. Reconozco su táctica, me va a contar una historia para hacerme olvidar que no tengo familia real.

Ella tenía catorce años, y a esa edad todavía tenía que caminar en la parte que le tocaba de la distribución. Se topó con dos chicas de quince años vestidas con ropa holgada negra y cadenas plateadas que les colgaban del cinturón. Más rímel que Cleopatra. Habían estado despiertas toda la noche y obviamente algo se habían metido, cemento o algo parecido, hasta donde sabía Aimee.

Al principio empezaron:

—Mira, ahí va Caperucita Roja. ¿Qué traes en la bolsa, algo para tu abuelita?

La cosa pintaba mal. Aimee se las imaginó arrancándole la bolsa del hombro y tirando los periódicos por toda la calle, lo cual probablemente hubiera sucedido si no se le hubiera ocurrido una cosa perfecta que decir.

—¿Vieron el ovni que pasó hace rato?

Y ellas:

—¿Un ovni? ¿Cuál ovni? ¿Estás drogada o sólo loca?

Pero Aimee se dedicó a darles una descripción detallada de cómo se veía: con luces moradas que parpadeaban, con forma de banana y un sonido misterioso como una cajita de música que tocaba una canción nunca antes escuchada por los humanos.

Y de pronto las chicas se transformaron. Voltearon al cielo y las expresiones de asombro les robaron la dureza de sus rostros. Aimee siguió inventando cosas. Les dijo que ésta no era la primera vez que alguien veía el ovni. Lo habían dicho en las noticias. La gente había informado sobre los efectos positivos de verlo pasar.

—Es la música —les dijo Aimee—. Deja a la gente sintiéndose inteligente, feliz y bien parecida.

De pronto, las chicas se volvieron sus mejores amigas. La ayudaron a terminar de entregar sus periódicos con la esperanza de ver el ovni, escuchar la música, transformarse en nuevos seres hermosos.

—Ésa es una maravillosa mentira —le digo.

Ella sonríe con el recuerdo.

—Y ni siquiera me parecía una mentira mientras la contaba. Luego me las volví a encontrar, como una semana después, en Little Caesar's. No me dijeron nada. Fue raro, ya no me parecieron rudas. Parecían algo patéticas, pequeñas y perdidas.

—Supongo que necesitaban creer en los ovnis.

—Sí. Por suerte mi ovni sí vino por mí.

—¿Sí?

—Claro, eres tú.

—¿Ah, sí?

—Bueno, ve cuánto he cambiado en los últimos meses.

—Sí, vaya que has cambiado —no puedo evitar mirar el enorme yeso que tiene en el brazo. Digo, esta cosa que tiene es tan aparatosa que le cuesta trabajo pasar por las puertas.

—Y ahora nos iremos a St. Louis. Realmente lo vamos a hacer. Antes de conocerte nunca hubiera tenido el valor de decirle a mi mamá que me iría.

—Bueno, tengo la sensación de que St. Louis va a ser tu propio Planeta Brillante de veras, ¿sabes? Y tú serás la comandante Amanda Gallico de todo eso.

—Pensé que no creías en la existencia de los Planetas Brillantes.

—¡Ah!, ¿eso? Solamente estaba de mal humor. Ya se me pasó —le doy un trago a mi 7UP, sabe raro sin whisky—. Pero la cosa es que hace tiempo que quiero hablar contigo sobre todo este asunto de St. Louis.

—Lo sé, sigues preocupado por quedarnos con mi hermana en su pequeño departamento, pero será sólo por un par de semanas. Ella ya tiene el empleo para mí y estoy segura de que tú conseguirás uno también. Tendremos nuestra propia casa y rentaremos muebles y demás. No le menciones esto a mi mamá. Todavía no sabe que te irás a vivir allá también. Cree que sólo me ayudarás a mudarme.

—Sí, pero eso no es lo que me preocupa —mi mano se mueve de nuevo hacia el vaso de 7UP, pero es nada más por instinto. El refresco solo no cambiará nada ahora—. Verás, el problema es que..., este, hay algo que no te he dicho. Es un poco vergonzoso.

Ella sigue luciendo su pequeña sonrisa y me doy cuenta de que está borracha, no de alcohol, sino de sus sueños y esperanzas sobre St. Louis. No quiero ser yo quien la devuelva a la realidad, pero ya no me necesita. Ya es capaz de sostenerse por sí sola de sus sueños.

—Lo que sucedió es que, ¿recuerdas lo mal que me fue en Álgebra? Bueno, pues el señor Asnoter no me dio una oportunidad. Intenté decirle que estudiaría más álgebra en la universidad, pero supongo que pensó que tenía que darme una lección por pensar que era tan aburrido.

Su sonrisa se aplana.

—¿Eso quiere decir que no te graduaste?

—Algo así —doy un trago, pero por supuesto no sirve de nada—. Parece ser que, si quiero mi diploma, tendré que asistir a un curso de verano.

—Curso de verano —repite con la decepción infiltrándose en sus pálidos ojos azules.

—Sí. Empieza en un par de semanas.

—No te preocupes —me dice, obligándose a ver el lado positivo—. Estoy segura de que puedes estudiar álgebra en St. Louis de alguna manera.

—No, ya pregunté. Tengo que tomar el curso en la escuela que emite mi diploma.

De acuerdo, no pregunté, pero tiene sentido.

Pero ella no se dará por vencida.

—Bueno, eso solamente significa que me quedaré aquí y te ayudaré a estudiar. Podemos irnos a St. Louis al final del verano. De ese mdo tendremos más tiempo para hacer planes y prepararnos.

—No, eso no está bien. Tu hermana ya está preparada para ayudarte con la mudanza y que te vayas este fin de semana, y ya tiene ese empleo listo para ti y todo lo demás. Lo único que tiene sentido es que te adelantes y yo me quede aquí por el curso de verano y trabaje para Geech en el muelle y ahorre algo de dinero.

Me toma de la mano.

—No quiero irme sin ti. Estaría perdida.

La miro a los ojos y le transmito rayos de seguridad.

—No estarás perdida. ¿Bromeas? Te irá de maravilla. Harás lo que siempre quisiste hacer.

Claro, también pienso que allá va a encontrarse con el tipo perfecto, un excelentérrimo científico ecuestre que la verá como si fuera un fantástico planeta nuevo, lleno de maravillas milagrosas. Pero sé que ella no puede aceptar eso en este momento.

Me dice:

—Quiero hacer todo eso contigo.

Y yo le respondo:

—Sé que sí, pero míralo de esta manera: ¿qué tan bueno soy para organizar cosas? No mucho, ¿verdad? Si tú te adelantas, puedes organizar todo, hacer los planes. Te lo agradecería infinitamente si pudieras hacer eso por mí.

Cuando termina por aceptar esa idea, empieza a entusiasmarla. Ahora ya tiene una misión, algo que puede hacer por alguien más. No le faltan ideas. Ubicará dónde están todas las cosas en St. Louis, cómo moverse y dónde están las tiendas de ropa de hombre para que yo consiga trabajo cuando llegue. Y luego me dice:

—En cuanto ahorre un poco de dinero, rentaré nuestro departamento y empezaré a comprar cosas. Y también remodelaré las paredes y demás.

—Eso suena maravilloso —le digo—. Pero tal vez deberías esperar antes de rentar el departamento. Digo, necesito que me ayudes con los planes, pero yo también tengo que hacer algo. Me harías un enorme favor si esperaras hasta que te pueda mandar algo de dinero antes de rentar un departamento y comprar cosas. Tienes que permitirme sentir que contribuyo, ¿de acuerdo?

Sonríe y me aprieta la mano.

—De acuerdo. Creo que puedo hacerte ese favor.

Si soy una rata por hacer las cosas de este modo, entonces, bien, soy una rata. Pero a veces hay que elegir entre la honestidad y la amabilidad, y yo siempre siento debilidad por el lado amable. Además, me imagino que tiene que irse de la ciudad antes de que le diga toda la verdad o, de lo contrario, nunca se irá. Esperaré a que lleve un mes en St. Louis y ya tenga el empleo y su nueva vida. Luego le enviaré un largo correo electrónico. No sé exactamente qué le voy a decir todavía, sólo sé que le diré que no voy a ir.

Como verán, sí tengo un futuro que ofrecerle, después de todo, lo único es que ese futuro no me incluye.

Cuando la llevo a casa, me cuesta un poco de trabajo dejar que se aleje. Claro, es incómodo abrazarla con ese enorme yeso estorboso, pero realmente no puedo besarla lo suficiente. Nunca hemos tenido sexo en el auto sobrios, ni con su brazo enyesado, pero estoy listo para hacerlo, y no sólo porque me sienta con ganas, sino porque quiero estar tan cerca de ella como sea posible una última vez.

Ella me detiene. Me besa la nariz y la frente y me dice que tendremos mucho tiempo después para hacer el amor.

—Mi mamá podría salir y descubrirnos —me dice—. Además, recuerda que cuando estemos en St. Louis podremos hacer el amor en cada habitación de nuestro departamento.

Le doy un largo beso más. Y después nos decimos adiós.

Capítulo 65

¿Qué era lo único que Cassidy quería que hiciera por ella? ¿Pensar por una vez en los sentimientos de alguien más en vez de los míos? Me pregunto lo que pensaría si me hubiera visto con Aimee hoy en la noche. Siempre me pareció que ella creía que yo no sabía cómo amar a alguien. Bueno, tendrá que admitir que sí lo sé ahora.

Y luego está esa otra cosa que me dijo, algo sobre cómo yo nunca creía que alguien me pudiera amar. "Nunca creíste que yo te amara", me dijo. Eso todavía me molesta. Claro que creería que alguien me ama, si así fuera. Simplemente me parece bastante imposible saberlo con certeza.

Justo ahí, en la Calle 12, decido llamarla desde mi nuevo y próximamente perdido teléfono celular y preguntarle qué quería decir con exactitud. Tal vez también esté interesada en saber qué sucedió con Aimee, y eso sin mencionar mi nueva política de sólo beber en los fines de semana.

Tarda un rato en responder. Parece ser que va en la carretera con Marcus. Están en Nuevo México, camino a Albuquerque, donde Marcus jugará basquetbol y se titulará en Administración Pública o una cosa rara.

—¡Oh, Sutter! —me dice muy emocionada—. Todo es tan hermoso acá. Empieza a atardecer y hay unas mesetas y unos colores divinos que nunca antes vi. Digo, en cuanto llegamos a Nuevo México pensé: "¡Guau!, ahora veo por qué lo llaman la Tierra del Encanto". El paisaje es, o sea, tan espiritual.

—Bueno, supongo que será un buen lugar para que vayas de visita de vez en cuando.

—Voy a hacer más que eso. Ya me decidí. Me mudaré acá para estudiar. Marcus quiere que lo haga, pero no estaba segura de querer hasta este momento. Mañana vamos a ver el campus, pero ya vi fotografías y, sabes, me enamoré de todo el lugar.

—Pero llevas meses preparándote para la universidad.

—Sí, pero tengo derecho a cambiar de parecer si quiero.

—Pero seguramente es demasiado tarde para inscribirte en otro lugar a estas alturas.

—No, no lo es. La fecha límite de entrega de solicitudes es el 15 de junio. Ya pregunté.

—¿Qué dicen tus papás?

—Ellos me animaron a venir a ver si me gustaba. Ya sabes cómo siempre consideraron que yo debía estudiar en otro estado para tener oportunidad de ver más del mundo y eso. Además, adoran a Marcus.

No me sorprende. Me imagino que sus papás piensan que Marcus es una gran mejoría después de mí. Pero eso no se lo digo.

—¿Y qué hay del precio? —pregunto—. ¿No será mucho más caro pagar la colegiatura en otro estado?

—Conseguiré un empleo. Vale la pena hacer el esfuerzo si de verdad lo quieres.

—Eso me dicen.

—Es como si iniciara una nueva era en mi vida, Sutter.

—Eso está maravilloso —le digo—. Está muy bien.

¿Qué caso tiene discutir? Debería sentirme contento por ella. Tan sólo somos amigos, después de todo.

—Entonces, ¿para qué llamaste?

Por un segundo olvidé totalmente para qué le había hablado.

—Nada —le respondo—. Sólo que desde hace un buen rato no hablábamos.

Después de eso ya no queda mucho por decir. Me dice que me enviará un correo electrónico con información de la universidad, fotografías y demás. Me contará sobre toda la excursión cuando regrese.

Y yo le digo:

—Muy bien, está muy bien —de alguna manera todo mi vocabulario se congeló excepto por la palabra *bien*.

Un segundo después, se ha ido, desapareció en la noche encantada de Nuevo México. Se ha ido. Aimee se irá pronto y yo, de repente, me siento invadido por una sed absolutamente increíble.

Capítulo 66

Cierto, prometí beber nada más los fines de semana, pero es verano. Digo, ¿cuál es la diferencia entre un día entre semana y un fin de semana cuando no hay clases? Mientras limite la bebida a una o dos veces por semana, todo deberá ser perfecto. Desafortunadamente, en un momento menos racional, vacié mi fiel botellita en la coladera frente a la casa, pero eso no es problema. Mi licorería favorita está a minutos de distancia y a la vuelta puedo conseguir mi 7UP grande, sólo que esta vez me compraré el tamaño gigante.

Sí, las calles de mi ciudad empiezan a verse más amistosas. Los carros me tocan el claxon a diestra y siniestra. La noche es cálida y las chicas fluyen a mi alrededor con las ventanas abiertas, su hermoso cabello moviéndose con la brisa. ¿No sería hermoso que alguna de ellas me enseñara las tetas? Tal vez incluso la perseguiría en esta ocasión. "El verano le pertenece al Sutterman —le diría—. ¿Quieres acompañarme?"

Eso sería encantador. Olvidemos eso de luchar por algo para que después se eche a perder. Que venga la magia. Eso es lo que yo digo. Que llegue la magia y llene cada centímetro de esa pequeña grieta negra detrás de mi esternón. La comandante Amanda Gallico tiene su nave espacial y yo tengo mi botella de whisky. Ambos vamos en camino al mismo planeta.

Quién sabe cuánto tiempo llevo conduciendo cuando me encuentro con un bar llamado Hawaiian Breeze. Es un pequeño cubo color azul pastel hecho de tabicón agrietado, con palmeras pintadas en uno de los costados. Tiene un pequeño estacionamiento con piso de grava para cuatro autos. Siempre he querido entrar para ver cómo es. No puede ser mucho peor que Larry's en Fort Worth. Seguro que encajaré perfectamente en el lugar, salvo porque no traigo pistola ni navaja.

Claro, no tengo edad suficiente para comprar bebidas, pero me imagino que no tengo nada que perder. Dentro hay un borracho hecho bola frente a la barra y dos enormes presidiarios fugados de la cárcel jugando billar. El cantinero parece la versión de Buffalo Bill con camisa hawaiana, pero drogadicto.

El borracho no hace nada más que seguir viendo la superficie de la barra, pero los demás se me quedan viendo como diciendo: ¿Quién es este imbécil y qué está haciendo en nuestro santuario? Buffalo Bill Junkie se prepara para decirme que me largue, pero intervengo primero:

—Señor —le digo con mi famosa sonrisa con dientes separados—. Mi nombre es Sutter Keely, tengo dieciocho años y un corazón herido, porque mis romances se desmoronaron bajo mis pies. Estoy en seria necesidad de tomarme un whisky con 7UP.

Y así de rápido, el entrecejo fruncido de Buffalo Bill Junkie se convierte en una sonrisa amplia de dientes amarillos y chuecos.

—¡Ja! Eso es lo mejor que he escuchado —mira a los presidiarios fugitivos—. ¿Qué dicen, muchachos? El chico tiene el corazón herido. ¿Le preparo un coctel?

El presidiario ligeramente más grande dice:

—Diablos, claro que sí. Dale un trago al viejo Sutter. Yo mismo he tenido el corazón herido.

El borracho no comenta nada, pero levanta su blancuzca cara y grita:

—¡Yuuupiii!

—Un whisky y 7UP para el joven —dice Buffalo Bill Junkie.

Y de repente ya estoy comprando whiskies para todos. Para romper el pesado silencio, pongo todas las canciones de Jimmy Buffet que están en la rocola y les cuento la historia de Cassidy y Aimee, y de mi padre perdido. Todos están embobados. Estuvieron en esta situación, hace mucho tiempo.

—¿Estoy mal por dejar que Aimee se fuera? —les pregunto a los señores. El presidiario ligeramente menos grande, el que tiene una pañoleta atada a la cabeza, dice:

—No, no estás mal, Sutter. Eres un héroe.

—Así es —dice Buffalo Bill Junkie, y el borracho agrega:

—¡Yuuupiii!

Los chicos de Hawaiian Breeze me aman. Soy su mascota. Deberían ver sus ojos iluminarse cuando les cuento la historia del fiasco de cena en casa de mi hermana y cómo quemé el traje de mil dólares de Kevin-pronunciado-Kivin.

—Maldición —dice el convicto más grande—. Kevin. Hay que odiarlo.

—Suther —balbucea el borracho en su primer intento por pronunciar palabras—, eres el rey. Realmente lo eres. ¿Eres religioso, Suther? Pareces religioso.

Es una pregunta extraña considerando las circunstancias, pero le sigo la corriente.

—Por supuesto que soy religioso. Soy el borracho preferido de Dios.

Echa la cabeza hacia atrás.

—¡Yuuupiiii! —y al siguiente segundo está tomándome del brazo y mirándome con ojos llorosos y tristes—. Tienes toda tu vida por delante —me dice.

—Tú también —le digo sosteniendo mi brazo con fuerza bajo su mano. Es lo único que evita que se caiga al piso.

—No —me dice—. Todos mis amigos ya se murieron y mi vida terminó.

—Tus amigos no están muertos —le respondo—. Nosotros somos tus amigos.

—¡Yuuupiii!

Para cuando suena la última canción de Jimmy Buffet, todos están divirtiéndose de lo lindo. La pesadumbre de Hawaiian Breeze se ha evaporado. Cuando anuncio que es hora de partir, nadie quiere que me vaya.

—Lo siento, caballeros —les digo—. La noche me espera. Hay más aventuras aguardándome.

Afuera, las luces de la calle brillan sobre el asfalto del estacionamiento. Me siento como si estuviera en la superficie de la luna. Con palmeras pintadas al fondo. La noche es gloriosa. Me inunda la emoción por haber salvado las almas de los chicos del Hawaiian Breeze. Tal vez Marcus estaba equivocado. Tal vez una sola persona sí puede salvar al mundo. Apuesto que yo podría. Podría salvar a todo el mundo, por una noche.

¿Y qué sabe Cassidy sobre cómo me siento? Por supuesto que puedo sentirme amado. Abro mis brazos ampliamente y dejo que el viento fluya sobre mí. Amo al universo y el universo me ama. Es un golpe doble, querer amar y querer ser amado. Todo lo demás es pura idiotez: ropas resplandecientes y elegantes, Cadillacs color verde Geech, cortes de cabello de sesenta dólares, radio barata, idiotas celebridades en rehabilitación y, sobre todo, los vampiros atómicos con sus des-alma-tizadores y ataúdes cubiertos por banderas.

Adiós a todo eso. Adiós al señor Asnoter y a la Muerte Roja del álgebra y a los tipos como Geech y Kiiiiiivin. Adiós a los falsos bronceados de mamá y a las tetas supercargadas de mi hermana. Adiós a papá, por segunda y última vez. Adiós a las pérdidas de conciencia y a las resacas incisivas, a los divorcios y a las pesadillas de Fort Worth. Al bachillerato y a Bob Lewis y al Ricky de érase una vez. Adiós al futuro y al pasado y, sobre todo, a Aimee y Cassidy, y a todas las otras chicas que vinieron y se fueron y vinieron y se fueron.

Adiós. Adiós. Ya no puedo sentirlos. La noche es casi demasiado pura en su belleza para contenerla dentro de mi alma. Camino con los brazos abiertos bajo la gran luna redonda. Algunas hierbas heroicas surgen de las grietas en la banqueta, y las luces de colores del Hawaiian Breeze iluminan los vidrios rotos de su letrero. Adiós, digo, adiós, mientras desaparezco poco a poco en medio del centro de mi propio momento espectacular.

Este libro se termino de imprimir en el mes de
Febrero de 2014, en Edamsa Impresiones, S.A. de C.V.
Av. Hidalgo No. 111, Col. Fracc. San Nicolás Tolentino C.P. 09850,
Del. Iztapalapa, México, D.F.